Willi-Klaus Nawrath

# Stundenblätter
# «Faust»

## Erster und zweiter Teil

52 Seiten Beilage

Ernst Klett Verlag
Stuttgart Düsseldorf Leipzig

Reihe: Stundenblätter Deutsch
Herausgeber dieses Heftes: Jürgen Wolff

Alle Zusatzmaterialien, die für die Durchführung der vorliegenden Unterrichtseinheit nötig sind, sind enthalten in:

Zu
Johann Wolfgang von Goethe:
Faust –
Texte und Bilder
Ausgewählt und erläutert von Willi-Klaus Nawrath
Klettbuch 3593 (Aus der Reihe «Arbeitsmaterialien Deutsch»)

Weitere Hefte zum Thema aus der Reihe «Editionen für den Literaturunterricht» (Herausgeber: Dietrich Steinbach):

Johann Wolfgang von Goethe:
– Faust – Der Tragödie erster Teil
  Text und Materialien, bearbeitet von B. Mahl
  Klettbuch 35123
– Faust – Der Tragödie zweiter Teil
  Text und Materialien, bearbeitet von B. Mahl
  Klettbuch 35124
– Urfaust
  Text und Materialien, bearbeitet von B. Mahl
  Klettbuch 35142
– Das Volksbuch von Doktor Faust (1587)
  Text und Materialien, bearbeitet von L. Petzoldt
  Klettbuch 35117

9 783129 274514

Auflage 13. 12. 11. 10. 9. | 2006 2005 2004 2003 2002

Die letzten Zahlen bezeichnen die Auflage und das Jahr dieses Druckes.
Alle Rechte vorbehalten.
Fotomechanische Wiedergabe nur mit Genehmigung des Verlages.
© Ernst Klett Verlag GmbH, Stuttgart 1986
Internetadresse: http://www.klett-verlag.de
E-Mail: klett-kundenservice@klett-mail.de
Satz: G. Müller, Heilbronn, Wilhelm Röck, Weinsberg
Druck: Medien Druck Unterland, Flein. Printed in Germany.
Einbandgestaltung: Zembsch' Werkstatt, München
ISBN 3-12-927451-0

Stundenblätter
»Faust«

# Inhaltsverzeichnis

Faust. Erster Teil

Faust. Zweiter Teil

# I. Erläuterungen zur Konzeption

Für das bedeutendste Werk der deutschen Literatur braucht der Schüler *Lese- und Erschließungshilfe,* wenn er nicht vor der komplexen Form und der vielschichtigen Welt- und Problemerfassung in Goethes «Faust» überfordert kapitulieren soll. Der Lehrer muß die Schwellenangst des Schülers vor dem Schwierigen und Erklärungsbedürftigen abbauen; er wird die Realität der Schülersituation in seinem methodischen Vorgehen berücksichtigen und im Unterricht nicht voraussetzen, daß der «Faust» von den Schülern vor der Behandlung selbständig gelesen wurde und eine inhaltliche Übersicht des Werkes bereits vorhanden ist. Die Szenenfolgen, die jeweils als Unterrichtseinheit behandelt werden, richten sich nach zumutbaren vorbereiteten oder in der Klasse erarbeiteten *Leseschritten,* die dann jeweils unter einem *übergreifenden Thema* und Unterrichtsziel behandelt werden; die größeren strukturellen Zusammenhänge und durchgehenden welterschließenden Gedanken eröffnen sich bei fortschreitender Behandlung: danach richtet sich der Aufbau und die Abfolge der Stundenblätter, und darin liegt der Spannungsbogen aufs Ende hin.

Die Stundenblätter «Faust» möchten dem Lehrer, der sich in die Materie neu einarbeitet, die Unterrichtsgrundlagen und Themenkomplexe für die ästhetisch-formalen, soziologischen und inhaltlich-philosophischen *Fragestellungen* von «Faust» aufzeigen und einen *Weg* anbieten, wie dieses Werk im Unterricht erschlossen werden kann. Gleichzeitig werden in einem *Materialienheft* die nötigen Unterrichtsunterlagen bereitgestellt: authentische Zeichnungen Goethes zum «Faust», Bildquellen, die Goethes Faustgestaltung beeinflußten, Text-Quellen zum historischen Faust sowie zu den ideellen Grundlagen zu Goethes Version. Dem Lehrer soll so zeitraubende Such- und Aufbereitungsarbeit erspart und seine Auslastung im übrigen Unterricht berücksichtigt werden. Ebenso sollen die Stundenentwürfe als Hilfe für die *Aufteilung des Stoffes* dienen und ein Hinweis für die Länge der Behandlung des Werkes «Faust» vor dem Hintergrund des übrigen umfangreichen Stoffplanes sein. Aber auch dem erfahrenen Lehrer, der der Gefahr der Routine bei der wiederholten Behandlung des «Faust» ausgesetzt sein kann, wollen die Stundenblätter methodische Anregungen für neue Akzente und eine Verlebendigung des Unterrichts bieten: dem sollen besonders die Materialienhilfen dienlich sein.

Da der «Faust» Unterrichtsstoff des *Leistungs- und des Grundkurses* im Fach Deutsch der gymnasialen Oberstufe sein kann, berücksichtigen die Entwürfe eine stundenzahlmäßig extensivere oder gestraffte Behandlung in ihren Hinweisen. Es kann hilfreich sein, wenn deshalb hier auch in *Detailplanungen* der Stunden – die jedoch dem Lehrer genügenden Raum zur Eigengestaltung lassen – die Realität der verfügbaren Unterrichtszeit einkalkuliert wird.

# II. Das methodisch-didaktische Konzept der Unterrichtseinheit «Faust»

Die Behandlung des «Faust» setzt beim Schüler bereits vielschichtige Kenntnisse von literarischen Formen, Stilrichtungen und Themen voraus. Deswegen wird Goethes zweiteilige Tragödie immer erst als Höhepunkt des Literaturunterrichtes in der Oberstufe angeboten werden können. Daher setzen wir mit der Erarbeitung des «Faust» auch nicht mehr die Einübung elementarer Arbeitstechniken und Übungsformen an; sie dürfen als bekannt vorausgesetzt werden. Jedem Schüler kann einzeln oder in einer kleinen Gruppe die eigenständige Erarbeitung eines abgegrenzten Themas (wie in den Stundenentwürfen angeregt) übertragen werden: das erweitert das persönliche Interesse für den gesamten «Faust» und ermöglicht dem Schüler, propädeutisch seinen literaturwissenschaftlichen Beitrag einzubringen. Darüber hinaus wird der Schüler durchgehend am «Faust» – wie dies die Lehrpläne für die Literaturarbeit der Kollegstufe vorsehen – die biographische Interpretationsmethode, exemplarisch entstehungsgeschichtliche Stationen eines Werkes, die geistesgeschichtliche und soziologische Dimension einer Epoche und die *Methode der wechselseitigen Erhellung von bildender Kunst und Literatur* kennen- und damit arbeiten lernen. Gerade diese Methode ist bei Goethe, der gleichzeitig in beiden Kunstformen wie kein anderer deutscher Dichter rezeptiv und produktiv war, ein abwechslungsreicher Weg der Werkinterpretation.

Für den Lehrer bietet die Methode der wechselseitigen Erhellung von Literatur durch Bildkunstwerke oder literarische und historische Quellen den «Aufhänger» als Einstieg in die jeweilige Stundeneinheit, um emotional zu motivieren, optisch anzuregen und Gedankliches und Konzeptionelles im Werk selbst anschaulich zu machen, zumal dies bei Goethes «Faust» werkimmanent gerechtfertigt ist. So bietet das Materialbändchen dem Lehrer didaktische Materialien für alle Stundenvorschläge aufbereitet an.

Die Unterrichtsentwürfe folgen in der Regel dem sukzessiven Dramenablauf, bilden aber jeweils themenorientierte Schwerpunkte: so für Goethes Weltbild, Naturauffassung, Menschenbild, Wissenschaftsbegriff, Schönheitsideal, Lebensprinzip und Gnadenidee. Bei der Formbetrachtung wird kontinuierlich die Sprach- und Versform einbezogen. *Übergeordnetes Unterrichtsziel* der gesamten Unterrichtseinheit «Faust» ist das Erkennen des Werkes als ästhetisches Phänomen und seiner vielfältigen welterschließenden Gedanken. *Struktur- und Ideenfragen* sind die Leitgedanken. Dabei gehen die Stundenblätter von einem gesicherten aktuellen Stand der Literaturforschung aus, den sie in ausgewogener Bewertung zugrundelegen. Wissenschaftliche Streitfragen können nicht Gegenstand von Unterrichtsentwürfen sein, sie können nur gelegentlich – in propädeutischer Absicht – auf Kontroversen hinweisen, um die eigene Urteilsfähigkeit des Schülers bei Wertungen anzuregen: Problembewußtsein bedeutet mehr als fertige Lösungen.

*Wertungsfragen* im Sinne von Aktualisierungen, etwa durch DDR-Interpretationen, oder als Fragestellung für die Rezeptionsgeschichte des Werkes sind jedoch wichtige emotionale Anreize für legitime persönliche Bezugnahmen zwischen Leser und Werk, die didaktisch den Weg der Unterrichtsgestaltung mitbestimmen. *Der Erlebnisbezug* sollte durch Theateraufführungen, Faustfilme, Schallplattenversionen, einen Besuch des Faustmuseums in Knittlingen, wenn möglich, gesucht werden. Die Stundenblätter geben auch für diesen emotionalen Bereich, der gerade für den Literaturunterricht in der Schulstube so wichtig ist, didaktische Anregungen.

# III. Fachwissenschaftliche Literatur

Die Literatur zu Faust füllt Bibliotheken. Hier soll realitäts- und schulbezogen nur ein *Kanon von Literatur* aufgeführt werden, der bei der gezielten Vorbereitung des Lehrers auf den Unterricht des Fauststoffes genügende Hilfe bietet und gleichzeitig als *Handapparat* für die Schülerbibliothek – solange «Faust» behandelt wird – dem Schüler bei Kurzreferaten und Einzelinteressen von Problemen zur Verfügung steht. Didaktisch wichtig ist, sowohl für das methodische Arbeiten des Schülers als auch für seine Selbständigkeit bei Problemlösungen, ihm einen solchen Handapparat bereitzustellen.

Der Kanon der Literatur orientiert sich nach vier Gesichtspunkten:
1. Übersichtliche Gesamtdarstellungen zu Faust, zum Dichter und seiner Zeit für den Einstieg der Beschäftigung mit dem Fauststoff.
2. Die Literatur zum Faust vor Goethes Dichtung – zur historischen Gestalt, den Volksbüchern und Marlowe.
3. Einzeldarstellungen zu Problemkomplexen in Goethes «Faust»: Philosophie, Ideen, Natur, Form, Einflüsse.
4. Literatur zur Rezeption: hier sind die Fragen nach der Veränderung des Stoffes in seinen Lösungsversuchen und die Wertungen z.B. nach der Reichsgründung oder in der DDR angesprochen.

## A. Gesamtdarstellungen zu Werk, Dichter und Zeit

1. *Georg Witkowski,* Goethes Faust, II. Bd., Leiden 1950
   Dieses Werk führt fachwissenschaftlich auf knappem Raum in alle wichtigen Faustfragen ein: von den Quellen-

problemen über die Entstehungsgeschichte und Ideenfragen bis zu Einzelerläuterungen. Es ist – mit wenigen Ausnahmen zu Einzelproblemen – auf einem angemessenen, ausgewogenen Stand der Forschung und Wertung.

2. *Richard Friedenthal,* Goethe: Sein Leben und seine Zeit, Frankfurt/M., Berlin, Wien, 1978
   Mit großer Liebe zum Detail und zum Anekdotischen wird ein eindrückliches Bild von Goethes Lebensumkreis, besonders von Weimar, von einer großen Schar von Persönlichkeiten aus Staat, Kunst und Literatur gezeichnet. Dabei wird Goethe nicht als Heros, sondern als Zeitgenosse verlebendigt.

3. *Emil Staiger,* Goethe, Zürich und Freiburg, 1964
   Dieses Werk ist eine anspruchsvolle Einführung in Goethes geistige Welt. Ein besonderes Kapitel des I. Bandes befaßt sich mit dem Urfaust. Der III. Band widmet einen großen Teil Faust II.

## B. Der Fauststoff vor Goethe

1. *Günther Mahal,* Faust – Der Mann aus Knittlingen, Pforzheim, 1980
   Zu einer ersten Information über den historischen Faust sind die Dokumente, Erläuterungen geeignet; sie reißen in kurzer, optisch ansprechender Aufmachung alle Probleme zum historischen Faust und zu Knittlingen an.

2. *Günther Mahal,* Faust – Leben, Wirken und Zeit des großen deutschen Magiers, Bern und München, 1980
   Dieses Werk führt in den historischen Faust ein; das besondere Verdienst

des Buches liegt in der Auswertung zeitgenössischer Quellen. Es zeigt den neuesten Stand der Forschung.

3. *Nicolaus Pfitzer,* Das ärgerliche Leben... Johannis Fausti, Nürnberg, 1674
Wichtige Teile dieser Version des Volksbuches sind für die Schüler im Materialienheft erreichbar. Sie sollten unbedingt das Volksbuch in der Form kennenlernen, in der es Goethe kannte.

4. *Otto Pniower,* Pfitzer als Quelle Goethes, Zeitsch. dt. Alt., 1919
Insbesondere weist Pniower nach, daß Goethe die Pfitzer-Version von 1674 benützte und nicht die sonst immer noch gebräuchliche erste Version von Spies von 1587. Deshalb beziehen sich auch die Stundenblätter ausschließlich auf dieses wissenschaftlich abgesicherte Volksbuch, das in wesentlichen Auszügen im Materialienband der Stundenblätter enthalten ist.

5. *Hansjörg Maus,* Faust: Eine deutsche Legende, Wien–München, 1980
Das Buch zeigt als zweite Entwicklungsstufe des Stoffes die Legendenbildung um den historischen Faust.

## C. Literatur zu Einzelproblemen in Goethes «Faust»

Die Stundenblätter berücksichtigen durchgehend die Methode der wechselseitigen Erhellung von bildender Kunst und Literatur; die folgenden Werke sind dazu aufschlußreich:

1. *Max Morris,* Gemälde und Bildwerke im Faust; in: Goethe-Studien, I. Bd., Berlin, 1902

2. *Georg Dehio,* Altitalienische Gemälde als Quelle zum Faust in: Goethejahrbuch VII (1886), S. 251–264

3. *Hermann Binder:* Die Gestalt des Engels in Dichtung und bildender Kunst; in: DU 1955, Heft 4, S. 56–63
Goethe erkennt den Rettungsgedanken im Bildwerk der Fresken von Pisa.

4. *Wolfgang Hecht,* Goethe als Zeichner, Leipzig, 1982

Zur Quellenfrage des Kindsmordes als Motiv bei Goethes Gretchen:

5. *Siegfried Birkner,* Leben und Sterben der S. Margaretha Brandt, Frankfurt, 1973
Das Inselbändchen enthält die gesamten authentischen Prozeßakten.

Zu philosophischen Hintergrundsfragen:

6. *Carl Roos,* Zur «Quellen»-Frage der Erdgeistszene und zur Spinoza-Frage; in: Jahrbuch der Goethe-Gesellschaft, 10. Bd., Weimar, 1930, S. 183–203

7. *Gerhard Gollwitzer,* Die Geisterwelt ist nicht verschlossen, Swedenborgs Schau in Goethes Faust, Stuttgart, 1968

8. *Eduard Spranger,* Goethes Weltanschauung; in: Goethe, seine geistige Welt, Tübingen, 1967, S. 275–312

9. Zu Wesen u. Funktion der Natur: *Hans Jaeger,* Der «Wald- und Höhle»-Monolog in «Faust», Darmstadt, 1974

10. *Max Morris,* Swedenborg im Faust; in: Goethe-Studien, 1. Bd., Berlin, 1902, S. 13–41

11. *Max Morris,* Die Walpurgisnacht, ebd.

12. *Wilhelm Resenhöfft,* Existenzerhellung des Hexentums in Goethes «Faust» (Walpurgisnacht – Die Masken Mephistos), Bern, 1970

13. *Werner Schüpbach,* Die Menschwerdung als zentrales Phänomen der Evolution in Goethes Darstellung der Klassischen Walpurgisnacht, Freiburg, 1967

14. *Walter Schneider,* Homunculus; in: Jahrbuch der Goethe-Gesellschaft, Weimar, 1930, Bd. 16, S. 224–230

15. *Franz Koch,* Fausts Gang zu den Müttern; in: Festschrift der Nationalbibliothek in Wien; Wien, 1926, S. 509–528

16. *Georg Moritz Wahl,* Der Schlüssel in der Mütterszene; in: Goethe-Jahrbuch, 32. Bd., 1911, S. 57–61

17. *Werner Schultz,* W. v. Humboldt und der Faustische Mensch; in: Jahrbuch der Goethe-Gesellschaft, Weimar 1930, Bd. 16, S. 1–38

18. *Heinz Flügel,* Fausts Ende; in: Geschichte und Geschicke, München, 1946, S. 173–191

19. *Reinhold Schneider,* Fausts Rettung, Baden-Baden, 1946

20. *Alexander v. Gleichen-Rußwurm,* Das Schema im «Faust»; in: Jahrbuch der Goethe-Gesellschaft, Bd. 16 (1930), S. 209–223

21. *Theodor Friedrich/Lothar J. Scheithauer,* Kommentar zu Goethes Faust, Stuttgart, 1978

### D. Die Rezeption des Fauststoffs

1. *Hans Schwerte,* Faust und das Faustische, Stuttgart, 1962
Bei der Definition des Begriffes «Faustisch» entwickelt der Autor die gesamte Geschichte der Rezeption und Wertung der Faustgestalt.

2. *Horst Hartmann,* Faustgestalt, Faustsage, Faustdichtung; Berlin (DDR), 1982

Hier wird die historisch-materialistische Erfassung des Fauststoffes in der DDR dargelegt.

3. *P. M. Lützeler,* Goethes Faust und der Sozialismus. Zur Rezeption des klassischen Erbes in der DDR; in: Basis, Jahrbuch für deutsche Gegenwartsliteratur, Bd. 5, 1975

4. *Ernest Prodoliet,* Faust im Kino, Freiburg (Schweiz), 1978
Das textlich knappe Buch gibt mit reichem Bildmaterial eine Geschichte der Faustverfilmungen. Es bietet Anregungen für die Verwendung von Faustfilmen im Unterricht (s. Stundenblatt «Faustfilm»).

### E. Faust-Ausgaben

Aus der Fülle von' Werkausgaben seien nur drei genannt, mit denen die Schüler arbeiten können und die leicht erreichbar sind:

1. Goethes Werke, Hamburger Ausgabe, Band III Faust, ed. Erich Trunz, Hamburg, 1949
Bis heute ist diese textkritische Ausgabe unübertroffen; besonders wertvoll ist sie wegen der ausgezeichneten Erläuterungen mit Daten zur Biographie, Werkentstehung, Geistesgeschichte und Einzelproblemen auf knappstem Raum.

2. Goethe, Faust I und II, Klett-Editionen, Stuttgart, 1981, mit Materialien
Diese Ausgabe stützt sich auf die Edition von Erich Trunz; beide Bändchen enthalten einen Zusatzteil mit Materialien, besonders akzentuiert ist die Bühnengeschichte.

3. Goethe, Faust, Akademie-Verlag, Berlin, 1954
Dieser Band enthält in einer Synopse Urfaust und Fragment sowie ein Faksimile der Urfaust-Handschrift.

# IV. Übersicht zur thematischen Gliederung der Stundeneinheiten nach Leistungs- und Grundkurs sowie Exkursen

| Leistungskurs | Grundkurs | Exkurs |
|---|:---:|:---:|
| **Faust I** | | |
| 1. Der historische Faust<br>Typus des Menschen der Zeit<br><br>*Materialien:*<br>– Portrait Faust (Materialienheft I. 1)<br>– Quellen zum historischen Faust (Mat. I. 2–4)<br>– Zimmerische Chronik (Textteil S. 21) | X | |
| 2. Die Legenden-Gestalt Faust im Volksbuch: Charakter, Handlungsmotive<br><br>*Materialien:*<br>– Illustrationen zum Volksbuch (Mat. II. 1)<br>– Episoden aus dem Volksbuch Pfitzers (Mat. II. 2) | X | |
| 3. Literarische Gestaltungen<br>Goethes Menschenbild<br><br>*Materialien:*<br>– Marlowes Faust<br>– Lessings Faust-Fragment<br>– Gründgens-Schallplatte<br>– Swedenborg-Texte (Mat. IV. 3)<br>– Erscheinung des Erdgeistes (Abb. V. 1)<br><br>*Kurzreferate*<br>zu Marlowe und Lessing (s. o.) | X | |
| 4. Entwicklung der Gelehrtentragödie<br>Goethes Weltbild im Prolog<br><br>*Materialien:*<br>– Gründgens-Schallplatte<br>– Paralipomenon (Mat. V. 4, 5)<br>– Bibel AT Hiob I, 6–22 | X | |
| 5. Die vorbereitenden Stationen zum Pakt-Entgrenzungsversuche<br>Schuld und Errettung<br><br>*Materialien:*<br>– Radierung Rembrandt (Mat. III. 3) | X | |

| Leistungskurs | Grundkurs | Exkurs |
|---|---|---|
| 6. Der Pakt – dramatischer Knoten<br>Mephisto als Prinzip<br><br>*Materialien:*<br>– Goethes «Beschwörung des Pudels»<br>  (Mat. V. 2)<br>– Wandgemälde, «Doktor Faustus» in<br>  Auerbachs Hof (Mat. III. 1) | X | |
| | | 1. Goethes Welt des<br>Gelehrten<br>Schülerparodie |
| 7. Die Hexenküche: erregendes Moment der<br>Gretchentragödie<br>Fausts Verjüngung<br><br>*Material:*<br>– Goethes Zeichnung «Hexenszene»<br>  (Mat. V. 3) | X | |
| | | 2. Quellen zur Gretchen-<br>tragödie<br><br>*Materialien:*<br>Auszüge aus:<br>– Das ärgerliche Leben Jo-<br>  hannis Fausti von Georg<br>  Rudolph Widmann<br>– der Hamburger<br>  Ausgabe, I. Teil,<br>  5. Buch<br>– Leben und Sterben der<br>  Kindesmörderin Susan-<br>  na Margaretha Brandt<br>(alle im Textteil S. 56 ff.) |
| 8. Tragik der Begegnung von Faust und Gretchen<br>dramatischer Knoten der Gretchentragödie<br><br>*Material:*<br>– Gründgens-Schallplatte | X | |
| 9. Stationen zur Katastrophe der Gretchen-<br>tragödie<br>Goethes Naturauffassung | X | |
| 10. Walpurgisnacht – Bildquelle<br>Das Dämonische<br><br>*Material:*<br>M. Herr: Das Zauberfest auf dem Blocks-<br>berg (Mat. III. 2) | X | |
| | | 3. Walpurgisnachtstraum<br>Satire |

| Leistungskurs | Grundkurs | Exkurs |
|---|---|---|
| 11. Ende der Gretchentragödie<br>Katastrophe und Rettung | **X** | |
| | | 4. Film als Interpretation<br>Weimarer Theater<br><br>*Materialien:*<br>– Filme: Stummfilm<br>(1926) von Murnau,<br>Gustav Gründgens<br>(1960)<br>– Videocassette: Aufführung des Weimarer<br>Nationaltheaters<br>– Horst Hartmann (DDR-<br>Rezeption, s. Textteil<br>S. 87–91) |

| Faust II | | |
|---|---|---|
| 12. Fausts neues Erkenntnisbewußtsein<br>Platons Ideen<br><br>*Materialien:*<br>– Aus Pfitzers Volksbuch (Mat. II. 2)<br>– Goethes Planübersicht zu «Faust II»<br>(Mat. V. 5)<br>– Gründgens Schallplatte<br>– Platons Erkenntnistheorie (Mat. IV. 1) | **X** | |
| 13. Faust im Bereich der Macht<br>Monetäre Wirtschaft<br>Leerstellentechnik<br><br>*Materialien:*<br>– Gründgens Schallplatte<br>– Mantegnas und Dürers Triumphzug<br>(Mat. III. 4/6) | **X** | |
| 14. Helena-Tragödie<br>Faust im Reich der Mütter<br>Plotins Urgrund<br><br>*Material:*<br>Plotins Lehre vom Urgrund (Mat. IV. 2)<br><br>*Referat:*<br>– Homunculus in der Geschichte<br>(Paracelsus 'De generatione rerum<br>naturalium') | **X** | |

| Leistungskurs | Grundkurs | Exkurs |
|---|---|---|
| 15. Der Traum vom Schöpfertum des Menschen Homunculus – Entelechie<br><br>*Materialien:*<br>– Herr: Zauberfest (Mat. III. 2)<br>– Leibniz: Monadologie (Textteil S. 115ff.)<br>– Mythologisches Lexikon | — | |
| 16. Klassische Walpurgisnacht als Drama der Seele – Inkarnation – Wissenschaft | — | |
| | | 5. Das Helena-Bild im Volksbuch Die Frau in Goethes Menschenbild<br><br>*Material:*<br>Auszüge aus Pfitzers Volksbuch (Mat. II. 2) |
| 17. Helena – Fausts einziges Begehren Phorkyas als Antipode Antike Versmaße | X | |
| 18. Fausts und Helenas Erfüllung und Tragik Euphorion Neues ästhetisches Ideal Nordisches und Antikes | — | |
| 19. Faust in der Welt des Feudalismus Von der Kunstwirklichkeit zur Tat<br><br>*Materialien:*<br>– Gründgens-Schallplatte<br>– Hartmann (DDR-Rezeption) (Mat. VI. 1)<br>– Weber (BRD-Rezeption) (Mat. VI. 2) | — | |
| 20. Die Herrschertragödie Fausts Sozialutopie Faust – der moderne autonome Mensch | X | |
| 21. Fausts Erlösung – Welt der Gnade Die Wette und die Einheit der Struktur<br><br>*Materialien:*<br>– Campo Santo zu Pisa: Trionfo della morte (Mat. III. 5)<br>– Swedenborg (Mat. IV. 3)<br>– Leibniz' Monadologie (Textteil S. 151f.)<br>– G. Bruno (aus der Gesamtausgabe) | X | |
| Klausuren-Vorschläge | X | |

# V. Darstellung der Stundensequenzen

## I. Sequenz:
## Die dreistufige Entwicklung des faustischen Menschen-Typus

Jedes historische Zeitalter hat sein gültiges Menschenbild in einem literarischen Werk festgehalten: der Repräsentant des Altertums war Odysseus in der Dichtung Homers, für das Mittelalter der Parzival in Wolfram von Eschenbachs Epos, und für die Moderne ist es der faustische Mensch in Goethes Tragödie. Dieses faustische Menschenbild erlebt *drei Entwicklungsstufen:* ausgehend von einer historisch verbürgten Persönlichkeit – über die Legendenbildung in der Form des Volksbuches – zur literarischen Ausformung. Die einleitende Stundensequenz befaßt sich mit dieser Entwicklung des Stoffes in den drei Stufen, um Vorkenntnisse zu schaffen und zu späteren Form- und Ideenfragen bei Goethes «Faust» hinzuführen.
Der Gedanke, welche Charakterzüge und Handlungsmotive von der historischen Faustgestalt über die Volksbücher bis zu Goethes «Faust» formende Kraft haben und Inspiration geben, wird sich als roter Faden durch die erste Stundensequenz ziehen.

## 1. Stundeneinheit:
## 1. Stufe der Entwicklung des faustischen Menschenbildes: Der historisch verbürgte Faust

*Typus des Menschen der Zeit*
*Charakterzüge und Handlungsmotive*

Übergeordnetes Lernziel der Stunde ist, mit Hilfe von originalen Quellen Faust als *Typus des Menschen seiner Zeit* vorzustellen. Detailziele sind bei der Quellenanalyse das Erkennen persönlicher Wesenszüge der historischen Figur sowie eine Antwort auf die Frage, warum diese Figur eine Überlebenschance bei der Nachwelt hatte. Das führt zur Betrachtung der Zeitumstände und des Persönlichkeitsumfeldes. Hier soll der Schüler die Erkenntnis gewinnen, daß es sich bei der historischen Faustgestalt um den typischen Vertreter seiner – der neuanbrechenden – Zeit handelt.
Faust ist ein historisch verbürgter Mensch und hat seine Spuren hinterlassen. Seine Lebenszeit kann ziemlich genau von 1480–1540 angesetzt werden. Wir kennen insgesamt neun historisch-authentische Zeugnisse von Leuten, die Faust selbst einmal gesehen und miterlebt haben. Günther Mahal, ein kompetenter Forscher über den historischen Faust, der gleichzeitig auch der Leiter des Faustmuseums* in Knittlingen ist, hat in seinem Buch über das Leben, Wirken und die Zeit von Faust (siehe Fachwissenschaftliche Literatur) diese neun kurzen, aber bedeutungsvollen Zeugnisse über den historischen Faust aufgeführt; drei davon, die auch im Materialienheft abgedruckt sind, sollen auch die erste originale Text-

---

* Alternativ zu dem hier vorgeschlagenen Einstieg – das Kennenlernen des historischen Faust über die authentischen Quellen – könnte ein Besuch des Faustmuseums in Knittlingen stehen, das eine pädagogisch orientierte Dokumentation bietet; außerdem kann in Knittlingen das Geburtshaus Fausts und in der Nähe Bretten, die Stadt Melanchthons, der Fausts Zeitgenosse war, besichtigt werden; das wäre die beste emotionale und gleichzeitig informative Einführung in den Fauststoff.

grundlage für den Schüler sein, aus der er die Person Faust unmittelbar selbst kennenlernt.*

## 1. Phase:
## Portrait Fausts

Als optischer Einstieg dient uns das Material I.1 im Materialienheft mit dem Portrait Fausts, das auch einige Angaben über die Person trägt. Alle ‹Portraits› von Faust (vgl. auch die 2. Diaserie der Landesbildstelle) sind erst nach seinem Tode entstanden, sind also Produkte der schöpferischen Phantasie; die meisten lehnen sich an Rembrandts Radierung an. Das hier verwendete Portrait ist das Titelblatt eines im 18. Jahrhundert gedruckten Höllenzwanges, das den Reiz der lokalen historischen Einordnung hat.

Das Portrait soll Neugierde beim Schüler auslösen und Interesse wecken: Was für ein Mensch blickt uns hier entgegen? Welche historischen Aussagen macht das Bild? Der Schüler wird den skeptischen Blick, den fragend geöffneten Mund, das Selbstbewußtsein und vom Stil her den Renaissancemenschen erkennen; er liest die geheimnisvolle Berufs- oder Wesensbezeichnung «Magus Maximus», die durch die rätselhaft wirkenden hebräischen Schriftzeichen noch fremder erscheint; und gleichzeitig wird der Schüler die reale geographische Einordnung des Faust ins württembergische Knittlingen («Kundlingensis») feststellen. Das halten wir in einem kurzen Tafelanschrieb fest. Das Interesse, über die spärlichen Andeutungen

---

* Eine weitere Möglichkeit, die Person Faust kennenzulernen, bietet eine neue dreiteilige Diaserie der Landesbildstelle BW «Vom historischen zum literarischen Faust»; die Begleittexte stammen von Günther Mahal, die didaktischen Hinweise von Willi-Klaus Nawrath.

des Bildes hinaus mehr über Faust zu erfahren, ist geweckt.

## 2. Phase:
## Quellen zum historischen Faust

Auskunft über den historischen Menschen Faust geben neun kurze Quellen**, Schriftstücke von Augenzeugen. Hier wird der Lehrer in einer kurzen Einführung den besonderen Wert von authentischen Berichten aus erster Hand zur Person Fausts herausstellen gegenüber sekundären, von der Fama genährten zeitgenössischen Schriften, die später noch hinzugezogen werden. Wegen ihres originalen Flairs sollen wenigstens drei der Quellen zur Untersuchung ausgewählt (Trithemius-Brief, Bamberger Kammerrechnungsbuch, Begardis Index, s. Material I. 2–4) und von allen Schülern bearbeitet werden, damit die durchgehenden Fakten erkannt werden. Die Leitfragen zielen schon hier auf die Grundlegung eines Vergleichs mit dem ersten Monolog in Goethes «Faust». Die Schüler werten die Quellen nach der doppelten Fragestellung aus:

1. Welche Tätigkeiten oder Fähigkeiten Fausts ragen heraus?
2. Welche Wertschätzung genießt Faust bei seinen Zeitgenossen?

Während der Partnerarbeit wird der Lehrer bei Begriffserklärungen helfend eingreifen müssen und sich bei der analytischen Arbeit vergewissern, daß etwa gleichwertige Teilergebnisse erreicht werden:

## 1. Der Trithemius-Brief
Die Tätigkeiten und Fähigkeiten Fausts als

---

** Alle neun Quellen sind im Beiheft zu folgender Faust-Diaserie abgedruckt: Günther Mahal, Vom historischen zum literarischen Faust / Willi Klaus Nawrath, Didaktische Hinweise, Landesbildstelle Württemberg, 1984 (107409–11)

Magier, und zwar als Nekromant (= Schwarzkünstler), als Wahrsager, der aus der Hand liest (Chiromant), als Alchemist, der mit Feuer (Pyromant), Wasser (Hydromant), Luft (Aeromant) umgeht, werden herausgehoben. Für die Wertung der Person ist der Trithemiusbrief das folgenschwerste Dokument in der Wirkungsgeschichte. Bei aller offen und bewußt gegen Faust vorgetragenen persönlichen Abwertung (Selbstüberschätzung, Anmaßung, Kirchenfeindlichkeit, Unzucht) hört man jedoch auch gerade hier die allgemeine Wertschätzung hindurch, die Faust genoß: der Adressat des Briefes, Johann Vierdung in Heidelberg, erwartet Fausts Ankunft «mit großem Verlangen», Franz von Sickingen verschafft ihm eine Schulmeisterstelle, weil er von ihm «mystische Dinge» erwartet. Die Ambivalenz der Wertung durch die Zeitgenossen wird hier deutlich.

## 2. Das Bamberger Kammerrechnungsbuch

Interessant ist, daß hier Tätigkeit und Wertung der Person ausschließlich positiv gesehen werden: als Astrologe ein Könner, der das Geburtshoroskop(nativitet) seriös stellt, erhält Faust ein fürstliches Geschenk von zehn Gulden.

## 3. Begardis «Index sanitatis»

Diese Quelle hebt besonders Fausts Tätigkeit als Arzt hervor, seine «grosse kunst der artznei», und seine Fähigkeit als Wahrsager mit der Kristallkugel, «Visiones imm Cristal». Auch hier erscheint Faust in einer zwielichtigen Wertung: es wird von Betrug und Geschäftstüchtigkeit, aber auch von «sein rhuom» gesprochen.

## 3. Phase:
## *Die fünf Wesenszüge des Persönlichkeitsbildes*

Nach der analytischen Einzelarbeit erfolgt nun das Sammeln und Systematisieren der Schülerbeiträge im Plenum. Die Ergebnisse werden in einem Tafelanschrieb durch den Lehrer festgehalten. Dabei entsteht das Persönlichkeitsbild Fausts in fünf Wesenszügen und Tätigkeitsbereichen, die ergänzend noch durch Verweise auf die übrigen authentischen Quellen bestärkt werden können. Die angeschnittene Bewertungsfrage bildet den Ausgangspunkt für die Rezeptionsgeschichte Fausts.

*1. Der Astrologe:* Die Astrologie war im 15./16. Jahrhundert eine seriöse, anerkannte Wissenschaft; sogar der Fürstbischof von Bamberg als kirchlicher Würdenträger bedient sich ihrer und entlohnt Faust standesgerecht (Hansen Mullers Kammerrechnungsbuch); die Astrologie war damals so etwas wie die Mutterwissenschaft.

*2. Der Wahrsager:* Hier darf man bei Faust psychologisches Einfühlungsvermögen voraussetzen (Trithemius: «mit großem Verlangen erwartet»). Als Chiromant weissagt Faust aus der Hand (Trithemius) und aus der Kristallkugel (Philipp Begardi).

*3. Der Alchimist:* Faust ist der vollkommenste Alchimist, der mit den damals vier bekannten Elementen umgeht, drei davon werden erwähnt: mit Feuer, Wasser, Luft ... (Trithemius: «Pyromant, Hydromant, Aeromant»). Der Alchimist hatte damals neben dem Laboratorium auch ein Oratorium eingerichtet, wobei Gebet und Beschwörung auch hier vielleicht nahe beieinander lagen.

*4. Der Magier:* Die Kirche der damaligen Zeit lehnte Magie keineswegs insgesamt ab; sie unterschied jedoch zwischen weißer und schwarzer Magie, wobei die Grenzen wohl fließend waren: Faust wird in diesen historischen Quellen in die schwarze Magie abgedrängt: ein Nekromant ist ein Schwarzkünstler (Trithemius). Diese ersten Dokumente dürften auch der Ausgangspunkt dafür sein, daß Faust der von der Kirche abgewandten, also zum Teufel orientierten Magie zugeordnet wird.

5. *Der Arzt:* Mit der Beschreibung «seine grosse kunst nit alleyn der artznei» weist Philipp Begardi Faust als Arzt aus; diese Tätigkeit verhilft ihm wohl später auch zu dem Titel Doktor, obwohl Faust selbst sich stets nur Magister nennt (Trithemius) und wohl auch keine abgeschlossene Hochschulbildung hat.

Fausts Bezeichnung als *Philosoph* ist sicher als Überbegriff zu verstehen. Philipp Begardi nennt ihn «Philosophum Philosophorum»; gleichfalls allgemein wird er bei Trithemius abgewertet: «ein Narr und kein Philosoph».

*Die Wertung* der Person Faust:
Schon die authentischen Quellen zeigen den historischen Faust in einer schillernden Rezeption. Vom Volk und von einzelnen Personen wird er mit «großem Verlangen erwartet» (Trithemius), und seine Dienste sind hochbezahlt und anerkannt (Kammerrechnungsbuch). Anderen dagegen erscheint er als Betrüger und Geschäftemacher (Philipp Begardi), als ein Mann der Selbstüberschätzung, der Anmaßung, der Kirchenfeindlichkeit und der Jugendverführung (Trithemius). Freilich spricht wohl bei beiden Zeitgenossen der Berufsneid mit: Begardi ist Arzt und Trithemius selber ein Magier.

*4. Phase:*
*Faust als Typus – Die Zimmerische Chronik als sekundäre Quelle für Faust*

Abschließend erfolgt nun ein vertieftes Erarbeiten der Gestalt Fausts, das nach den Gründen für die Aufnahme dieser Persönlichkeit in das Lebenswerk Goethes fragt. Dabei sollen die Abstraktion des Typus erreicht und gleichzeitig die Motive der handelnden Gestalt Fausts erkannt werden. Methodisch geschieht das fragend-entwickelnd im Klassengespräch. Zu Hilfe genommen wird eine sekundäre Quelle, die Zimmerische Chronik (s. S. 21). Im Lehrervortrag soll sich eine zu den bisherigen Quellenfakten ergänzende Information ergeben. Der historische Faust ist in Staufen/Breisgau gestorben, wahrscheinlich erlitt er das Berufsschicksal eines Alchimisten, einen Experimentierunfall. Er hat gottlos gelebt und ist «vom bösen gaist umgebracht worden».

Nun kann das vertiefende Klassengespräch mit Hilfe von Leitfragen entwickelt werden:

1. Was ist das Außerordentliche an der Faust-Gestalt?
2. Erscheint Faust als einzelner seiner Art?
3. Welche Handlungsmotive bewegen die Gestalt?

Die Ergebnisse erscheinen als Tafelbild:

1. Faust hat sich «in allen guten Wissenschaften» geübt und kann sich «großen Wissens ... aller Weisheit» rühmen (Trithemius). Von dieser Grundhaltung gibt es eine direkte Verbindung zum Einleitungsmonolog bei Goethes Faust.
Spätestens bei seinem Tode wird er in die Nähe der schwarzen Magie gerückt, indem er der Kumpanei mit dem Teufel geziehen wird, den er nur «sein schwager genannt» (Chronik); schon die Zeitgenossen ordnen ihn der schwarzen Magie zu.

### Zimmerische Chronik

urkundlich berichtet von
Graf Froben Christof von Zimmern † 1567
und seinem Schreiber Johannes Müller † 1600
neu herausgegeben von Dr. Paul Herrmann, Meersburg und Leipzig 1932

Band I, S. 577

*[1291] Das aber die pratik solcher kunst nit allain gottlos, sonder zum höchsten sorgclich, das ist unlaugenbar, dann sich das in der erfarnus beweist, und wissen, wie es dem weitberüempten schwarzkünstler, dem Fausto, ergangen. Derselbig ist nach vilen wunderbarlichen sachen, die er bei seinem leben geiebt, darvon auch ain besonderer tractat wer zu machen, letzstlich in der herrschaft Staufen im Preisgew in großem alter vom bösen gaist umbgebracht worden.

Band III, S. 529–530

Das ich aber widerumb vom reichstag zu Regenspurg sag, so haben sich sonst vil lecherlicher hendel alda begeben, ...
Es ist auch umb die zeit der Faustus zu oder doch nit weit von Staufen, dem stetlin im Breisgew, gestorben. Der ist bei seiner zeit ein wunderbarlicher nigromanta gewest, als er bei unsern zeiten hat mögen in deutschen landen erfunden werden, der auch sovil seltzamer hendel gehapt hin und wider, das sein in vil jaren nit leuchtlichen wurt vergessen werden. Ist ain alter mann worden und, wie man sagt, ellengclichen gestorben. Vil haben allerhandt anzeigungen und vermuetungen noch vermaint, der bös gaist, den er in seinen lebzeiten nur sein schwager genant, hab ine umbbracht. Die büecher, die er verlasen, sein dem herren von Staufen, in dessen herrschaft er abgangen, zu handen worden, darumb doch hernach vil leut haben geworben und daran meins erachtens ein sorgclichen und unglückhaftigen schatz und gabe begert. Den münchen zu Lüxhaim im Wassichin hat er ain gespenst in das closter verbannet, desen sie in vil jaren nit haben künden abkommen und sie wunderbarlich hat molestirt, allain der ursach, das sie ine einsmals nit haben wellen übernacht behalten, darumb hat er inen den unrüebigen gast geschafft

2. Gerade die Quellen mit negativen Tönen reihen Faust immer in die Schar anderer herumziehender Magier, Wahrsager und Alchimisten ein. So sagt Mutianus Rufus: «Seine Kunst, wie die aller Wahrsager, ist eitel», und Trithemius tadelt Fausts Meinung, «daß er in der Alchimie von allen, die je gewesen, der Vollkommenste» sei. Begardi nennt Faust in einem Atemzug mit dem Arzt Theophrast. Das zeigt, daß Faust nicht ein einzelnes Individuum dieser Art war, wohl aber unter diesen Zeitgenossen herausragte, das heißt, daß er den Typus dieser auffallenden Menschen seiner Zeit repräsentierte.

3. Der historische Faust ist der Typus des handelnden Menschen, und zwar nach

seinem geistigen Vermögen ein Alles-Wisser und nach seinem Wollen ein Alles-Könner.

Aber er hat auch negative Energien, und diese bringen ihn in die Nähe zum «bösen gaist». Hier deutet sich schon das zweite Handlungsmotiv an, das uns zur Pakt-Szene bei Goethe führt.

## 5. Phase:
### Der historische Hintergrund im Leben von Faust

Die Frage nach den Bezügen von geschichtlicher Wirklichkeit und Person führt zur Epoche, in der dieser historisch verbürgte Mensch lebte. Bedingen sich Zeit und Person? Hier fragen wir in der Methode eines *brain-storming* die Schüler, welche historischen Ereignisse sie aus dem Stegreif mit dieser Zeit von 1480–1540 verbinden. Die Aufgabe des Lehrers ist dabei, die Antworten zu systematisieren.

Was geschah mit dem geographischen Weltbild in Fausts Lebenszeit? Welche Naturwissenschaftler traten hervor, wie sah es mit den religiös-geistigen Entwicklungen aus? Was geschah auf dem Gebiete der Kunst?

Mit der Entdeckung Amerikas 1492 hat Kolumbus (1451–1506) dem Abendland eine *neue Welt* eröffnet und zugleich das Zeitalter der großen Entdeckungen eingeleitet (Vasco da Gama, Magellan); damit beginnt die Neuzeit. Kopernikus (1473–1543) begründet das neue heliozentrische Weltbild wissenschaftlich. Der große Arzt Paracelsus (1493–1541), der württembergische Landsmann und Zeitgenosse Fausts, wirkt bahnbrechend für die neue Medizin mit seiner Lehre von der naturgemäßen Lebensweise und dem Wissen um die seelischen Krankheiten; seine Lehre baute auf naturphilosophischen und alchimistischen Vorstellungen auf,

was besonders Faust gereizt haben mag. Die Daten Martin Luthers (1483–1546) decken sich fast genau mit der Lebenszeit Fausts. Sein Landsmann Melanchthon (1497–1560), aus Fausts Nachbargemeinde Bretten, wird zunächst Luthers enger Mitarbeiter und auch der Organisator des Hochschul- und Lateinschulwesens; beide Gestalten bewirken den kirchlich-religiösen Aufbruch in eine neue geistige Ära. Aber es wütet auch die Inquisition und die Hexenverbrennung. Die Wirren des Bauernkrieges 1525 sind durch die Gestalt Thomas Münzers (1490–1525) markiert.

In der Kunst und im Geistesleben entfaltet sich voll die Renaissance: Leonardo da Vinci (1452–1519) zeigt sich als genialer Techniker bei Flugexperimenten und bei der Konstruktion von Maschinen. Albrecht Dürer (1471–1528) wird der deutsche Repräsentant der Renaissancemalerei; ihre größte Schöpfung ist das Portrait: Der Einzelmensch wird so wichtig, daß er mit seinen unverkennbaren individuellen Zügen in den Mittelpunkt der Beachtung tritt; das Bewußtsein von der Bedeutung des Einzelmenschen und seines Schicksals ist erwacht.

Die Ära Fausts ist somit durch Umbrüche und Gegensätzlichkeiten von alt und neu gekennzeichnet, wobei das Neue noch keineswegs als durchgesetzt angesehen werden darf. Faust lebt in einer janusköpfigen Zeit: die alte Zeit ist noch nicht überwunden, aber der Blick geht schon fragend in eine neue Epoche.

Als Ergebnis halten wir das im Tafelbild fest.

### Hausaufgabe

Als sinnvolle Hausaufgabe können zur Ergänzung des Bildes der historisch verbürgten Gestalt Faust und seiner Zeit Kurzreferate an Schüler (auch als Partnerarbeit und in mehreren Gruppen möglich) ausgegeben werden, die im zeitlichen Umfang jedoch unbedingt die Schülersituation berücksichtigen müssen. Deshalb sollte der Lehrer den Schülern einen ausgewählten Handapparat (siehe Fachwissenschaftliche Literatur) bereitstellen, will er diese Art von Kurzreferaten laufend in den Unterricht einbauen. Sie können dann als Kurzberichte von fünf Minuten am Anfang der nächsten Stunde stehen und erfüllen dort die Funktion einer – sonst langweiligen – aufnehmenden Wiederholung und ergänzenden Weiterführung zur nächsten Einheit:

1. Fertigen Sie eine Landkartenskizze mit den Orten, in denen sich nach den Quellen/Legenden Faust aufgehalten hat, und nennen Sie kurz ihre Bedeutung (Hilfe bietet Mahals Buch).
2. Welche Dichtergestalten, Schriftsteller prägen Fausts Zeit? (Literaturgeschichte als Hilfe: Erasmus, Hutten, Sebastian Brandt, Hans Sachs... Kann auch auf mehrere Schüler verteilt werden).
3. Bezüge Faust – Paracelsus (Hans Kaysers Buch «Paracelsus» informiert).
4. Begriffsdefinition «Typus» (Handbuch literarischer Fachbegriffe).

## 2. Stundeneinheit:
## 2. Stufe der Entwicklung des Faust-Stoffes: Die Legenden-Gestalt Faust im Volksbuch

*Stofferweiterung, Charakter, Handlungselemente*

Übergeordnetes Lernziel der zweiten Einheit ist die Erkenntnis, daß die historische Gestalt Faust zum Legenden-Typus wird. Im Volksbuch erkennen wir ein Sammelbecken für Anekdoten und legendenhafte Ereignisse, die alle dem Typus Faust zu-

geordnet werden. Ein kognitives Lernziel ist das Kennenlernen des Pfitzerschen Volksbuches des Johannis Fausti in seinen wichtigsten Teilen; die Erkenntnisse zielen dabei schon auf die 3. Stufe, den literarischen Faust; vorbereitet wird die spätere Frage, welche Handlungselemente und -motive Goethes «Faust» beeinflussen.

*1. Phase:*
*Die Entstehung des Volksbuches von Doktor Faust*

Am Anfang steht ein Lehrervortrag über die Entwicklung des Volksbuches von Doktor Faust. Als optischer Einstieg dient dabei die Titelseite mit den Illustrationen des Pfitzerschen Volksbuches (Bild-Quellen Mat. II.1).

Schon zu Lebzeiten umspann die Sage Fausts Gestalt. Verstärkt setzte nach Fausts Tod die Überlieferung seiner Taten von Mund zu Mund ein, wobei sich sehr schnell die Berichte der tatsächlichen Ereignisse um den historischen Faust mit Andichtungen verbanden: tradierte Taten anderer Magier und vielbewunderter Zauberer wurden einfach der Gestalt Faust zugeschrieben. Der Basler Pfarrer *Johann Gast* veröffentlichte in einer Anekdotensammlung die ersten Geschichten um Fausts Person.

Zu einem durchschlagenden Bucherfolg wurde eine Sammlung all der wirklichen Taten und erfundenen Abenteuer um Faust – versetzt mit theologischen, geographischen und naturwissenschaftlichen Einschüben – mit dem Titel «Historia von D. Johann Fausten», erschienen 1587 bei dem Verleger Johann Spies in Frankfurt/ M., die allgemein als *das Volksbuch* von Doktor Faust bekannt ist. Für die Entstehungsgeschichte wird heute angenommen, daß zunächst eine deutschsprachige Urfassung existierte – vermutlich vom

Rektor des Ratsgymnasiums in Speyer, Andreas Frei, geschrieben. Von dieser wurde dann die zwischen 1572 und 1582 entstandene Wolfenbütteler Handschrift abgeleitet, aus der die Druckfassung der «Historia» von 1587 hervorging.

Diese wurde nun laufend ergänzt und mit verschiedenen Kommentaren versehen immer wieder neu aufgelegt. In der Tradition der Volksbücher interessiert im Hinblick auf Goethes «Faust» besonders eines: Im Jahr 1674 hat der Nürnberger Arzt *Nikolaus Pfitzer* eine Fassung des Volksbuches neu bearbeitet; es hatte großen Erfolg und erlebte bis 1726 sieben Auflagen. Dieses Volksbuch kannte und benutzte Goethe als Quelle; Otto Pniower hat dies in der Zeitschrift für deutsches Altertum 1919 überzeugend nachgewiesen, und deshalb soll es auch korrekterweise für unsere methodische Arbeit im Unterricht verwendet werden.

Eine kleine Skizze hält diese Entwicklung an der Tafel fest.

*2. Phase:*
*Pfitzers Volksbuch des Johannis Fausti*

Die Analyse des Pfitzerschen Volksbuches ist nun Aufgabe der Schüler (sie finden die entscheidenden Stellen im Materialienheft Mat. II.2); sie bearbeiten Teile des Buches in Gruppen nach Kapiteln aufgeteilt. Dieses Vorgehen, bei dem die Gruppen zunächst nur einen kleinen Teil des Buches kennenlernen, ist zum einen aus zeitlichen Gründen notwendig, zum anderen auch gerechtfertigt, da das Volksbuch in seiner Komposition additiv – und dazu keineswegs in der Kapitelfolge zwingend – entstanden ist; die Schüler erfahren jedoch beim Zusammentragen der Ergebnisse in eben der additiven Weise die wichtigsten Erzählteile des Volksbuches.

Didaktisch muß angemerkt werden, daß

die Kapitel mit den relevanten Handlungen und Motiven im Hinblick auf Goethes «Faust» ausgewählt wurden; der Schüler erhält so schon im Vorfeld einen einfachen inhaltlichen Überblick, und gleichzeitig wird der Bogen der Erwartung auf Goethes Version hin gespannt.

Die Aufgabenstellung bei der Analyse lautet: Fertigen Sie eine kurze Inhaltsangabe und erfassen Sie dabei die Charakteristika und Handlungsmotive der eingeführten Personen. Während der Schülerarbeit wird der Lehrer bei den einzelnen Gruppen Erklärungshilfe leisten und die Zwischenergebnisse vorbereiten helfen:

I, 1. Kapitel
Faust aus Sondwedel in der Grafschaft Anhalt studiert Theologie, Astronomie und Medizin (Doktorgrad). Er ist ein fähiger Kopf mit einem guten Ingenium, gerät in böse Gesellschaft und wird vom Teufel verleitet. Er erforscht den Himmelslauf und ist «darinnen zu fern gegangen», besonders in der Beschwörung der Geister.

I, 10. Kapitel
Faust geht mit dem Fürsten dieser Welt, dem «Teuffel in eines grauen Münchs Gestalt», eine Verschreibung mit eigenem Blut auf 24 Jahre ein; dieser schickt einen gelehrten und erfahrenen Geist, später Mephostophiles genannt, ebenfalls in «Münchs Gestalt» als Diener. Faust, mit Zweifeln an der Auferstehung, will alles, was Herz, Gemüt und Verstand begehrt – und verspricht in einer Obligation seinen Leib und seine Seele.

I, 35. Kapitel
Faust reitet zu Leipzig ein Faß aus dem Keller und trinkt mit Studenten; er will wegen seiner Kunst dort bekannt sein.

II, 4. Kapitel
Faust macht den Schüler Christoff Wagner zu seinem Famulus und Erben; er erbarmt sich seiner und zeigt sich freigebig. Wag-

ner, ein Bastard, Sohn eines Priesters, ist ein «gelerniger» und «verschmitzter» Kopf, verschwiegen, «voll böser Lüsten».

## II, 10. Kapitel

Faust hält sich am Hof in Innsbruck auf und läßt für Kaiser Maximilian I. Alexander Magnus mit Gemahlin erscheinen – mit Hilfe von Mephostophiles.

## II, 20. Kapitel

Zu Fasnacht verschafft Faust den Studenten mit Mephostophiles' Hilfe ungarischen, welschen und spanischen Wein und treibt Gaukelspiele.

## II, 21. Kapitel

«Eine schöne doch arme Dirne» mit Ehrgefühl (ohne Namen) willigt nicht in Fausts «sündlichen Willen» ein. Faust darf keine Ehe eingehen, da der Ehestand ein Werk des Höchsten ist und damit gegen die Obligation verstößt. Faust gibt kleinmütig und erschrocken dem Fürsten Luzifer nach.

## II, 22. Kapitel

Die wunderschöne Helena wird Faust von Luzifer als «Beyschläfferin» angeboten; er fordert sie dann vom Geist. Faust kann Helena nicht nur sehen, sondern «haben und behalten»; ein Sohn kommt zur Welt. Mutter und Kind verschwinden nach Fausts Tod.

## III, 14. Kapitel

Faust zeigt vor seinem Tod mit 100 Jahren Reue, Furcht, Zittern, Zagen – Mephostophiles tröstet ihn: er soll in der Hölle nicht leiden wie andere Verdammte.

## III, 17. Kapitel

Faust erkennt, daß «seiner Sünden zu viel» sind für eine Rettung; bei ungestümem Wind und Poltern stirbt er mit gespaltenem Kopf und zerfetzten Gliedern.

## 3. Phase:
## Handlungsbereiche und Funktion der Personen im Volksbuch

Nach dem Kurzvortrag der Kapitel-Inhalte werden die Informationen nach zwei Gesichtspunkten systematisiert:
1. In welchen Bereichen handelt Faust?
2. Welche Personenkonstellationen treten auf?

Faust ist im Bereich der Wissenschaften an der Hochschule in Ingolstadt mit Theologie, Astronomie und Medizin beschäftigt; dann im Grenzbereich der Magie, wo er sich mit dem Teufel verbündet; ab jetzt ist überall Mephostophiles, ein Untergeist des Teufels Luzifer, mit im Spiel. In der Studentenatmosphäre in Leipzig schlüpft er beim Faßritt in die Rolle des schalkhaften Gauklers; dann gewinnt er mit Famulus Wagner einen Erben und Nachfolger. In Innsbruck steigt er in die hohe Welt des höfischen Lebens, in die er die Antike hineinzaubert; dann finden wir ihn in der Welt der Liebe wieder: zuerst in der natürlichen, aber unerfüllten Liebe zu einem einfachen Mädchen, dann in dem sündhaften, antik erotischen Bereich mit Helena, mit der er einen Sohn zeugt. Schließlich endet er wegen seiner Sünden trotz Reue in der Welt der Verdammnis.

Im Volksbuch gibt es spannungsgeladene Personenkonstellationen: da tritt Mephostophiles als Fausts Helfer auf; dann wird der Schüler Wagner Fausts Famulus mit sehr verwandten Zügen zu seinem Meister. Dem Kaiser gegenüber tritt Faust in die Dienerrolle des Magiers. Eine schöne, doch arme (namenlose) «Dirne» bringt ihn von Sinnen; die antike Helena wird die Mutter von Fausts Sohn. Diese Personenbezüge sollen für die Goethesche Tragödie im Auge behalten werden.

## 4. Phase:
### Fausts Charakter und Handlungsmotive im Volksbuch

Auf der Abstraktionsebene sollen nun von der soliden Basis der Kenntnisse des Volksbuches aus zwei Fragen beantwortet werden:

1. Wie sieht auf der 2. Stufe – der Legendenebene – die Präzisierung des faustischen Charakters aus?
2. Welche Elemente für ein tragisch-dramatisches Handeln bietet die Legendenstufe?

Das Volksbuch stellt Faust als einen Studierenden vor, dem die Theologie nicht mehr reicht, der zusätzlich in der Medizin den Doktorgrad erwirbt und sich außerdem der Astrologie zuwendet; und nun steigert das Volksbuch Fausts Bemühen in der Zusammenfassung: «er befleissigte sich zu erforschen den Himmelslauff» (noch deutlicher hieß es in der älteren Spies-Fassung: «wolte alle Gründ am Himmel und Erden erforschen») und deutet bei diesem Bemühen an, daß er «darinnen zu fern gegangen wäre»: Faust wird zum Grenzüberschreiter. Die vielseitigen Fähigkeiten, die der historische Faust auf der 1. Stufe in seinen fünf Tätigkeitsbereichen zeigte, sind hier nun deutlich zu einem Motiv der gesamten charakterlichen Veranlagung – als Grenzüberschreiter – präzisiert.

Das Volksbuch zeigt aber auch, daß in dieser Veranlagung die Elemente für ein tragisch-dramatisches Handeln liegen: denn in diesem Verlangen steckt die Gefahr, daß Faust «dessen vielfältig gemißbrauchet» und «alles was Hertz, Gemüte, Sinn und Verstand» begehrt, erreichen will; da er aber «von Gott dem Schöpfer nicht also erleuchtet», wendet er sich konsequenterweise dem «Fürsten dieser Welt» zu; die Obligation, die Verschreibung, erbringt ihm einen «gelehrten und erfahrenen Geist», der ihm bei seinem Verlangen dienen kann. Auch hier erkennt man eine Präzisierung eines dramatischen Handlungselementes, das schon in der historischen Faust-Figur angelegt war: in der Tätigkeit des Schwarzkünstlers, der den Bösen seinen Schwager genannt hatte. Die Präzisierung dieses Ansatzes zur Obligation mit dem Teufel auf der Legendenstufe eröffnet einen direkten Bezug zu Goethes dramatischer Handlungsführung.

## 5. Phase:
### Faust als Legenden-Typus

Die abschließende Fragestellung soll das Volksbuch mit seinem Faust noch einmal als literaturgeschichtliches Phänomen ins Bewußtsein rücken: Warum ging es offenbar so leicht, heterogene Ereignisse und Legenden zu einer homogenen Geschichte um Faust im Volksbuch zusammenzufügen?

Schon der historische Faust trug Züge, die nicht nur für ein Individuum seiner Zeit charakteristisch waren, sondern ihn als herausragenden Typus des Menschen seiner Epoche zeigten. Die Erklärung Fausts als Typus wird gerade durch die Fakten des Volksbuches belegt; die kursierenden Geschichten und Legenden um Wundermänner, Astrologen, wandernde Ärzte waren so stark verselbständigt, unabhängig von einer konkreten Person, daß sie mühelos alle auch auf Faust paßten; dem Volk war es plausibel, daß alle Geschichten von einem Faust erlebt worden waren, denn er war der *Typ* dafür. Einem solchen Typ konnten Erzählungen in vielfältiger Breite zugeschrieben werden; bruchlos konnten sich immer wieder neue Episoden dazugesellen; so zeigte sich die Faust-Gestalt als *epischer Typus* äußerst produktiv.

26

*Hausaufgabe – Vorbereitung:*

Als Kurzreferate sollen zwei Themen an Schüler ausgegeben werden, die den ersten Teil der 3. Stundeneinheit bilden:

1. Christopher Marlowe's «Faust» (unter besonderer Berücksichtigung der Anfangs- und Schlußgestaltung) ca. 5 min. Der Text ist durch ein Reclam-Bändchen leicht zugänglich.
2. Lessings Faust-Fragment (Charakteransatz und Schlußgestaltung) ca. 5 min. Der Text ist durch jede Lessingausgabe zugänglich.

Wegen des geringen Volumens beider Versionen ist eine kurzfristige Aufgabenstellung an die Schüler möglich, jedoch sollten sie etwa über ein Wochenende Zeit zur Vorbereitung haben; die Aufgabenstellung sollte jedoch nicht vor der Orientierung der ersten Stundeneinheit erfolgen.

## 3. Stundeneinheit:
## 3. Stufe der Entwicklung des Faust-Stoffes: Literarische Gestaltungen

*Marlowe – Lessing – Goethe*
*Goethes Menschenbild – der Faustische*
*Charakter – Motivationen*

Übergeordnetes Lernziel der dritten Stundeneinheit ist das Kennenlernen der literarisch gestalteten Faustfigur bis zu Goethe. Zwei Kurzreferate sollen einen Eindruck über die literarische Situation vor Goethe geben: Christopher Marlowes Drama vom «Doktor Faustus» dient einmal dazu, den Dreierschritt der Entwicklung vom historischen Faust – über die Volksbuch-Legende – zur ersten Dramatisierung des Stoffes zu zeigen, darüber hinaus aber auch den Einfluß auf Goethes

«Faust» zu verdeutlichen. Dabei wird das Referat besonders auf den faustischen Charakter als Motiv für das Handeln eingehen sowie – wegen der dramatischen Form – auf den Eingangsmonolog und die Schlußgestaltung. Das zweite Kurzreferat über das Faustfragment von Lessing, das Goethes «Faust» nicht nachweislich beeinflußt hat, ist jedoch wegen der Absicht seiner Schlußgestaltung von besonderem Interesse: zum ersten Male steht hier – wie später bei Goethe – die Errettung Fausts als literarische Gestaltung am Ende. Die Interpretation von Goethes Faustmonolog (354–517) soll sich direkt anschließen; der Schüler soll bei der ersten Konfrontation mit Goethes Werk, auf das er relativ lange in dieser Sequenz vorbereitet wird, unmittelbar auf die Faustgestalt treffen und daraus bereits erste Aufschlüsse über Goethes Menschenbild ableiten.

*1. Phase:*
*Marlowes «Faust»*

Ein kurzer Lehrervortrag führt zu Marlowes Faustdrama hin:
Im Jahre 1587 war das erste Volksbuch von Spies mit der «Historia von D. Johann Fausten» in Deutschland erschienen. Schon ein Jahr später, am 28. Februar 1588, gibt der Bischof von London die Erlaubnis zum Druck des ersten englischen Faustbuches, einer Übersetzung des deutschen Volksbuches mit dem Titel «Ballad of the Life and Death of Doctor Faustus the Great Conjurer». Sie bildete die Grundlage für die erste literarische Gestaltung des Fauststoffes, für Christopher Marlowes berühmtes Drama «The Tragicall History of the Life and Death of Doctor Faustus» (deutsche Übersetzung: Christopher Marlowe, Die tragische Historie vom Doktor Faustus, Reclam – Stuttgart 1982). Englische Komödianten

bringen dann dieses Faust-Drama von Marlowe nach Deutschland; deutsche Schauspieltruppen übernehmen es und führen es in unterschiedlicher Qualität – auch als Puppenspielversion – auf: und so lernt Goethe das Faustdrama kennen; seine Kenntnisse des Faststoffes bezieht er also aus zwei Quellen: einmal aus dem deutschen Volksbuch und zum anderen über die englische Dramenversion; und daher ist Marlowe für Goethes literarische Faust-Version von Interesse. Eine Tafelskizze verdeutlicht die Einflüsse.

Der Schülervortrag sollte folgende Fakten einbringen:

Faust ist bei Marlowe eine Renaissancegestalt; in einer titanenhaften Anmaßung will er Macht über die Welt: «ich will der Erde Kaiser werden... Die Küstenberge Afrikas mit Spanien zu einem Kontinent verbind ich» (I, 4). Er geht sogar noch weiter; er «strengt seines Geistes Kräfte an, Gottgleichheit zu gewinnen» (I, 1), «vermessen an der Allmacht Gottes rüttelnd» (I, 3). In anmaßendem Trotz verschreibt er sich der Magie und dem Teufel, um «nach Form und Substanz ein Geist zu sein» (II, 5).

Mephistopheles tritt «in der Gestalt eines Franziskanerbruders» auf (I, 3). Er gehört zu den «unseligen Geistern, die mit Luzifer sich gegen Gott empört» haben (I, 3). Faust erkennt ihn als «Erzfeind, Lügner und Versucher» (V, 16). Mephistopheles ist der «Diener Luzifers» (II, 5), des Satans, der «der höchste Fürst der ewigen Finsternis» ist (II, 5). Geradezu modern an Sartre erinnert Mephistopheles' Definition: «Die Höll' ist unbegrenzt und nicht gebunden an einen Raum, denn wo wir sind, ist Hölle» (II, 5). Mephistopheles beschreibt seine Funktion selbst: «ich lenkte deine Augen auf Widersprüche (der Bibel) und dein Herze zum Zweifel... Ich war es, der dir... den Durchgang... zum Himmel sperrte» (V, 16).

Die dramatische Form verdient besondere Beachtung. Faust beginnt bei Marlowe mit einem grandiosen Monolog (vgl. später Goethe). Seine Motive sind Macht (er will «die Menschen ewig leben machen» I, 1) und Allwissenheit (er erstrebt «das Höchste und den Sinn jedweder Kunst» I, 1). Beides will er mit Magie erreichen, «um Gottgleichheit zu gewinnen» (I, 1). In einer zweimal bekräftigten Urkunde (II, 5 «verschreibe meine Seele ich dem Satan – und V, 14 «nochmals will mit meinem Blut den Eid ich bestätigen») verbündet er sich mit der Magie des Bösen.

Die Schlußgestaltung wird durch eine kontinuierliche Errettungsdiskussion im ganzen Stück vorbereitet. Gleich nach Abschluß der Urkunde spricht Faust zu sich: «Du bist verdammt, und kannst du nun nicht mehr gerettet werden» (II, 5). Dann tut er die «ewige Pein nach diesem Leben» als «Altweibermärchen» ab (II, 5). Er stellt sich aber immer wieder die Frage: «Gott wird sich erbarmen, wenn ich nur bereue» (II, 6). Luzifer selbst zeigt ihm die Unmöglichkeit der Errettung: «Christus kann deine Seele nicht erretten, weil er gerecht ist» (II, 6). Am Schluß urteilt Faust selbst über sich: «Verdammt bist du! Verdammt, Faust, drum verzweifle und stirb» (V, 16), und Mephistopheles läßt keinen Zweifel: «Mit Qualen muß er all den Reichtum genoßner Lüste zahlen» (V, 16). Schließlich ruft Faust im Sterben: «Der Teufel kommt! und Faust fällt in Verdammnis!... Wer reißt mich abwärts?!» (V, 16) Die letzte Regieanweisung gibt Antwort: «Der Teufel mit Faust ab.»

Interessant scheint, daß aber bereits in dieser ersten dramatischen Fassung zwei Andeutungen für eine Rettungsmöglichkeit stehen, die im Hinblick auf Goethes Schlußgestaltung nicht unerwähnt bleiben sollen. Ein alter Mann sagt zu Faust: «Dir zu Häupten einen Engel schwebend gewahr ich, der bereit ist, eine Schale kostbarer Gnade in dein Herz zu gießen» (V, 14); und eine Gelehrter fordert ihn auf: «So schau doch auf zum Himmel, Faust, und denk daran, daß Gottes Gnad unendlich ist.» (V, 16) Obwohl am Schluß hier für Faust das bittere Ende steht, hat der Held jedoch die Sympathie des Renaissance-Zuschauers, denn Faust «war doch ein Lehrer, einst bewundert an deutschen Schulen für sein großes Wissen; darum laßt gebührend uns sein arm Gebein bestatten und in Trauerkleidern ... zum Grab geleiten» (V, 17).

## 2. Phase:
### Lessings «Faust»-Fragment

Eine Lehrereinleitung wird auch dem Schülervortrag über Lessings* Faust-Fragment vorangestellt:
Lessings Bemühungen, einen Faust zu schreiben, bleiben Fragment. 1759 veröffentlicht er im 17. Literaturbrief einige Szenen. Weitere Anmerkungen erscheinen im Nachlaß; der Rest ist vielleicht verlorengegangen. Die Pläne, wie Lessing sich den Faust gedacht hat, kennen wir von Gesprächspartnern Lessings. Goethe hat von Lessings Faust erst in seinen späteren Lebensjahren erfahren; Lessings Fragment blieb daher ohne nachweislichen Einfluß auf seinen Faust. Interessant ist jedoch der von Lessing konzipierte Schluß; er stellt die erste literarische Version dar, in der Faust gerettet wird.
Der Schülervortrag sollte folgende Gesichtspunkte enthalten:
Fausts Charakter erkennen wir bei Lessing in wesentlichen Zügen. Sein Trieb besteht in «einem unauslöschlichen Durst nach Wissenschaft und Erkenntnis». In aufklärerischer Haltung will er «den Verstand nicht in vorige Schranken zurückzwingen».
Der Teufel, der als Aristoteles erscheint, sieht, daß «zu viel Wißbegierde sein Fehler» ist; das macht Faust innerhalb von 24 Stunden verführbar, «so schnell ist der Übergang vom Guten zum Bösen». Eine Wesensbeschreibung des Bösen ist in der Charakterisierung enthalten: «Zerstörung der Werke Gottes ist Satans Wollust».
Formal beginnt Lessing mit einem Vorspiel, in dem die Teufel unter sich vereinbaren, Faust zu verführen. Am Ende soll Faust gerettet werden, denn «die Gottheit hat dem Menschen nicht den edelsten der Triebe gegeben, um ihn ewig unglücklich zu machen».
Der Lehrer faßt zusammen:
Goethe fand zwei Stränge der Faust-Tradition vor: einmal das von der historischen Person ausgehende und in die Legendenstufe mündende Volksbuch, aus dem er eine verketzerte Faustgestalt kennengelernt hatte; dann kannte er die von der Legendenstufe abgeleitete englische Version Marlowes, wo er in dramatischer Form, auch im Puppentheater, Faust als einen Renaissancecharakter kennenlernte. Das war die Ausgangssituation, die Goethe vorfand, als er 1770 begann, seine dichterische Version des Stoffes und Themas zu entwickeln.

## 3. Phase:
### Der Faustische Charakter in Goethes Gelehrtentragödie

Wie begegnet uns nun Faust in Goethes Werk – auf der 3. Stufe der Entwicklung, in der literarischen Gestaltung? Den stärksten Eindruck von Faust erhalten wir im Eingangsmonolog (354–517); er soll auch für die Schüler die erste unmittelbare Begegnung mit Goethes Tragödie werden. Zur Einführung des Textes in der Klasse eignet sich besonders als eindrucksvoller

---

* Gotthold Ephraim Lessing, Werke in drei Bänden, Hanser-Verlag München, Wien 1982

Einstig der bühnengerecht gesprochene Monolog, am besten die Schallplattenversion in der Gründgens-Inszenierung*. Wir nutzen sie als akustischen Aufhänger.

Die Interpretation des Textes erfolgt nun spontan durch die Schüler im Plenum. Was für ein Mensch stellt sich hier vor, und in welcher Situation befindet er sich? Diese Frage soll dann verallgemeinernd zur Erarbeitung des Goetheschen Menschenbildes führen.

Faust stellt sich – wie schon der historische Renaissancemensch – mit vielen Fähigkeiten vor: er hat Philosophie, Juristerei, Medizin und Theologie studiert und dabei den Magister- und Doktorgrad erreicht. Aber er ist bei diesen scholastischen Studien unbefriedigt geblieben. Am Ende steht voll Qual und Überdruß die Erkenntnis, «daß wir nichts wissen können» (364). Ergriffen ist Faust allerdings von dem unstillbaren Drang, «daß ich erkenne, was die Welt/Im Innersten zusammenhält» (382/3). Mit Hilfe der – erlaubten – Magie (377) glaubt er, sein Ziel erreichen zu können, auszubrechen aus der Begrenztheit der Studierstube und «um Bergeshöhle mit Geistern schweben» (394) zu dürfen. Zwei Wege der Entgrenzung versucht er: mit Hilfe eines «geheimnisvollen Buches» (419) will er sich gottgleich (439) den Makrokosmos, das ist die Natur, das All, erschließen; in einem Anflug von Hybris fragt er «Bin ich ein Gott?» (439) Faust muß aber erkennen, daß er dabei nur ein «Schauspiel» (454), nicht aber die «unendliche Natur» (455) als «Quellen allen Lebens» (456) erfahren kann. In einem zweiten Anlauf will er im Gefühl des «Übermenschen» (490) eine Entgrenzung daher durch die Anrufung des Erdgeistes – als Geist des organischen

irdischen Lebens – erzwingen. Am Ende muß er erkennen, daß er nicht einmal den Anblick des Erdgeistes ertragen kann (485). Diese niederschmetternde Erfahrung, daß mit der erlaubten Magie keine höhere Erkenntnis möglich ist, hat eine zwingende Konsequenz: entweder Selbstentgrenzung durch Suizid oder der Versuch, mit der unerlaubten, schwarzen, Magie das Ziel zu erreichen.

*4. Phase:*
*Versform und Rhythmus im Faust-Monolog*

Zur Interpretation gehört auch das Erkennen der Sprachform, aus der eine erklärende Hilfe erwachsen kann. Mit der Suchfrage «Verändert sich die Sprechweise und der Rhythmus vom Monolog zum Dialog?» steuern die Schüler beobachtete Details bei, die der Lehrer – das ist sein unterstützender Beitrag – mit den fachspezifischen Begriffen benennt.

1. Der Monolog beginnt mit *Knüttelversen* (354–385) historisierend ganz in der Sprechweise der Meistersinger in der Renaissancezeit: kennzeichnend ist die Vierhebigkeit mit freier, unregelmäßiger Senkungsfüllung, was dem Vers den schwerfälligen, holprigen Charakter verleiht; in der Regel verlangt er den Paarreim. Gleich der Anfang zeigt, daß Goethe den Knüttelvers als freien Vierheber verwendet. Er beginnt ohne leichten Auftakt gleich mit einer Hebung und führt zu einem Seufzer mit der doppelten (schweren) Hebung «ach! Philosophie» (354); untypisch umfaßt ein umschließender Reim die ersten vier Verse und hebt sie gleichsam wie ein Statement gegen die folgende Reflexion ab. Bis zu Goethe war der Knüttelvers in der volkstümlichen Dichtung üblich, nun eignet er sich für den Sturm und Drang-Stil. Goethe greift ihn in der Leipziger Zeit auf.

---

* Goethe, Faust, Deutsche Grammophon Gesellschaft, Oldenburg 1954, Gründgens-Inszenierung (Nr. 2753002 und 2753003)

2. Ton und Rhythmus wechseln hörbar mit dem Vers «O sähst du, voller Mondenschein» (386–429); es erscheinen nun *alternierende Vierheber* dem flehenden Inhalt angepaßt; freilich auch hier abweichend bei emotionalen Ausbrüchen «Um Bergeshöhle mit Geistern schweben» (394) und mit einer absetzenden Fazit-Zeile: «Das ist deine Welt! das heißt eine Welt!» (409)

3. Mit dem Erblicken vom Zeichen des Makrokosmos setzt ein ganz neuer Vers ein, der für den I. Teil von «Faust» zum Gütezeichen werden sollte: der *Madrigalvers* (430–467). Die Passage beginnt mit fünfhebigen Versen von 10 Silben, die sich bis zu sechshebigen Zeilen mit 13 Silben ausdehnen oder auch zu vierhebigen Achtsilbern verengen. Ursprünglich ein Vers für gesungene Hirtenlieder wird der Madrigalvers ohne Formregeln, aber noch reimend, zur freiesten Zeilenkomposition, der gerade hier beim ersten Entgrenzungsversuch Fausts seine inhaltliche Entsprechung hat.

4. Diese schon freien Verse lösen sich auf zu *freien Rhythmen* in der Erdgeistbeschwörung (468–479). Entsprechend der emotionalen Erregtheit in der Erwartung des Ungewöhnlichen, werden alle Sprachformen gesprengt als Ausdruck der «neuen Gefühle» (478) Fausts: «Ha! wie's in meinem Herzen reißt!» (477) Erst als Faust durch das Anklopfen des Famulus aus dieser Situation herausgerissen wird, findet er wieder zum reimenden Vers zurück.

Fazit: Die Versform wechselt entsprechend Gedanken und Stimmungen.

*5. Phase:*
*Goethes Menschenbild*

Welches Menschenbild – ja Weltbild – steht hinter diesem faustischen Charakter? In einer gelenkten Interpretation erarbeitet der Lehrer das Grundsätzliche aus den Schülerbeiträgen. Welche allgemeinen Anlagen und Fähigkeiten werden dem Menschen zugeschrieben? In welchem Zusammenhang sieht sich der Mensch? Der Mensch wird vom *Erkenntnisantrieb* bewegt. Es ist der Drang, in unbekannte Bereiche – wie es sich als Ikarus-Höhenflug bereits im Volksbuch ankündigte – vorzustoßen. Der unbändige Forscherwille kann keine psychischen Grenzen anerkennen; der Mensch wird zum *Grenzüberschreiter* in seiner Sehnsucht nach dem Erfassen der Welt. In einer Haltung aus *Pansophie und Naturmystik* versteht sich der Mensch als Teil des Makrokosmos und sucht die Wirklichkeit der Natur, den Erdgeist, der Goethes ureigenste Erfindung ist. Dabei wird er zum *Übermenschen* (490), wie der Erdgeist sagt. Die Antwort auf die Frage aller Fragen, was die Welt erhält, ist eigentlich nur dem Schöpfer vorbehalten; der Goethesche Faust aber hält sich für das *Ebenbild der Gottheit* (516) und fragt sich bei der Berührung mit den Kräften der Natur: «Bin ich ein Gott?» (439) In Faust begegnet uns ein einzelner Mensch, der sicher nicht als beispielhaft für den Durchschnitt der Menschen angesehen werden kann, aber als Ausnahmemensch in Sehnen und Wollen wird das Wesen des Menschen schlechthin in ihm offenbar.

*6. Phase:*
*Swedenborgs\* Einfluß auf Goethes Menschenbild und Weltsicht*

Zur Abstützung und Verdeutlichung soll Goethes Sicht vom Menschen im Weltgefüge in einen größeren Zusammenhang gestellt werden. Welche spezifische Weltan-

---

\* G. Gollwitzer, Die Geisterwelt ist nicht verschlossen – Swedenborgs Schau in Goethes Faust, Stuttgart 1968

schauung steht hinter Goethes Sicht des «Faustischen Menschen»? Mit Hilfe der Text-Quelle (Mat. IV. 3) aus dem Materialienheft sollen die Schüler den Einfluß der Philosophie und Gedankenwelt Swedenborgs auf Goethes Werk in einem Transfer nachvollziehen können.

Ein kurzer einleitender Lehrervortrag führt zu Swedenborg hin:

Am 14. November 1781 schreibt Goethe an Lavater: «Ich bin geneigter als jemand, noch eine Welt ausser der sichtbaren zu glauben, und ich habe Dichtungs- und Lebenskraft genug, sogar mein eigenes beschränktes Selbst zu einem Swedenborgischen Geisteruniversum erweitert zu fühlen.» 1769 schon hatte ihn Fräulein von Klettenberg mit Swedenborgs Werk bekannt gemacht. 1776 ließ er sich eigens von einem Frankfurter Freund Swedenborgs «Himmlische Geheimnisse» nach Weimar nachschicken.

Das von Faust zu Hilfe genommene Buch unserer interpretierten Stelle trägt bei Goethe nur als Decknamen den Verfasser «Nostradamus» (ein französischer Wundarzt, der 1555 ein bis heute bekanntes Buch mit Weissagungen schrieb). Dahinter versteckt sich in Wirklichkeit Swedenborg, den er aus Gründen des Anachronismus unmöglich mit Faust in Zusammenhang bringen konnte, da Swedenborg erst 1772 gestorben und zu Goethes Zeiten ein vielgelesener religiöser Schriftsteller war. Die Schüler bearbeiten die folgenden Textstellen aus Swedenborgs Werk und vollziehen dabei gleichzeitig den Vergleich:

1. Was sagt Swedenborg im Vergleich zu Goethe über das «wissen können» des Menschen aus?
*Himmlische Geheimnisse 233:* Es ist für den Menschen unmöglich, in die Geheimnisse, die der Glaubenswelt vorbehalten sind, einzudringen, die Wissenschaften

müssen hier versagen: «Wer bloß die Naturgeheimnisse... erforschen will, entdeckt kaum Eines, und wenn er ihnen nachforscht, verfällt er in Falschheiten». Die höheren Wahrheiten kann man niemals «mit der Wissenschaft und Philosophie begreifen». Noch stärker ist dies an anderer Stelle ausgedrückt: «Der menschliche Geist, wenn er auch noch so sehr alles ergründet und in die Höhe strebt, ist dennoch endlich und das Endliche in ihm kann nicht entfernt werden.»

Fausts «nicht wissen können» als Wissenschaftler entspricht Swedenborgs Sicht, daß der Mensch die Geheimnisse niemals mit «Wissenschaft und Philosophie begreifen» kann.

2. Welche Möglichkeit hat der Mensch bei Swedenborg im Vergleich zu Goethe, um trotzdem zu Wissen zu gelangen?
*Die göttliche Liebe und die göttliche Weisheit 150* «Durch Vermittlung von Geistern und Engeln» kann der Mensch zu Erkenntnis gelangen; die Geister können den Menschen erleuchten. Es ist für den Menschen prinzipiell möglich, mit den Geistern in Kontakt zu treten, da er so geschaffen ist, daß er «zugleich mit Geistern und Engeln» reden kann (Himmlische Geheimnisse 69).

Dem entspricht bei Goethe «Die Geisterwelt ist nicht verschlossen... wie spricht ein Geist zum anderen Geist...» (443/ 425) Bei Goethe wird jedoch viel stärker das magische Element wirksam; das geheimnisvolle Buch mit den magischen Zeichen wird zum Medium.

3. Welches Wissen kann der Mensch bei Swedenborg im Vergleich zu Goethe erfahren?
*Erdkörper 2, 94, 125:* Der Mensch kann mit Hilfe von Geistern in andere Welten vordringen und «Kenntnisse gewinnen» von anderen Himmelskörpern; denn er kann «mit Geistern als Geist» verkehren,

zum Beispiel mit einem Geist jener Erd-körper, der sich «in sehr schöner Flamme» sehen läßt und in dieser Lichthelle seine Gestalt verwandeln kann.

Auch Goethes Erdgeist «erscheint in der Flamme», doch Faust muß «der Flammenbildung weichen» (499). Zur Verdeutlichung dient Bild-Quelle Mat. V.1, eine authentische Zeichnung Goethes, die die Idee vom lichtstrahlenden Erdgeist sichtbar macht. Bei Goethe steht am Ende der Geisterbegegnung die Erkenntnis Fausts, daß mit dieser Art von – weißer – Magie für ihn kein neues Begreifen möglich ist; er ist nicht ebenbürtig. Erschüttert steht Faust wieder ohne Erkenntnis da.

Mit der Fragestellung, wie und mit welchen Mitteln Faust seinen unstillbaren Erkenntnisdrang wird befriedigen können, schaffen wir einen Spannungsbogen zu den folgenden Szenen; aber auch eine Rückfrage wird bei den Schülern evoziert: mit dem Monolog beginnt ja Goethes Drama gar nicht! Damit eröffnet sich die Frage nach der Struktur des Dramas von Anbeginn, mit der sich die II. Sequenz befassen soll.

## 7. Phase:
*Überblick: Die drei Entwicklungsstufen des Fauststoffes*

Die Charakter- und Motiventwicklung vom historischen Faust über die Sagengestalt zu Goethes Faust sollte am Ende der I. Sequenz in einem Gesamtüberblick sichtbar werden; gleichzeitig sollte sich aber auch der Sinn der langen Vorbereitung in dem historischen Bewußtsein der Fausttradition bis zu Goethes Tragödie zeigen – was den Schülern einen wesentlichen Punkt des Gehaltes erschließen und bei der Literatur historisch denken lernen hilft; dies wiederum stellt ein wichtiges Kriterium für die Wertungsfrage am Ende dar.

Die zweiteilige Leitfrage lautet: Hat sich das Charakterbild in den drei Stufen der Fausttradition entwickelt, und gibt es durchgehende Handlungsmotive? Im Plenum werden die Ergebnisse gesammelt und als Tafelbild rubriziert:

1. Der historische Faust ist der Typus des Renaissance-Menschen; in seinen Tätigkeiten begegnet er uns als Astrologe, Wahrsager, Alchimist, Magier und Arzt; er wird in allen Wissenschaften seiner Zeit zum handelnden Menschen, nicht ohne sein Vergnügen dabei zu haben, seine Mitmenschen zu faszinieren und auf den Arm zu nehmen. Als typusfähiger Sagengestalt des 16. Jahrhunderts werden Faust dann die auffallenden Eigenschaften seiner Zeitgenossen zugeschrieben: er ist ein unbefriedigter Theologe, Astrologe und wandernder Arzt. Bei Goethe wird er zum Vertreter des wissenschaftlich unbefriedigten Menschen mit dem radikalen Erkenntnisdrang der neuen Zeit (was ihn zum Repräsentanten des modernen Menschen schlechthin macht, wie weiter noch zu zeigen sein wird); als Philosoph, Jurist, Mediziner und Theologe strebt er nach der Erkenntnis des Absoluten.

2. Interessanterweise läßt sich eine geradlinige Entwicklung der Handlungsmotive vom angedeuteten Keim bis zur Entfaltung sehen: beim historischen Faust ist es der Ehrgeiz, in allem der Vollkommenste vor seinen Zeitgenossen zu sein – als Sagengestalt konkretisiert sich das Motiv zu dem Verlangen, sogar den «Himmelslauff» mit allen Gründen zu erforschen – und bei Goethe will Faust in seinem Erkenntnisdrang die physischen Grenzen durchstoßen bis zu der absoluten Erkenntnis der haltenden Kraft dieser Welt: «daß ich erkenne, was die Welt/Im Innersten zusammenhält» (382/3) «Ich Ebenbild der Gottheit!» (516) Hier zeigt sich Goethes Menschenbild.

Dem Wollen entspricht das Handeln der

Gestalt: der historische Faust scheut sich nicht, als hilfreichen «Schwager» die schwarze Magie einzuspannen, um der Vollkommenste unter den Zeitgenossen zu sein. Im Volksbuch ist dann Faust bereits der Grenzüberschreiter, der formal eine Obligation mit dem «Fürsten dieser Welt» eingeht, weil zur Erreichung seiner Ziele seine natürlichen Kräfte, die ihm vom Himmel verliehen wurden, nicht ausreichen. Bei Goethe schließlich nimmt Faust in seiner Verzweiflung an der physischen Begrenztheit seiner Erkenntnisfähigkeit mit seinem magischen Vermögen die gute Geisterwelt zu Hilfe. Daß die erlebte Enttäuschung dabei konsequent zum Pakt mit dem Bösen führt, kann als Spannungsfrage stehen bleiben, ohne die spätere Behandlung der Paktszene – hauptsächlich als strukturierendes Element – vorwegzunehmen.

Als *Hausaufgabe* gilt die Vorbereitung des «Prologs» unter der Fragestellung: Welches Bild von Faust entwirft der Herr und welches Mephisto? Welche Vorstellung von der Welt entsteht dabei?

## II. Sequenz:
## Die Entwicklung der Gelehrtentragödie von der Wette zum Pakt

*1. Strukturelemente: Vom erregenden Moment zum dramatischen Knoten*
*2. Goethes Weltbild – Rettungsgedanke – Wissenschaft*

Als strukturelle Teilgliederungen des Gesamtwerkes «Faust» zeigen sich die Gelehrtentragödie, die Gretchentragödie, die Helenatragödie und die Herrschertragödie. Am Ende der I. Sequenz stand die Frage: Wo beginnt eigentlich das Drama? In der II. Sequenz wird versucht, die

funktionale Struktur des Dramas sichtbar zu machen. In der ersten Teilgliederung des Dramas, der Gelehrtentragödie, soll der Zusammenhang zwischen Wette und Pakt in seiner dramaturgischen Funktion aufgezeigt werden; dabei werden die Strukturbegriffe des «erregenden Momentes» und des «dramatischen Knotens» eingeführt. Zum anderen sollen inhaltliche Themen – Goethes Weltbild, der Rettungsgedanke, der Wissenschaftsbetrieb – im Mittelpunkt stehen; Begriffe, die sich im II. Teil auf anderer Ebene wiederholen werden.

## 4. Stundeneinheit:
## Der Gesamtplan des Werkes und sein erregendes Moment – Goethes Weltbild im «Prolog»

Zwei Textstellen stehen bei der Interpretation im Mittelpunkt dieser Stunde: das «Vorspiel auf dem Theater» (33–242) und der «Prolog im Himmel» (243–353). Wenn im «Vorspiel» der Direktor ironisch abwertend sagt: «Gebt Ihr ein Stück, so gebt es gleich in Stücken!/Solch ein Ragout, es muß Euch glücken» (V. 99–100), so klingt das wie die Ankündigung Goethes, daß es hier im «Faust» um das Gegenteil geht: um eine Einheit, die vom Zuschauer ein längeres Denkvermögen für Zusammenhänge erfordert. Gleichzeitig klingt das wie die Abwehr eines Vorwurfes gegen sein Stück, von dem das Publikum die stückweise Entstehung kennt und das Goethe dennoch als «ein Ganzes dargebracht» (102) wissen will. Er scheint hier schon zu erahnen, daß einmal Kritiker und Literaturwissenschaftler, wie Gustav Roethe und Wilhelm Scherer mit ihrer «Fetzentheorie», sein Werk wegen erkennbarer Schichtungen und Nahtstellen als Ragout qualifizieren könnten. Deshalb muß es Ziel dieser Stunde sein, den Schüler Goethes Absicht erkennen zu lassen, daß es sich bei «Faust» um ein geplantes, ganzheitlich strukturiertes Drama handelt. Das geschieht in drei Schritten, durch die Analyse des «Vorspiels», durch Goethes eigene Zeugnisse, vor allem aber durch die immanente Interpretation, die die Strukturen aufdeckt und die Funktionalität der Einzelteile in einem Ganzen sichtbar macht. Dies lassen wir den Schüler selbst entdecken, wobei die Fragen des Lehrers den Schülern nur den Schlüssel zur Erschließung der Strukturen an die Hand geben sollen. Außerdem stellt der Lehrer dem Schüler Zusatzmaterialien (Text-Quelle Mat. V. 4: Paralipomenon 5; Bibel AT Buch Hiob I, 6–22) zur Verifizierung seiner Erkenntnisse bereit.

Die Sachbegriffe für die Dramenstruktur werden so benutzt, wie sie Goethe und Schiller in ihren theoretischen Erörterungen über epische und dramatische Dichtung verwendeten und wie sie später Gustav Freytag* in seiner Dramentheorie benutzte, jedoch mit der nötigen immanenten Variation bei unserer Interpretation.

*1. Phase:*
*Die Rahmenstruktur des «Faust» im «Vorspiel»*

Mit der Leitfrage «Was verrät das ‹Vorspiel› über die Absicht des Werkes?» hören die Schüler zu Beginn die Szene von der Schallplatte, da sie nicht als Hausaufgabe aufgegeben war. Während des Zuhörens machen sich die Schüler Notizen.

Nun können gleich im Plenum die Detailfragen erarbeitet werden, die alle darauf abzielen, das Konzept und die Großstruk-

---

* Gustav Freytag, Die Technik des Dramas, Leipzig 1887

tur des «Faust» nach einer einheitlich formenden Absicht und einem ordnenden Plan sichtbar zu machen: Was verrät das «Vorspiel» über ein räumliches Konzept? Wie soll das Thema des Stückes strukturell geartet sein? Läßt sich eine thematische Absicht erkennen? Die Antworten der Schüler – die stichwortartig als Tafelanschrieb festgehalten werden – können lauten:

1. Der Theaterdirektor gibt am Ende des «Vorspiels» den räumlichen Rahmen für das Stück bekannt: «So schreitet in dem engen Bretterhaus / Den ganzen Kreis der Schöpfung aus / Und wandelt mit bedächt-'ger Schnelle / Vom Himmel durch die Welt zur Hölle» (239–242). Damit steckt der Theaterdirektor den räumlichen Rahmen des Stückes ab: es soll im Himmel beginnen, durch die Welt führen und bis zur Hölle gehen, wobei damit sicher nicht die zeitliche Sukzession im Ablauf des Stückes festgelegt wird. Dies ist ein Kolossalkonzept, aber doch in einem deutlich gliedernden geschlossenen Rahmen; es stellt durchaus einen *räumlichen Gesamtplan* dar. Diese Einteilung nach Himmel, Erde, Hölle (diese Zusatzinformation muß durch den Lehrer eingefügt werden), und damit das Auftreten von Gott, Mensch und Teufel, entsprach der kirchlichen Vorschrift für die alte Mysterienbühne.

2. Wir erfahren auch etwas über die Strukturierung des Inhaltes: das Stück soll kein «Ragout» sein und dem Zuschauer nicht in «Stücken» (99–100) dargebracht werden, d. h. es soll vielmehr *thematisch einheitlich* sein, die einzelnen Stücke sollen nicht unabhängig für sich dastehen, sondern *funktional als Ganzes* dargebracht (102) werden.

3. Zwar sehr allgemein, jedoch in der inhaltlichen Absicht umrissen, wird uns der Themenbereich angegeben; die Aussagen der lustigen Person und des Dich-

ters ergänzen sich hier: «Greift nur hinein ins volle Menschenleben» (167) und ruft «das Einzelne zur allgemeinen Weihe.» (146) Was hier aus der Alltäglichkeit des menschlichen Lebens herausgegriffen wird, soll exemplarischen Charakter, d. h. allgemeine Gültigkeit haben.

*2. Phase:*
*Goethes Zeugnisse zum Plan des «Faust»*

In einer kurzen Stillarbeitsphase lernen die Schüler authentische Äußerungen Goethes über den Plan (Mat. V. 4,5), die Vorstellung und Absicht aus den Paralipomena* kennen – der Lehrer wird den Schülern das Wort als «Überbleibsel», als Bruchstücke aus hinterlassenen Schriften erklären, die wichtige Informationen über den «Faust» enthalten. Die Schüler sollen den Eindruck der Planung des Werkes von langer Hand gewinnen sowie die Einsicht, daß ein Kunstwerk – selbst bei langer Entstehungszeit – ein ordnendes Gestaltungsprinzip enthält, um die beabsichtigten Aussagen wirksam werden zu lassen. Gleichzeitig bietet das erkannte Strukturprinzip dem Schüler ein hervorragendes merktechnisches System, um die Vielfalt der Erkenntnisse bei den Einzelanalysen immer wieder einordnen und später auch wieder entsprechend abrufen zu können. Die Arbeitsfrage lautet: Hat Goethe Vorstellungen vom Ganzen des Werkes, bevor er an die Einzelausarbeitungen geht? Differenzierende Fragen sind dabei:
1. Wie sollen sich Teil I und II im ganzen Werk unterscheiden?
2. Gibt es vorgeplante Details und Tendenzen?
3. Wie steht der Inhalt zur Form?
4. Gibt es schon ein Schlußkonzept?

---
* Goethe, Faust – Paralipomena, Phaidon Verlag o. J.

1. Im Paralipomenon 5, das 1773 – also in der Zeit des «Urfaust» – entstand, liegt bereits der Gesamtplan für den I. und II. Teil vor; es wird schon hier eine grundsätzliche Differenzierung der beiden Teile geplant: im ersten Teil herrscht der «Lebensgenuß» vor, im zweiten Teil der «Tatengenuß». Im ersten Teil geht es um die «Dumpfheit der Leidenschaften», also stärker um das irrationale Element, im zweiten Teil mehr um das «Bewußtsein, die Schönheit», also das rationale Element.
2. Wichtige Details des I. Teiles werden inhaltlich und formal benannt. Das Erscheinen des Geistes, das wissenschaftliche Streben Wagners und des Schülers werden sogar schon in der Tendenz qualifiziert: helles, kaltes Streben – dumpfes warmes Streben, der Geist als Welt- und Taten-Genius. Aber auch die philosophische Geisteshaltung wird insgesamt angegeben: «Ideales Streben nach Einwirken und Einfühlen in die ganze Natur.»
3. Auch die Formfrage steht sofort an: hier wird dem Gehalt der Vorzug vor der Form gegeben, jedoch sofort gesagt: «Gehalt bringt Form mit»; Form ist in jedem Fall ein gestaltendes Prinzip im I. Teil.
4. Wie ganzheitlich schon zu Beginn das Konzept für das gesamte Werk ist, zeigt, daß bereits im Plan an die Form des Schlusses gedacht ist: «Epilog im Chaos auf dem Weg zur Hölle.» Daß es freilich dann Abweichungen von dem Konzept geben kann, ist selbstverständlich und spricht nicht grundsätzlich gegen den einheitlich formenden Willen eines Planes.

*3. Phase:*
*Hiob im AT als Expositionsmodell für «Faust»*

In einem kurzen Lehrervortrag werden die Schüler informiert, daß Goethe bewußt die Geschichte des Hiob aus dem

Alten Testament als Expositionsmodell für seinen «Faust»-Prolog genommen hat. Dieser Hinweis auf die Form kann für den Schüler von großer Hilfe für das Strukturverständnis des «Faust» sein: es geht nicht um ein positivistisches Aufzeigen, wo Goethe Anleihen gemacht oder Anregungen hergenommen hat; vielmehr soll der Schüler an für ihn Bekanntem anknüpfen können und mit diesem Vorverständnis zur eigentlichen Mitte des Textes vordringen. Selbstverständlich gehört es auch zur literarischen Erziehung, das historische Bewußtsein vom Werden eines Werkes in all seinen vorgegebenen Bezügen im Schüler zu bilden. Dafür bietet der «Faust» reiche Gelegenheit, erschließt sich aber auch erst – was besonders dann im II. Teil spürbar wird –, wenn die Umfeldbezüge mit eingebracht werden:

Zweimal gibt Goethe an Eckermann Hinweise auf seine Anlehnung an die biblische Geschichte von Hiob im «Prolog». Am 17. Dezember 1824 sagt Goethe: «Hab ich nicht auch in Mephistopheles den Hiob und ein Shakespeare-Lied mir angeeignet?» Später am 18. Dezember 1825 erklärt er Eckermann: «Hat daher auch die Exposition meines ‹Faust› mit der des ‹Hiob› einige Ähnlichkeit, so ist das wiederum ganz recht und ich bin deswegen eher zu loben als zu tadeln.» Der Lehrer liest nun die Hiob-Geschichte (AT Buch Hiob I,6–22) den Schülern zur Erinnerung vor.

### 4. Phase:
### Die Wett-Situation in der Hiobsgeschichte

In Gesprächsform erarbeiten nun Lehrer und Schüler die Spezifika der Hiobsgeschichte: Wer sind die Gesprächspartner und wie charakterisieren sie Hiob? Was ist die Absicht und das Ergebnis des Gesprächs? Mit welchem Ausgang endet die Geschichte?

Der Herr redet mit Satan wie mit einem, der in seinen Diensten steht. Sie sprechen über Hiob als einen gottesfürchtigen Mann, der seinesgleichen sucht; er ist schlicht und recht. Satan widerspricht dem und erklärt dem Herrn provozierend, daß Hiob nur wegen materieller Vorteile gottesfürchtig sei. Er wettet mit Gott («was gilt's?»), daß Hiob sich von ihm wenden wird. Darauf erhält der Satan von Gott die Erlaubnis, Hiob zu versuchen. In mehreren Stationen der Versuchung werden Hiob Verlustmeldungen in der Form der Steigerung gebracht. Hiob jedoch fällt nicht von Gott ab; er will vielmehr so arm, wie er auf die Welt kam, wieder zu seinem Herrn eingehen.

### 5. Phase:
### Der «Prolog» als erregendes Moment für die Fausttragödie

Da der «Prolog» in Hausarbeit vorbereitet worden ist, kann bei der Gesprächsführung nach kurzer inhaltlicher Interpretation stärker auf das Formale eingegangen werden.

Wie ist die Ausgangsposition der Gesprächspartner im Himmel? Wie sehen sie Faust? Welche strukturierende Wirkung auf den Handlungsablauf hat die Wette? Der «Prolog» spielt im Himmel; nach einer hymnischen Begrüßung des Herrn – wir erinnern wieder an den Mysterienspielcharakter – versammelt sich das Gesinde, unter dem sich Mephistopheles befindet; er ergreift, die Frage Gottes vorwegnehmend, das Wort. Mephisto beginnt mit einer Klage, in der er bereits das faustische Thema allgemein anschlägt: Der Mensch braucht die Vernunft, den Schein des Himmelslichtes, allein dazu, um tierischer als ein Tier zu sein (284–286). Der Herr stellt darauf die Frage nach Faust. Er ist des Herren «Knecht» (299), der ihm auf besondere Weise dient:

er sieht sein Tun auf das Göttliche ausgerichtet. Darauf geht die *provozierende Frage* mit Folgen für die künftige Handlung von Mephisto aus: «*Was wettet Ihr, den sollt Ihr noch verlieren*» (312) Der Herr willigt – ohne formal auf die Wette einzugehen – folgenreich ein: «Solang' er auf der Erde lebt,/ Solange sei dir's nicht verboten./ Es irrt der Mensch, solang' er strebt.» (315–317)

Was bedeutet nun diese Wette für den Fortgang der Handlung? Ist die Handlung mit dieser Wette eigentlich nicht schon festgelegt bis zum Schluß? Hier erhebt sich die Frage nach dem Weltbild: wird es den Fortgang der Handlung vorstrukturieren?

Die Wette bildet den Rahmen für die Handlung von Anfang bis Ende: denn sie thematisiert die Frage, ob am Ende Faust von seinem Urquell abgezogen werden kann. Mit der Erlaubnis an Mephisto, den Faust seine – des Teufels – Straßen zu führen, sind nun für den Fortgang der Handlung alle Schranken gefallen. Selbst wenn der Leser/Zuschauer das Modell der Bibel vor Augen hat, ist sein Interesse nun im höchsten Maße geweckt, seine Neugierde gereizt, wie es in der nachfolgenden Handlung weitergeht. Die Wette ist somit *formal* als dramatischer Punkt das *erregende Moment:* jetzt beginnt die Handlung zu explodieren. Die Richtung der notwendig folgenden Handlung ist eindeutig angegeben, die Frage nach ihrem Fortgang geweckt; alles ist jetzt darauf angelegt, wie Mephisto an Faust herankommt. Ob er nicht von vornherein auf der Verliererstraße ist, hängt davon ab, welches Weltbild hinter «Faust» steht.

## 6. Phase:
## Goethes Weltbild im «Prolog»

Die Einbeziehung der Hiobsgeschichte erhält nun ihre Berechtigung, wenn nach dem Weltbild Goethes im «Faust» gefragt wird. Gibt es das sichere Selbstverständnis der Einbettung des Menschen in den Heilsplan Gottes auch bei Goethe? Wir können bei der textnah interpretierenden Erarbeitung des Goetheschen Weltbildes und der Position des Menschen darin von den Vorüberlegungen der Hausaufgaben ausgehen.

Welches sind die bestimmenden Kräfte in diesem Weltbild?

Der «Prolog» beginnt mit einem Lobpreis der Engel auf die *Sphärenharmonie* («in Brudersphären Wettgesang» 244); sie ist «eins der wesentlichsten Motive des kosmisch-pansophischen Weltbildes, Symbol für die *Weltharmonik* überhaupt» (Trunz*). Die Sonne (243), ja das *Licht* allgemein gehört in diese Sphärenharmonie, von ihm geht die größte Stärke (247) aus; zu dieser Paradieseshelle (253) steht die «schauervolle Nacht» nur scheinbar in Kontrast, denn sie gehört in den «ewig schnellen Sphärenlauf» (258). Auch die Naturphänomene «blitzendes Verheeren» (263) und «Donnerschlag» (264) gehören in die Harmonie, denn die Welt ist danach «herrlich wie am ersten Tag» (270). Die echten Göttersöhne (344) sind die Engel; sie befestigen das Werdende, das noch in «schwankender Erscheinung schwebt» (346), mit «dauernden Gedanken» (349). Sie stehen im Gegensatz zu den gefallenen Engeln, zu denen Mephisto gehört; aber auch sie sind in die Weltharmonie eingeordnet, denn sie erfüllen eine bestimmte Funktion im Plan des Guten.

In diese Harmonie sind die bestimmenden Kräfte – personifiziert im Herrn und in Mephisto – eingebettet. Der Herr ist der Schöpfer aller «hohen Werke» (269); Mephisto dagegen gehört zu den Geistern,

---

\* Goethes Werke, Faust, III. Band, ed. Erich Trunz, Hamburg 1972

die das Sein verneinen (338); aber auch er ist Teil des Gefüges der Harmonie, denn in seiner Funktion bewirkt er Gutes: damit der Mensch, der nur als Tätiger erlöst werden kann, nicht erschlafft, ist Mephisto der Gesell, «der reizt und wirkt und muß als Teufel schaffen» (343), oder wie er später von sich bekennen muß: Ich bin «ein Teil von jener Kraft, / *Die stets das Böse will und stets das Gute schafft*» (1335/6). Ergänzend fügt der Lehrer ein Zitat von Eduard Spranger* ein: «... die Welt behält nun diese Doppelbewegung in sich: Kontraktion und Expansion, und auch der Mensch trägt sie in sich: Göttlich ist die Expansion, irdisch-materiell die Kontraktion ... Ausatmen und Einatmen, als Diastole und Systole, als Entselbstung und Verselbstung, als Faust und Mephisto.» In dieses Weltbild ist der Mensch Faust eingeordnet; er wird von vornherein als gut (328) bezeichnet, auch wenn es sein Wesensmerkmal ist, daß er «unbefriedigt» mit «tiefbewegter Brust» getrieben wird. Entscheidend ist: «Ein guter Mensch in seinem dunklen Drange/ Ist sich des rechten Weges wohl bewußt.» (328/9) Er ist auf ein Ziel (griech.: telos) hin angelegt. Von dieser zielgerichteten Anlage – *Entelechie*** – die tief in ihn eingepflanzt und Wesensteil seines Menschseins ist, wird er auf das Ziel (Gott das Gute), auf seine eigentliche Bestimmung hingeführt. Selbst wenn er jetzt noch «verworren» irrt, kann er «bald in die Klarheit» (309) geführt werden. Hier führt Goethe den *Entwicklungsbegriff* in sein Menschen- und Weltbild ein. Er verwendet dafür das organische Bild der Pflanzen, die gehegt und gepflegt werden

und sich dabei entwickeln: «Weiß doch der Gärtner, wenn das Bäumchen grünt,/ Daß Blüt' und Frucht die künft'gen Jahre zieren.» Schon in der Knospe ist – im Sinne der Entelechie – die Frucht als Endergebnis zielhaft angelegt; sie entwickelt sich dahin. Diese *organische Entwicklung* ist ein Grundgedanke des Goetheschen Weltbildes überhaupt. In seinem Gedicht «Urworte Orphisch, Daimon» spricht Goethe von «geprägter Form, die lebend sich entwickelt»; darin faßt er den Gedanken der Entelechie und der organischen Entwicklung zusammen. Diese Entwicklung, die keineswegs geradlinig laufen muß, denn sie kann «verworren», voller «Gärung» sein (dies drückt gerade ein Stück *Freiheit* des Menschen aus), führt dennoch nach oben: für diesen Entwicklungsbegriff hat Goethe das Bild der *Spirale* gewählt: sie führt in Kreisen, immer nach oben.

Ergänzend zu diesem Menschen- und Weltbild wird später noch der Naturbegriff Goethes Vorstellung von der Welt vervollständigen.

7. *Phase:*
*Sprachstil und Versgestaltung des* «*Prologs*»

Ergänzende Angaben zum Sprachstil und Versbau werden vom Lehrer gegeben: Auch hier interpretieren Vers und Rhythmus die inhaltlichen Aussagen. Die Sprache der Engel erreicht ihre Feierlichkeit in regelmäßigen vierhebigen Versen; diese wirken langsam, gemessen und haben alternierend eine klingende Kadenz. Die Form erscheint geschlossen, da das Ende der hymnischen Verse wieder inhaltlich in den Anfang einmündet; so wird formal der Gedanke der sich rundenden Harmonie ausgedrückt. Im Stil steht der Gesang der Engel dem zweiten Teil näher als dem ersten.

---

* Eduard Spranger, Goethes Weltanschauung, in: Goethe, seine geistige Welt, Tübingen 1967, S. 275 ff.
** Die im II. Teil eingesetzte Text-Quelle (Leibniz, Monadologie) könnte auch hier schon verwendet werden.

Dagegen setzt sich Mephisto mit Fünfhebern ab und tritt mit eigener Sprache hervor, die in den Madrigalvers läuft, der die Freiheit und Unregelmäßigkeit zum Prinzip macht. Mephisto vertritt ja auch das Menschenbild, daß es nur ein Auf und Ab gibt, ohne Steigerung und Höherentwicklung: «Staub soll er fressen» (334).

*Hausaufgabe*

1. Vorbereitung der Szene «Nacht»: Vergleichen Sie die indirekte Einführung Fausts durch den Herrn und Mephisto mit seiner Selbstvorstellung.
2. Welche Wirkung hat die Szene «Vor dem Tor» dramaturgisch?
3. Welchen Typ von Wissenschaftler verkörpern Wagner und Faust?

## 5. Stundeneinheit:
## Die vorbereitenden Stationen zum Pakt von Faust und Mephistopheles: Entgrenzungsversuche

*Schuld und Errettungsaktionen –*
*Faust als Wissenschaftler*
*Faust und das Volk*

Die Zielrichtung von Mephisto auf Faust hin ist durch das erregende Moment des «Prologs» festgelegt. Wie wird nun von der anderen Seite – von Faust her – die Situation so vorbereitet, daß Mephisto eine Angriffsfläche findet, damit die im erregenden Moment angekündigte Beziehung Faust–Mephisto zustandekommen und wirksam werden kann? Die Behandlung wendet sich nun ganz Fausts Charakter und seinen Lebensbedingungen zu. Da der Anfang der Nacht-Szene schon Thema der ersten Sequenz war, kann sich die Behandlung stärker auf die Funktion der

Szene konzentrieren und damit das übergeordnete Thema der gesamten zweiten Sequenz im Auge behalten. Als optischer Einstieg im Sinne der wechselseitigen Erhellung für die Darstellung des seelischen Zustands von Faust und auch für die Erfassung des szenisch Atmosphärischen dient wieder ein Werk der bildenden Kunst, das von Goethe selbst als Titelbild für seine Faustausgabe von 1788 bestimmt wurde, Rembrandts «Faust»* (Mat. III.3).

*1. Phase:*
*Typus des ringenden Menschengeistes*
*Rembrandts «Faust» als Inspirationsquelle*
*für Goethe*

In einem kurzen Lehrervortrag wird den Schülern die Bedeutung der Radierung Rembrandts für Goethe erklärt. Goethe ließ sich bei der Gestaltung des Faust von diesem Kunstwerk inspirieren; das geht besonders daraus hervor, daß er selbst von Rom aus den Auftrag gab, die Radierung Rembrandts als Vorlage für das Titelkupfer zu benutzen, das den siebenten Band seiner 1788 bei Göschen in Leipzig erschienenen Schriften zieren sollte. Es ging dann auch in die Separatausgabe des «Faust» über, die 1790 im gleichen Verlag herauskam: Goethe gibt hier die wechselseitige Erhellung selbst vor.
Die Einstiegsfrage für die gemeinsame Erarbeitung lautet: Welche Inspiration für die Faustgestalt könnte von Rembrandts Radierung auf Goethe ausgegangen sein? Wir sehen den mittelalterlichen Gelehrten in einer düsteren gotischen Studier- und Experimentierstube (wie sie das Volksbuch kennt), der Ausschau hält nach

---

* Max von Boehm, Faust und die Kunst, Berlin 1938, S. 16. Rembrandt hat dieses Blatt unbenannt gelassen, der Name Faust ist ihm erst vom Kunsthandel verliehen worden.

einem magischen Licht der Erleuchtung; wissenschaftliche Realität und magische Mystik treffen zusammen; dazwischen steht der Mensch – in der Wissenschaft alt geworden –, der sich mit den Händen gleichsam auf die Realität, den Tisch, stützt und doch den Blick dem magischen Licht mit fragender Gebärde zuwendet. Von Rembrandt hat diese Gestalt keinen individuellen Namen bekommen; es ist der Typus des ringenden Menschengeistes; hier lebt auch der Typusbegriff der bereits im Volksbuch aufgezeigten Faustgestalt weiter.

## 2. Phase:
### Fausts geistiger und seelischer Zustand als Angriffsfläche für Mephisto

Wir nehmen die Methode des Vergleichs zweier Szenen und Aussagenkomplexe zu Hilfe, da hiermit einmal die spezifische Aussage für den Schüler evident wird und gleichzeitig der kontinuierliche Zusammenhang erhalten bleibt; der Schüler sieht die funktionale Abhängigkeit zwischen dem «Prolog» und den nachfolgenden Szenen. Die Arbeitsfrage lautete (als Hausaufgabe): Wie stellt Faust die im «Prolog» unterstellten (vom Herrn und von Mephisto) Motivationen und Seelenzustände selbst her? Welche Form wählt er dafür? Wir können nun die Ergebnisse der Hausaufgaben abrufen und rubrizieren. Das im «Prolog» von Mephisto angekündigte Handlungsmotiv Fausts «vom Himmel fordert er die schönsten Sterne / und von der Erde jede höchste Lust» (304–305) wird auch von Faust selbst im Monolog als höchstes Ziel seiner Handlungen angegeben: «Daß ich erkenne, was die Welt / im Innersten zusammenhält» (382/383). Faust als Wissenschaftler, befangen in der Endlichkeit, verlangt nach der Erkenntnis des Absoluten. Der im «Prolog» beschriebene seelische Zustand «und alle Näh' und alle Ferne / Befriedigt nicht die tiefbewegte Brust» (306/7) entspricht Fausts selbstgeäußertem Überdruß: «Und ziehe schon an die zehen Jahr' / Herauf, herab und quer und krumm... / Und sehe, daß wir nichts wissen können!» (361–364). Die Angriffsfläche für verführende Angebote durch Mephistopheles ist vorbereitet; er befindet sich ja schon auf dem Weg zu ihm. Im «Prolog» wird Faust noch als unfertiger, ein in «Gärung» (302) lebender Mensch beschrieben, der als «Tor» lebt; darin klingt das im Mittelalter geprägte «tumbe tôr» nach, der in der Naivität vor Gott und der Welt lebt; deshalb wird ihm auch unterstellt, daß er «sich des rechten Weges wohl bewußt» ist (329). Fausts Selbstdarstellung dagegen klingt eher wie die Bilanz am Ende eines Lebens; dazu paßt auch das von Goethe ausgesuchte Portrait des alternden Gelehrten. Als Form der Darstellung des Seelenzustandes wählte Goethe bei der direkten Konfrontation Fausts mit dem Publikum den *Monolog*, weil er den unverstellten, durch keine Rücksicht auf einen Dialogpartner abgedeckten Blick in das Innere der Person zuläßt.

## 3. Phase:
### Die drei Stufen zur Begegnung Fausts mit Mephisto

In drei Stufen der Steigerung der seelischen und geistigen Not mit einer jeweiligen Unterbrechung wird Faust reif für die Begegnung mit Mephistopheles. Die dreimalige Steigerung ist von der dramaturgischen Logik bestimmt, so daß die Begegnung selbst in einer verblüffenden Situation als selbstverständlich empfunden wird. Die Schüler erarbeiten diese drei Stufen fragend entwickelnd. Eingebettet in die strukturellen Beobachtungen sind die Themen Wissenschaft, Schuld und

Gnade. Die leitenden Fragen lauten: Über welche Stufen der Entwicklung kommt es zur Begegnung mit Mephisto? Welche Einschnitte markieren die jeweilige Entwicklungsstufe?

## 1. Stufe:
*Entgrenzungsversuch durch magisches Bestreben – Eintritt Wagners*

Zuerst stellt sich die Frage, welchen Weg Faust zunächst einschlägt, um sein durch keine Studien mehr zu sättigendes Streben zu stillen. Wo beginnt die Tragödie? Der Erkenntnisdrang des Gelehrten «daß ich erkenne, was die Welt / Im Innersten zusammenhält» (282/3) treibt Faust zu der Frage: «Wo faß' ich dich, unendliche Natur?» (455), konnte er doch durch alles menschliche Bemühen nicht gestillt werden. Da macht Faust den ersten Schritt zur magischen Welt hin: «Die Geisterwelt ist nicht verschlossen» (443). (Wir erinnern hier die Schüler an die Swedenborg-Goethe-Beziehung.) Faust greift konsequent zur – bisher noch weißen – Magie. Nachdem er die Zeichen des Makrokosmos als «ein Schauspiel nur» (454) erkannt hat, wendet er sich dem Erdgeist zu, und zwar in dem Bewußtsein, daß er als «ein Geist zum andern Geist» (425) spricht. Als Faust erkennt, daß er schon das «schreckliche Gesicht» (482) des Erdgeistes nicht ertragen kann und als vermeintlicher «Übermensch» (490) in seine menschliche Begrenztheit zurückverwiesen wird («Du gleichst dem Geist, den du begreifst,/ Nicht mir!» 512/3), beginnt die *Gelehrtentragödie;* er erkennt seine eigene Tragik: Der Erkenntnisdrang des Wissenschaftlers endet an der persönlichen Begrenzung. Faust stürzt in Verzweiflung, weil der Entgrenzungsversuch mit den zulässigen Mitteln der Magie scheitert. Sein Weg der Qual beginnt.
Was bedeutet an dieser Stelle der Eintritt Wagners dramaturgisch und inhaltlich?

– Formal wird in Shakespeare-hafter Manier die Szene durch den Eintritt Wagners gebrochen, das Ende der ersten Stufe auf dem Weg zum Pakt ist markiert. Wagners Eintritt bewirkt eine Desillusionierung der magischen Szene, die Realität/Banalität bricht mit Wagner ein.
– Wagners Eintritt bewirkt aber auch eine Errettung Fausts aus der Verzweiflung, wie er am Ende der Szene selbst bekennt: «Du rissest mich von der Verzweiflung los, / Die mir die Sinne schon zerstören wollte» (610/11). Mit dem ersten Schritt der Verzweiflung Fausts wird auch gleich zum ersten Male die Errettung Fausts thematisiert, diesmal noch sehr natürlich: wir machen die Schüler schon jetzt auf das kontinuierlich auftretende Motiv *(Leitmotiv)* der Errettung aufmerksam.
– Mit dem Eintritt Wagners wird auch gleich eine Gegenüberstellung zweier verschiedener Typen des Wissenschaftlers erreicht. Wie wichtig gerade diese Differenzierung für Goethe war, geht daraus hervor, daß er in dem nur wenige Zeilen umfassenden Gesamtplan des Werkes ausdrücklich die besondere Art von Wagners wissenschaftlichem Streben im Detail festlegt. Die Gegenüberstellung wird als Fazit zeigen, daß nur der Wissenschaftler, wie ihn Faust lebt, der Tragik fähig ist, weil er das wissenschaftliche Denken und Streben verinnerlicht hat, während es Wagner «kalt» läßt. So wird auch die Charakterisierung Fausts als Wissenschaftler dramaturgisch wirksam, ja notwendiger Bestandteil der Gelehrtentragödie.

Die Gegenüberstellung Faust–Wagner als Wissenschaftler wird im Tafelbild mit dem Verweis auf den «Plan» festgehalten. Das Streben des Famulus Wagner war im «Plan» als helles, kaltes wissenschaftliches Streben konzipiert; hier zeigt er sich als «trockner Schleicher» (521), der schon äußerlich als Spießbürger typisiert wird: «im Schlafrocke und der Nachtmütze, eine Lampe in der Hand» (521 f.). Ihm ist das imitierende Schauspielern («Komödiant» 527) näher als wissenschaftliches eigenständiges Denken; er wirkt für das «heutzutage» (525), für das Modische; er arbeitet in sein Museum gebannt (530) in Distanz zur Außenwelt (532), zum Leben. «Überredung» (533) statt Überzeugung ist seine Methode; seine Erkenntnisse «leimt er zusammen» (538) und «braut ein Ragout» (539); ihm kommt es auf das Formale, das Äußere an: «Allein der Vortrag macht des Redners Glück» (546); die Eitelkeit ist seine wissenschaftliche Zier: «Zwar weiß ich viel, doch möcht' ich alles wissen» (601); mit dieser Haltung wird er jedoch nur «Regenwürmer finden» (605). Wagner kennt nur einen Trieb, den nach irdischem Wissen, den er im Pergamen als seinem Himmel sättigen kann (1108–1110).

Schon der «Plan» sah Faust als Wissenschaftler in seinem «idealen Streben nach Einwirken und Einfühlen in die ganze Natur». Dem sterilen Nachahmen setzt Faust als Wissenschaftler das Fühlen mit der Seele entgegen (535); der Überredung steht das «Zwingen der Herzen» gegenüber (537); der unverfälschte Verstand und rechte Sinn kämpft gegen die leere Form. Erkenntnisse müssen aus der Seele kommen (569), nicht von vergilbten Pergamentblättern (566). Dem Wagnerschen Optimismus des Erkennens setzt er die Skepsis entgegen: «Ja, was man so erkennen heißt!» (588). Er kennt den Schmerz der zwei Triebe, der zwei Seelen: Sie ziehen zur irdischen Liebeslust und zum Verlangen nach göttlichem Wissen (1110–1120). Insgesamt zeigt sich der Unterschied darin, daß Wagner als konventioneller Wissenschaftler versucht, die Welt rational zu begreifen – Faust jedoch will, ja muß die Welt mit dem Herzen erfühlen. Dabei stößt er an die dem Menschen gesetzten Grenzen, die er für seine Erkenntnis durchstoßen muß, aber in seiner menschlichen Begrenzung nicht zu durchstoßen vermag und dennoch bei seinem Erkenntnistrieb nicht aufgeben darf zu durchdringen – das macht seine Tragik aus: er muß schuldig werden, will er sein Ziel erreichen.

2. Stufe:
*2. Entgrenzungsversuch Fausts –
Selbstmord als schuldhafte Grenzüberschreitung*

Wie steigert sich Fausts Not? Wie macht er sich schuldig? Welcher Art ist die errettende Unterbrechung, wie läßt sie sich verstehen?

Faust erkennt, daß er als Ebenbild der Gottheit, das mehr als ein Cherub ist, nicht die Kraft hat, mit der weißen Magie den Erdgeist festzuhalten: «Den Göttern gleich ich nicht! Zu tief ist es gefühlt» (652); in tragischem Erkenntnisschmerz muß er bekennen: «Du stießest grausam mich zurücke, / Ins ungewisse Menschenlos» (628/9). Die Sorge (erster Hinweis für den II. Teil) nistet gleich im tiefen Herzen (644). Er greift zur Gift-Phiole, um seinem Schmerz ein Ende zu bereiten. Ein Entgrenzungsversuch, sich der hindernden irdischen Begrenzung beim Erkenntnisstreben zu entledigen, beginnt.

Faust glaubt, durch den Tod die Schmerzen und das Streben zu mindern und «auf neuer Bahn den Äther zu durchdringen / Zu neuen Sphären reiner Tätigkeit» (704/5). Er selbst spricht *seine Schuld* aus: «Vermesse dich, die Pforte aufzureißen» (710); es ist die *Vermessenheit der Grenzüberschreitung,* als Geschöpf das Ende des Lebens zu bestimmen, dessen Anfang doch der Schöpfer gesetzt hatte, und aus

Wissensgier selbst das Risiko einzugehen: «Und wär' es mit Gefahr, in Nichts dahinzufließen», und dennoch ein Fortleben als Geist vorauszusetzen. In dieser Vermessenheit, der Negation des physischen Seins, liegt Fausts erste Schuld. Mit dem Risiko, «ins Nichts dahinzufließen», nähert sich Faust stark der Einstellung der «Geister, die verneinen» (1338), von denen dann Mephisto feststellt: «denn alles, was entsteht,/ Ist wert, daß es zugrunde geht» (1339/40). Je näher das Zusammentreffen Faust–Mephisto rückt, desto ähnlicher scheinen ihre Haltungen zu werden. Fausts Konditioniertheit als Wissenschaftler und sein Schuldigwerden in diesem Streben sind entscheidende Elemente der Gelehrtentragödie.

Wiederum wird die Handlung gebrochen, Fausts Vermessenheitstat durch eine bei Shakespeare entlehnte *gebrochene Gebärde* verhindert: «Er setzt die Schale an den Mund», aber «Glockenklang und Chorgesang» (736) «zieht mit Gewalt das Glas von meinem Munde» (734). Faust selbst gibt eine modern klingende psychologische Erklärung, warum ihn gerade die Osterglocken und der Ostergesang vom Selbstmord abhalten und retten: «Und doch, an diesen Klang von Jugend auf gewöhnt, / Ruft er auch jetzt zurück mich in das Leben» (769/70). «Erinnerung hält mich nun mit kindlichem Gefühle / Vom letzten, ernsten Schritt zurück» (782). Unverkennbar bleibt jedoch für den Leser/ Zuschauer, daß Goethe hier ganz bewußt die Osterkonstellation ins Geschehen eingebaut hat; «Christ ist erstanden» (737) steht mit der ganzen Symbolkraft der Erlösung da; daß die Glocken und der Gesang just in dem Augenblick des Selbstmordversuches einsetzen, ja die schon angesetzte Gebärde des Trinkens unterbrechen, kann nur als göttlicher Eingriff («Chor der Engel»), als *Gnadenakt* gewertet werden. Das Leitmotiv taucht wie-

der auf. Dem früheren menschlichen Eingreifen durch Wagner als Errettung von Verzweiflung folgt nun der Eingriff durch den Chor der Engel, der Faust vor dem Selbstmord errettet. Diese Reihe von Errettungs- und Gnadenakten muß im Auge behalten werden.

3. Stufe:
*Vorbereitung zum 3. Entgrenzungsversuch (Pakt)*
*Der Osterspaziergang: Erholungsphase und Pakt-Vorbereitung*
Es ist psychologisch notwendig, daß jetzt eine längere Erholungsphase für Faust folgen muß, gleichzeitig darf aber der Plan des Autors nicht aus den Augen verloren werden, daß Faust und Mephisto zusammengeführt werden müssen. Unter dieser Doppelfunktion ist der Osterspaziergang zu sehen, ein blendender dramaturgischer Einfall.

Der letzte Schritt der Analyse vollzieht sich im Lehrer-Schüler-Dialog: Was bedeutet die Szene des Osterspaziergangs für den Seelenzustand Fausts? Was leistet die Szene zur Charakterisierung Fausts durch das Volk? Wie bereitet die Szene das Zusammentreffen mit Mephisto vor?
– Nachdem Faust durch den Chor der Engel dem Selbstmord entrissen wurde, braucht er Distanz zu dem Ort des Geschehens und zu der Gedankenwelt. Wie es zu Ostern Brauch ist, zieht er hinaus vor das Tor und taucht ein in die neuerwachte Natur (auch das wird fortlaufend zu den Standardsituationen gehören: nach seelischen Erschütterungen folgt der Weg / Flucht in die Natur – das stellt die Frage generell nach Goethes Naturauffassung); hier sollen die natürlichen heilenden Kräfte die verwundete Seele stärken. Gleichzeitig geht er damit aus der Isolierung der Studierstube und taucht ein in das Volk, in seine natürliche Freude bei Tanz und Ge-

spräch: «Hier ist des Volkes wahrer Himmel, / Zufrieden jauchzet groß und klein; / Hier bin ich Mensch, hier darf ich's sein!» (938/940). Hierin sieht besonders die marxistisch orientierte Rezeption ein ausgesprochen solidarisches Verhalten Goethes mit dem Volk.

– Faust wird vom Volk erwartungsvoll gegrüßt und gastlich aufgenommen; besonders wird er als Doktor, als Arzt von Fieberwut, Seuchen und Pest geschätzt (hier klingt das Volksbuch durch) und zum Helfer der Menschheit erhöht, ja fast zum Heiligen (Venerabile) erkoren.

– Gerade diese fast religiöse Verehrung, die ihm selbst wie Hohn klingt, bringt Faust wieder zurück zu der Ausgangsstimmung der Verzweiflung. Mit den Praktiken der schwarzen Kunst seines Vaters ist er quasi erblich vorbelastet; er half dem Vater als junger Mann in Unwissenheit und fühlt sich eher als «frecher Mörder» denn als Helfer. Wieder erfaßt ihn die Grundstimmung: «Doch ist es jedem eingeboren, / Daß sein Gefühl hinauf und vorwärts dringt» (1092/3). Faust spürt seine innere Zerrissenheit, Gespaltenheit: «Zwei Seelen wohnen, ach! in meiner Brust, / Die eine will sich von der andern trennen; / Die eine hält in derber Liebeslust, / Sich an die Welt mit klammernden Organen; / Die andre hebt gewaltsam sich vom Dust / Zu den Gefilden hoher Ahnen» (1112–1117). Und in dieser Stimmung ruft Faust aus: «Ja, wäre nur ein Zaubermantel mein» (1122). Das ist genau wieder die Seelenlage, die Mephistopheles als Angriffsfläche braucht, ohne daß Faust es merkt (nur der sonst trockene Schleicher warnt unbewußt bedeutungsvoll: «Berufe nicht die wohlbekannte Schar» [1126]). Der Abend wird kühl, und schon schleicht ein schwarzer Hund heran. Wer Goethes panische Angst vor Hunden kennt, die ihn ein Leben lang nicht verlassen hat, wird die symbolische Bedeutung des nahenden Bösen erspüren. Faust merkt sofort die «magische Schlinge» (1158), die der Hund um seine «Füße zieht» (1159). Genau im günstigsten Augenblick naht sich ihm Mephisto, denn nie hat sich Faust so einsam gefühlt wie hier unter den vielen Menschen, bei denen er merkt, daß er nicht Anteil haben kann an ihrer einfachen Existenz. Darin gerade liegt die Steigerung der tragischen Situation für Faust, daß er scheinbar paradoxerweise seine Zerrissenheit jetzt am schmerzlichsten fühlt. Nun kann Mephisto einhaken, die Situation ist vorbereitet, dramaturgisch gesteigert. Nun ergibt sich die Begegnung geradezu selbstverständlich: er muß einen neuen Entgrenzungsversuch machen. Formal gesehen wird diese Handlung zur Schürzung des dramatischen Knotens.

*Hausaufgabe*

Vorbereitung der Szenen Studierzimmer I und II, Auerbachs Keller. Arbeitsanweisung: Erarbeiten Sie die Grundlagen des Paktes und erkennen Sie seine ersten Auswirkungen.

## 6. Stundeneinheit: Der Pakt in seiner inhaltlichen und strukturellen Wirkung

*Vom mittelalterlichen Pakt zu Goethes Vertrag*
*Schürzung des dramatischen Knotens*
*Mephisto als Person und Prinzip*

Im Mittelpunkt der 6. Stundeneinheit steht der Pakt mit seiner unmittelbaren

Vorbereitung und seinen Folgen: die inhaltliche Seite sowie die struktural-funktionale Wirkung werden dabei thematisiert. Herausgehoben werden muß die Leistung Goethes bei der Veränderung des mittelalterlichen Paktes zum Vertrag, da sich hierin eine Veränderung eines Weltbildes spiegelt. Bei der Schürzung des Knotens treten ganz besonders die Wesenszüge Mephistos und Fausts hervor und weisen die Verbündeten als Antipoden aus.

## 1. Phase:
### Hund und Mephisto

Als motivierender Einstieg dient die eigenhändige Illustration Goethes zu dieser Szene «Beschwörung des Pudels» (Mat. V.2). Spontan sollen sich die Schüler zu der Zeichnung äußern: Was vermittelt die Szene an Vorstellung und Atmosphäre?
Die in düsteren Blau- und Grautönen gehaltene Tuschzeichnung strahlt etwas von der unheimlichen Szene aus; der kultisch anmutende gotische Raum deutet das magische Handeln an. Auf einer altargleichen Erhöhung erscheint das vage Bild eines überdimensionalen Hundekopfes, über ihm ein magisches Kreuzzeichen. Unheil drohend läßt es den Menschen zurückweichen, der es heraufbeschwor. Die Zeichnung vermittelt den Gesamteindruck: der Mensch weicht vor der Größe des beschworenen Hundes klein geworden zurück.

## 2. Phase:
### Von Fausts Weltsicht der «Tat» zur Beschwörungstat

Die Schüler erarbeiten, wie der Osterspaziergang auf Faust nachwirkt und wie sich die Begegnung zwischen Faust und Mephisto vollzieht. Dabei rückt Mephisto ganz in den Mittelpunkt; das gibt an die-

ser Stelle Gelegenheit, die bisher ausgesparten Informationen über Mephisto aus dem «Prolog» schwerpunktmäßig miteinzubringen.
1. Der Gang in die Natur hat eine Beruhigung gebracht: «Entschlafen sind nun wilde Triebe» (1182); Fausts Gedanken wenden sich wieder Gott zu: «Die Liebe Gottes regt sich nun» (1185). In der Pose eines Luthers wendet er sich dem Anfang des Johannes-Evangeliums zu: sein erster Satz «Im Anfang war das Wort» enthält für Faust das Reizwort zur Reflexion. Über die semantische Reihe Wort – Sinn – Kraft kommt er zu dem Begriff Tat. Hier drückt sich ein Wesenszug von Goethes Weltsicht aus. Der Urgrund allen Daseins ist das schöpferische Wirken; das Tätigwerden erschließt die Welt. Die Tat ist das bewegende Prinzip, worin der Mensch gottähnlich wirkt. Nur die Tat verändert, gewinnt die Welt; hier beginnt ein Klammermotiv, das einen Bogen zum Ende des II. Teiles hin spannt. In der Tat liegt für den Menschen auch das Risiko des Schuldigwerdens. Mit dem Wort Tat schlägt die Szene «Studierzimmer» um.
2. Schon bei Fausts «heiligen Tönen» (1202) stört der Pudel, sobald das Wort Gott (1185) oder Leben (1201) fällt; und bei dem Wort «Tat», das sowohl Leben erzeugen als auch Zerstörung beinhaltet, gewinnt der Pudel vollends das Augenmerk Fausts; an der nun folgenden Metamorphose des Tieres muß Faust erkennen, daß er sich «ein Gespenst» (1253) als Gast ins Haus gebracht hat. Er greift zu «Salomonis Schlüssel» (einem Zauberbuch) und beginnt, wie in Goethes Zeichnung, den Pudel zu beschwören. Am Ende der Metamorphose steht Mephistopheles da. Faust selbst hat seine Präsens erwirkt.
3. Wie stellt sich nun Mephistopheles vor, wie haben wir ihn aus dem Prolog in Erinnerung? Das Wort Mephistopheles kommt wohl aus dem hebräischen Me-

phiztopheles = Verderber, Lügner. Im «Prolog» stellt er sich zunächst als Person unter dem Gesinde des Herrn dar, mitunter als lustige Person, als «Schalk», der die anderen zum Lachen bringen kann; er ist die Person, die kritisiert und immer «Anzuklagen» weiß, der auf Erden «nichts recht ist». Aber er wird vom Herrn auch schon als *verneinendes Prinzip* angedeutet, als einer von «allen Geistern, die verneinen» (325), der «als Teufel schaffen» (343) muß. In der Studierzimmerszene tritt er – entgegen der Tradition des Volksbuches (wo er «in eines Münchs Habit verkleidet» ist) – als fahrender Scholastikus auf, später als edler Junker (1535), also als Person. Er ist aber auch nach eigener Angabe ein «Geist, der stets verneint» (1338); Zerstörung und das Böse sind sein Element, dessen Symbol die «Flamme» (1377) ist. Er tritt als Verneiner des Seins auf, als Gegenprinzip allen Lebens, und somit als dualistischer Gegenpol Gottes, aber gleichzeitig ist er nach dem Gesetz der Harmonie doch sein Teil, denn er ist durch das Licht geboren. Faust erkennt ihn richtig als «des Chaos wunderlicher Sohn» (1384), als «Fliegengott (= Baal-Sebub, 2. Kön. 1,2ff.), Verderber, Lügner» (1334).

Auf der Abstraktionsebene könnte nun weiter gedacht werden: Wenn Mephisto ein Teil des Göttlichen ist, könnte er dann auch ein Teil von Faust sein?

Kurz vorher hatte Faust von seinen zwei Seelen in seiner Brust gesprochen, und im Prolog hatte der Herr darauf angespielt: «Ein guter Mensch in seinem dunklen Drange / Ist sich des rechten Weges wohl bewußt» (328/9). Stark an diesen Satz erinnert Mephistos Selbstcharakteristik, er sei «ein Teil von jener Kraft / die stets das Böse will und stets das Gute schafft» (1335/6). Berücksichtigen wir nochmals Goethes Tuschzeichnung, die so atmosphärisch dicht gestaltet ist, und betrachten wir dabei die psychische Situation Fausts, dann ist das Angstgebilde Pudel, das sich zu Mephisto wandelt, gleichsam die Projektion der eigenen Gefühle, Ängste, Seelenzustände Fausts. Mephisto ist also möglicherweise nur ein Teil, der andere Teil von Fausts Wesen, seine zweite Seele. Bedeutungsvoll fragt Faust am Schluß der Erscheinung: «Bin ich denn abermals betrogen? (1526) ... Daß mir ein Traum den Teufel vorgelogen» (1528).

*3. Phase:*
*Die dramaturgische Veränderung:*
*vom mittelalterlichen Pakt zum Vertrag*

Die Schüler sollen nun schnell zu der Frage geführt werden, wie es zum Pakt kommt, wobei die wesentlichen Elemente des Inhaltes herausgearbeitet werden: dabei kann auf die Hausaufgabe zurückgegriffen werden. Im Lehrergespräch muß jedoch besonders die dramaturgisch veränderte Form der Paktformel akzentuiert werden, weil hier Goethe wesentlich von seinen Quellenvorgaben abweicht.
1. Im Lehrer-Schüler-Dialog wird erarbeitet, daß Faust auf den Abschluß einer Vereinbarung drängt. Als Faust erfährt, daß selbst die Hölle sich an Rechte hält (1413), hakt er spontan ein: «Das find' ich gut, da ließe sich ein Pakt, / Und sicher wohl, mit euch, ihr Herren, schließen» (1415). Faust sieht zum ersten Male die Chance, einen Geist festzuhalten und damit sein Verlangen nach Entgrenzung endlich realisieren zu können. Mephisto spürt Fausts seelische Bereitschaft, will ihn aber noch zappeln lassen, um ihn noch begieriger zu machen, und verschiebt den Vertragsabschluß: «Du bist noch nicht der Mann, den Teufel festzuhalten» (1509). Faust fällt nach diesem seelisch aufreibenden Ereignis in Schlaf (1506) – eine Situation, die uns noch öfters begegnen wird.

Beim zweiten Treffen aber übernimmt Mephisto die Initiative. Er macht Faust sofort ein verlockendes Angebot: dieser soll «erfahren, was das Leben sei» (1543). Faust ist genau in der Stimmung, die Mephisto für den «Pakt» braucht. In einer Tirade von Flüchen versteigt sich Faust bis zum Verfluchen der Hoffnung und des Glaubens (1605). Durch die Absage an christliche Glaubenspositionen wird Faust frei für ein Bündnis mit dem Teufel: er wird reif für die Entscheidung, sich übernatürlicher (schwarzer) Hilfsmittel zu bedienen, um die natürlichen Grenzen überschreiten zu können. Daher macht Mephisto erneut ein Angebot: «willst du mit mir vereint / Deine Schritte durchs Leben nehmen, / . . . Bin ich dein Diener, bin ich dein Knecht!» (1642–1648).

2. Die Bedingung für seine Seite nennt Mephisto: «Ich will mich hier zu deinem Dienst verbinden, / Wenn wir uns drüben wiederfinden» (1656 + 1658). Dagegen setzt Faust – zunächst ungläubig – seine Forderungen: er will «das hohe Streben» «eines Menschen Geist» erfüllt haben (1676); und dann nennt er in der Form von Paradoxa seine Erwartungen: «Doch hast du Speise, die nicht sättigt» (1678), «ein Spiel, bei dem man nie gewinnt» (1681), «die Frucht, die fault, eh’ man sie bricht» (1686); «Kannst du mich mit Genuß betrügen, / Das sei für mich der letzte Tag!» (1696/7). Hier verlangt Faust das real Unvorstellbare. Und er schließt: «Werd’ ich zum Augenblicke sagen:/ Verweile doch! du bist so schön!» (1699–1700). Das wäre exakt die Erwartungssituation seines Strebens, die Erfüllung: den erhofften Augenblick des höchsten Genusses, der Erkenntnis festzuhalten und in die Ewigkeit zu prolongieren. Nach dieser formalen Definition seines Zieles nennt er sofort den erwünschten Inhalt dieses auf Ewigkeit angelegten Augenblickes: «Und was der ganzen

Menschheit zugeteilt ist, / Will ich in meinem innern Selbst genießen, / Mit meinem Geist das Höchst’ und Tiefste greifen» (1770–2). Hier fordert Faust schlechthin das Absolute, was Mephisto sofort warnend erkennt: «Dieses Ganze / Ist nur für einen Gott gemacht?» (1780/1). Faust drückt demungeachtet seine unstillbare Sehnsucht, sein Verlangen aus, das zum Motiv allen Handelns geworden ist und gleichzeitig seine metaphysische Sehnsucht zeigt. Die Tragödie wird spürbar: «Dem Taumel weih’ ich mich, dem schmerzlichen Genuß»; dieser Genuß jedoch liegt auf der Ebene des Betrugs: dies ist das Stichwort der Wette: «Kannst du mich mit Genuß betrügen» (1696). Daher rührt auch Fausts radikale Skepsis gegen trügerische Hoffnung.

3. Goethe geht von dem durch die Sage bekannten Pakt aus, der noch nach mittelalterlichem Brauch mit eigenem Blut unterschrieben werden mußte. Der Ausgang eines Paktes war eindeutig festgelegt. Goethe erkannte, daß er dieses Schema für seine Zwecke nicht brauchen konnte, da die Starrheit der alten Pakt-Konstellation wirkliche menschliche Entscheidungen nicht zuließ und ein Herr-Diener-Verhältnis fixierte. Goethe ersetzte deshalb den Pakt durch einen Vertrag, und zwar in der besonderen Form einer *Wette:* «Die Wette biet’ ich! Topp!» (1698). Sprachlich juristisch wird der Vertrag in der «wenn – dann»-Form gefaßt («Werd’ ich . . . dann magst du», 1699 ff.). Damit sind Mephisto und Faust *gleichberechtigte Vertragspartner.* Fausts Verhältnis zum Teufel stellt sich nicht länger wie im Volksbuch als Unterwerfung, sondern als Kampf dar. Der Ausgang dieses Kampfes ist nun ungewiß: dies ist eine tiefgreifende, revolutionäre Veränderung des tradierten Fauststoffes, die Goethe hier im Sinne seines Weltbildes vollzieht.

*4. Phase:*
*Die strukturelle Wirkung des Paktes:*
*der dramatische Knoten*

In dieser abstrahierenden Phase soll die Frage beantwortet werden, welche strukturierende Funktion (rückwirkend und vorausdeutbar) der Pakt für den Aufbau des Gesamtwerkes hat. Wie kaum an einer anderen Stelle werden hier die Strukturlinien des ganzen Dramas transparent und lassen ein umfassendes Konzept sichtbar werden.

Es wird mit den vertiefenden Fragen gearbeitet: Welche Beziehung gibt es zwischen der Prolog-Wette und der Pakt-Wette? Worin besteht die rückverweisende und vorausdeutende Wirkung der Pakt-Wette?

Mit der Wettformel «Die Wette biet' ich! / Topp!» schließen Faust und Mephisto im Wortlaut direkt an die Wette im «Prolog» an, die Mephisto mit dem Herrn geschlossen hat: «Was wettet Ihr?/ ... Nun gut, es sei dir überlassen.» (312/323) Von diesem ersten erregenden Spannungspunkt führt die Linie direkt zur Pakt-Wette: in diesem Vertrag sind Faust und Mephisto miteinander verbunden, und aus dieser personalen Verstrickung folgt nun der dramatische Handlungsfortgang; die Tragödie nimmt ihren Lauf: es muß sich ein dialektischer «Wett»-Kampf entwickeln, dessen Ende völlig offen ist. Dramaturgisch ist hier die *Schürzung des Knotens.*
Die beiden Gestalten, die von der Wette im «Prolog» aufeinander zugehen, treffen nun in der Pakt-Wette zusammen und gehen eine schicksalhafte Abhängigkeit ein. Von dieser Stelle wird der Blick zurückgelenkt auf die Wette im «Prolog», wo zum ersten Male die Frage nach dem Ausgang gestellt worden ist, dessen positives Ende vom Herrn angekündigt wird; nun wird bei der Pakt-Wette die Frage erneuert in der besonderen Form des Ver-

trags mit Wettcharakter, jedoch wird ein starker Spannungsbogen zum Ende hin aufgebaut. An dieser kulminierenden Stelle erkennt man die funktionelle Verknüpfung* vom «Prolog» über den Pakt zum Ende: das läßt sich graphisch – nach Gustav Freytag – in einem Tafelbild (s. Stundenblatt) darstellen.

*5. Phase:*
*Folgen der Wette: Fausts Aufbruch zur*
*ersten Verführungsstation «Auerbachs*
*Keller»*

Den kommenden Weg nach dem Vertragsabschluß gibt Mephisto pauschal an: «Wir seh'n die kleine, dann die große Welt.» (2052)
Als erster Verführungsversuch ist diese folgende Szene zu sehen: interessieren wird dabei die Art des Angebotes durch Mephisto und Fausts Reaktion darauf. Methodisch erarbeiten wir die Szene im Vergleich Bildvorlage – Text: einmal soll daran symptomatisch der Einfluß persönlicher Erlebnisse Goethes auf sein Werk sichtbar werden, zum anderen läßt sich gerade hier zeigen, wie Goethe aufgrund einer optischen Anregung eine Umgestaltung vornimmt. Lenkende Fragen sind dabei: Wie kommt Goethe bei dieser Szene auf Auerbachs Keller als Hintergrund? Wie werden bildliche Motive umgesetzt? Schließlich wird der Text nach der Reaktion Fausts auf das Erlebnis befragt und die Szene allgemein kulturgeschichtlich und stilistisch eingeordnet.
Als Einstieg in diese letzte Phase und zur Motivation wird wieder ein optischer Aufhänger verwendet. Goethe hat 1768 in

---

* Briefwechsel Schiller Goethe, ed. Emil Staiger, Frankfurt 1966. Schiller ermutigt Goethe: «Daß er (der Dichter) bei der Tragödie das Hauptgewicht in die *Verknüpfung* der Begebenheiten legt, heißt recht den Nagel auf den Kopf treffen.» S. 389, I. Bd.

49

Leipzig studiert und oft Auerbachs Hof besucht. Dort sieht er zwei Wandgemälde (die bis heute noch zu sehen sind) mit Motiven aus der Faustsage, die um 1625 gemalt worden sind (Mat. III.1). Die Schüler suchen nun die Motive in den Stichen: Faust, an der linken Schmalseite des Tisches sitzend, zecht mit Studenten: Mephisto, in Gestalt eines Hündchens, ist dabei. Faust reitet auf einem Faß zum Entsetzen des Wirtes und zum Erstaunen der Studenten aus dem Keller, vorneweg springt das Hündchen.

Die Schüler bringen als Hausaufgabenergebnis ihre Kenntnisse der Szene ein und können vergleichen: Goethe läßt sich von dem Trinkgelage inspirieren, macht jedoch – psychologisch realistisch – eine Massensuggestion daraus, in der die Angeheiterten Mephistos Vorgaukelungen von einem weinspendenden Tisch übernehmen. Aus dem anwesenden Hündchen wird Mephisto in Person, ein hinkender Gaukler. Dort führte Faust den Zauber aus (da Mephisto nur als Hündchen anwesend ist), hier ist Faust nur angewiderter Zuschauer, Mephisto ist der Aktive. Schließlich beendet der Faßritt auch bei Goethe die Szene.

Fausts Reaktion auf diese Einführung in die kleine Welt heißt: «Ich hätte Lust, nun abzufahren» (2296); Mephisto ist mit seinem ersten Verführungsversuch gescheitert. Zwar hatte Faust bei der Wette eine Anspielung gemacht: «Kannst du mich mit Genuß betrügen» (1696), jedoch die Sauferei und das zotige Grölen, das Ansprechen der niedersten Instinkte kann bei Faust keinen Augenblick der Befriedigung hervorrufen; seine Genußerwartung liegt auf einer anderen Ebene. Diese Studenten verkörpern die Plattheit des Bildungsbetriebes.

Die Szene trägt die typischen Züge der Sturm und Drang-Epoche: die derbe, kraftvolle Sprache der niederen Ebene, das Ausleben der Gefühle, die Widerspiegelung des Lebens. Kulturgeschichtliche Anspielungen sind typisch für die Zeit: das Flohlied, das seine Tradition hat, die Modegesänge mit politischen Anspielungen auf Zeiterscheinungen (Römisches Reich).

Als strukturelle Vorausdeutung auf die kommende Szene ist das Lied von der vergifteten Ratte mit dem Refrain: «Als hätte sie Lieb' im Leibe» zu verstehen (2132).

Als *Hausaufgabe* gilt die Vorbereitung der Szene «Hexenküche» unter der Fragestellung: Warum wird Faust an diesen Ort geführt? und: Was ereignet sich dort für ihn?

## Exkurs:
## Goethes Welt des Gelehrten – Schülerszene als Parodie auf Wissenschaftsbetrieb

Dreimal erfolgt in der Gelehrtentragödie eine Kontrastierung zu Fausts Welt der Wissenschaft – jedesmal unter einer besonderen Perspektive und zur Heraushebung der eigentlichen Weltsicht Goethes: In der Gestalt des Wagner wird – wie bereits erarbeitet – die Persönlichkeit des Lehrenden bloßgestellt, in Auerbachs Keller wird die Plattheit und Leere der Studenten gegeißelt, von denen sich Faust angewidert abwendet, und schließlich stellt die Schülerszene die Schwäche des Fakultätswissens überhaupt parodistisch dar. Da sich dagegen am deutlichsten Fausts Verständnis vom Wissenkönnen abhebt, ist diese Szene eine gute Gelegenheit, den Schülern in einem Exkurs schwerpunktmäßig dieses Thema noch einmal vor Augen zu führen. Da die II. Sequenz jedoch das Thema der Wissenschaft schon angesprochen hatte, könnte dieser Exkurs bei der durchgehenden Behandlung des «Faust» auch ausgespart werden. Der besondere Reiz dieser Szene besteht darin, daß das Schüler-Verständnis von den Wissenschaften mit dem Mephistos parodistisch konfrontiert wird. Wie wichtig jedoch Goethe gerade die Schülerszene war, zeigt die Anmerkung des «Plans» (Paralipomenon 5); bereits in dieser kurzen Gesamtübersicht ist der Schüler einkalkuliert.

In der Methode des Vergleichs erarbeiten wir die Positionen des Schülers und Mephistos: Welcher Typus von Mensch wird uns im Schüler vorgeführt? Mit welcher Art von Wissenschaft konfrontiert ihn Mephisto? In welcher Form wird die Gegenüberstellung dargeboten?

1. Schon im «Plan» war vermerkt: «Dumpfes, warmes wissenschaftliches Streben: Schüler.» Der Schüler ist ein junger Mann mit Ehrfurcht (1871) vor der Wissenschaft, an die er «mit allem guten Mut» (1876) herangeht; beim Streben nach dem Rechten möchte er «gern was Rechts hieraußen lernen» (1879). Er ist einer – im Gegensatz zu Wagner –, der in den «Mauern, diesen Hallen» (1882) «und in den Sälen auf den Bänken» (1886) einen «gar beschränkten Raum» (1884) erkennt und nur in der Natur hören, sehn und denken kann: und dann formuliert er seine Studienmotivationen: «(Ich) möchte gern, was auf der Erden / Und in dem Himmel ist, erfassen.» (1899–00) Das aber ist genau auch Fausts Motiv. Der Schüler fragt eben alle die Wissenschaften bei seiner Studienberatung ab, die Faust ohne Befriedigung studiert hat. Der Schüler ist jedoch noch «dabei mit Seel' und Leib». Im Schüler begegnen wir also dem jungen Faust-Typus, der offenbar in jeder Generation immer wieder neu heraufzieht, allerdings bei seiner Jugendlichkeit noch im harmlosen Mittelmaß weilt.

2. Mephisto relativiert nun alle Wissenschaften, indem er ihren Wert ironisch im gegenwärtigen Wissenschaftsbetrieb zeigt. Die Disziplin der Logik als Teilbereich der Philosophie dient dazu, «in spanische Stiefel einzuschnüren» (1913). Die Metaphysik karikiert Mephisto als Wortgeklingel. Die Rechtsgelehrsamkeit macht aus «Vernunft» nur «Unsinn» (1976), und die Theologie enthält «viel verborgenes Gift» (1986); mit der Medizin schließlich lassen sich die Weiber ver«führen» (2023).

3. Mephisto tritt in Verkleidung auf: von vornherein wird die Szene als Falschspiel, als Komödie gesehen. Alle Äußerungen sind somit unter diesem Deckmantel der falschen Aussage zu sehen: das ist das Stilmittel der Parodie. Zwischendurch erinnert sich Mephisto: «Ich bin des trokkenen Tons nun satt. / Muß wieder recht den Teufel spielen.» (2009/10) Schließlich entläßt er den Schüler: «Dir wird gewiß einmal bei deiner Gottähnlichkeit bange!» (2050) Wieder erinnert dieses auf den Schüler gemünzte Wort an Faust. Die Szene wirkt in ihrem komödiantischen Stil als Gegenpol zur magischen Paktszene und markiert ein vorläufiges Ende der Gelehrtentragödie vor Fausts Einstieg in die Tragödie des Liebenden.

## III. Sequenz: Folgen der Pakt-Wette: Fahrt in die «kleine Welt» der Liebe – Gretchentragödie und Gelehrtentragödie als Doppeldrama

*Liebe – Schuld – Gnade – Goethes Naturbild*

Die Gretchentragödie, die ergreifendste Liebesdichtung in deutscher Sprache, muß bei der Behandlung in der Klasse behutsam angegangen werden, um für die Schüler ihren ganzen emotionalen Wert zu behalten: Liebe erscheint als existentielle Erschütterung, als ein von Faust gefordertes Totalerlebnis, das Erfüllung und Gefährdung in tragischer Weise gleichzeitig mit sich bringt: Liebe – Schuld – Erlösung ist daher das durchgehende Thema dieser Sequenz. Unter mehreren Gesichtspunkten wird die Gretchentragödie zu behandeln sein. Einmal wird die literarische Gestaltungsfrage ein wesentlicher Gesichtspunkt der Behandlung sein: Welche eigenwertige Struktur besitzt die Gretchentragödie, und wie ist sie im Gesamtwerk verankert? Zum anderen wird die Ideenfrage dominant bleiben: Wie wird der Mensch in seiner Bestimmung (Entelechie) schuldig und wie wird das – bereits in der Osternachtszene angeschlagene – Thema der Gnade und Errettung hier fortgeführt und vorausdeutend auf «Faust II» wirksam? An der Gretchentragödie kann darüber hinaus exemplarisch die Verquickung von biographisch Erlebtem des Dichters mit literarischen Quellen gezeigt werden; dafür ist Quellenarbeit notwendig; dies soll allerdings in einem Exkurs nur fakultativ geschehen, wenn die Behandlung des Dramenfortgangs nicht zu stark unterbrochen erscheint.

einleitend berichten –, wo Goethe im Garten der Villa Borghese auch die «Hexenküche»-Szene dichtete. Spontan sollen sich die Schüler, die den Text schon zu Hause vorbereitet haben, zu dem Bild äußern: Was zeigt Goethe atmosphärisch und inhaltlich? Inmitten einer diffusen Szenerie von Ruinenteilen und dichtem Baum- und Buschwerk erblicken wir einen Zauberkreis. Fratzen und krötenähnliche Wesen lauern im Buschwerk. Die Zeichnung strahlt eine magisch-naturhafte Stimmung aus. Im Mittelpunkt steht beherrschend eine Hexen-(Frauen-)Gestalt: sie führt mit einer umspannenden Bewegung ihrer beiden Arme den Blick des Betrachters zuerst auf den Spiegel, in dem angedeutet eine Frauengestalt erscheint. Von dort weist sie den Blick des Betrachters über ihre ausgestreckten Arme mit einem Zeigestock auf eine Zweiergruppe (Mann und Frau?), die ein Kindlein über einen befeuerten Kessel halten. Wegen der unheimlichen Atmosphäre läßt die Szene Unheil ahnen: von dem Spiegelbild ausgehend wird das Geschehen mit einem Kind unheilvoll enden. Die beiden ausgestreckten Arme stellen die Verbindung her zwischen dem Bild im Spiegel und der Opferungsszene mit dem Kind; sie zeigen den dramatischen Spannungsbogen: in nuce ist hier die Struktur der gesamten Gretchentragödie enthalten.

## 7. Stundeneinheit:
## Die Hexenküche als erregendes Moment der Gretchentragödie

*1. Phase:*
*Der Strukturbogen in Goethes Zeichnung «Hexenszene»*

Als Einstieg dient eine authentische Federzeichnung Goethes mit dem Titel «Hexenszene» (Mat. V. 3). Das Blatt ist in Rom entstanden – dies wird der Lehrer

*2. Phase:*
*Fausts Verjüngung in der «Hexenküche»*

Im Plenum werden die Fragen erörtert:
1. Warum wird Faust in diese zauberische Welt eingeführt?
2. Was für ein Ort ist die Hexenküche* im Vergleich zum Studierzimmer?

---

* Es wäre alternativ möglich, als bildhafte Beleuchtung der Szene schon hier die Bildquelle von Michael Herr (Mat. III.2) zu verwenden.

3. Läßt sich das Geschehen psychologisch deuten?

1. Nachdem Faust in der Welt der niederen Sinnlichkeit von Auerbachs Keller keinen Wunsch nach längerem Verweilen verspürte, versucht es Mephisto mit einer zweiten Station der Versuchung: der Welt der Liebe. Der alternde Gelehrte Faust muß dafür mit den Mitteln des Zauberwesens verjüngt werden: «Und schafft die Sudelköcherei / Wohl dreißig Jahre mir vom Leibe?» (2341/2342) Wie stark hier wieder Mephisto die «Ver-»Führung übernimmt, sieht man an Fausts Widerstand: «Mir widersteht das tolle Zauberwesen! . . . / Hat die Natur und hat ein edler Geist / Nicht irgendeinen Balsam ausgefunden?» (2337/2345/6) Da Mephisto als Alternative zur Zauberei nur die Mittel der harten Arbeit und Entbehrung kennt, zu denen sich Faust «nicht bequemen» (2362) kann, muß die Hexe mit dem Verjüngungstrank herhalten: «Die Hexe, mit vielen Zeremonien, schenkt den Trank in eine Schale, wie sie Faust an den Mund bringt, entsteht eine leichte Flamme.» (2582 f.) Damit wird Faust aus der natürlichen Altersgebundenheit herausgelöst.
2. Es paßt allgemein zu der Situation der Szene, daß Mephisto im Hexen-Einmaleins die Lehre von der Dreieinigkeit verspottet. Die Hexenküche präsentiert das dämonische Element*; sie ist der andere Pol zum Studierzimmer: das Untergründige, Grelle, Verwirrende, das Betäubend-Spukhafte und Fratzenhafte steht dem Bewußten, Reflektierten des Eingangsmonologs gegenüber. Die «Hexenküche» ist ein symbolischer Akt für das Wirken der Natur: mit ihrer erneuernden Kraft schafft sie eine morphologische Wandlung.

---

* Die Definition des Dämonischen aus der 10. Stundeneinheit könnte schon hier eingeführt werden.

3. Allerdings erfassen Faust schon vor dem Genuß des Trunkes sexuelle Begierden. Eine besondere Rolle spielt dabei die Verführung durch optische Reize im Zauberspiegel. Zum ersten Male scheint Faust nicht nach metaphysischer Erkenntnis zu streben, sondern nach Liebe: «O Liebe, leihe mir den schnellsten deiner Flügel, / Und führe mich in ihr Gefild!» (2431/2)

*3. Phase:*
*Der Zauberspiegel als erregendes Moment der Gretchentragödie*

Goethes Zeichnung «Hexenküche» läßt sich ein Hinweis zum Ablauf des Geschehens im Drama entnehmen: vom Bild im Spiegel geht die verweisende Armbewegung der Hexe auf das Paar hin. Es bietet sich die vergleichende Frage an: Welche Bedeutung hat nun der Zauberspiegel im Text der Szene «Hexenküche»?

Durch die Erscheinung im Zauberspiegel wird Faust existentiell getroffen; er sieht das «schönste Bild von einem Weibe» (2436), und er fügt hinzu: «Weh mir! ich werde schier verrückt.» (2456) Dies setzt in ihm schlagartig ein Verlangen frei: «Muß ich an diesem hingestreckten Leibe / Den Inbegriff von allen Himmeln sehn? / So etwas findet sich auf Erden?» (2438–2440) Die Formulierung «Inbegriff von allen Himmeln» erinnert an die Aussage Mephistos über das Faustische Verlangen: «Vom Himmel fordert er die schönsten Sterne» (304); ungestüm löst das Erscheinungsbild in Faust sofort den Handlungsdrang aus: «Mein Busen fängt mir an zu brennen! / Entfernen wir uns nur geschwind?» (2462) Genau an diesem Punkt wollte Mephisto den Faust haben, und er fügt schnell hinzu: «Du sollst das Muster aller Frauen / Nun bald leibhaftig vor dir sehn.» (2601/2) Der Weg zur Gretchentragödie ist damit frei. Das Erkennen der Frau im Spiegel löst die nachfolgende Handlung aus; der Zauberspiegel ist im wörtlichen Sinne das erregende Moment: der gesamte Handlungsstrang läuft auf das Zusammentreffen Fausts mit der im Zauberspiegel erahnten Frau zu.

*Hausaufgabe*

Zur Nachbereitung der Szene stellen wir diesmal eine Aufgabe zur Versform: Untersuchen Sie, wie die Kurzverse und Madrigalverse der Hexe, der Tiere und Mephistos sich thematisch an das Ungeordnete und Wandelbare der Hexenküche anpassen.

## Exkurs:
## Quellen zur Gretchentragödie

*1. Phase:*

Die Verquickung von literarisch Überliefertem mit dem eigenen Erleben des Dichters läßt sich bei der Quellenfrage zur Gretchentragödie exemplarisch aufzeigen. Welche gestaltende Dichterkraft dazukommen mußte, um ein literarisches Werk von eigener Gültigkeit daraus zu schaffen, kann der Schüler bei seiner Arbeit erfahren. Zur Erarbeitung der Quellen der Gretchentragödie werden Schülergruppen gebildet, die unabhängig voneinander unter spezifischer Fragestellung die Fakten erarbeiten und dann additiv zu einem Gesamtbild zusammentragen.

1. Gruppe:
*Die Kindesmord-Geschichte in Pfitzers Volksbuch* (s. S. 56 f.)
Die Gruppe behandelt die Quelle nach dem Inhalt der «story», fragt nach den Handelnden, nach der Wertung und wie Faust mit ihr in Zusammenhang gebracht wird.

1. Ein junger Student namens Apion studiert auf einer «hohen Schul in Flandern» Jura; er verwendet seine überflüssigen Geldmittel für Amee, «seiner Wirthin Tochter». Da sie das Hauswesen versieht, vertraut ihr die Mutter, die sie mit dem Studenten blenden kann. Ihre Magd Caride wird mit Silber für ihre Verschwiegenheit entlohnt und hilft dem sündigen Paar. Amee wird schwanger; Apion zieht heimlich davon und «lässet es mit Amee gehen wie es kan». Die Schwangerschaft wird verschwiegen gehalten; Amee bringt eine Tochter zur Welt; Amee und Caride erstechen das Kind und begraben es im Garten. Spätere Besitzer des Hauses finden den Leichnam des Kindes nach zwei Jahren unversehrt. Mutter, Tochter und Magd werden verhaftet; Amee und Caride werden wegen Meuchel- und Kindesmordes enthauptet.

2. Nach dem Erzählen der Geschichte erfolgt die Auswertung. Dabei wird auch schon eine Parallele zu Faust hergestellt – was die Moral betrifft: «Dannenhero auch der Faustus, weiln er dem Müssiggang ergeben, und täglich in Wollüsten lebte, in deß Teuffels Kundschaft ist gerathen und kommen ... Wolleben, Fressen und Sauffen» sind schuld an den Verirrungen der Jugend. Die Story selbst wird mit der Faustgeschichte nicht verwoben; jedoch der Punkt des Müßiggangs als Angriffsfläche für den Teufel wird als tertium comparationis verwendet.

2. Gruppe:
*Gretchen – Begegnung in «Dichtung und Wahrheit»* (s. S. 57 f.)
Bei der Quellenerarbeitung steht hier die Frage im Vordergrund, welche Bedeutung die Begegnung mit einem Gretchen in der Jugendzeit für Goethe hatte und welche Eigenschaften ihr in «Dichtung und Wahrheit» zugeschrieben werden.

1. Der junge Goethe lernt in einer Wirtschaft ein Mädchen namens Gretchen kennen. Die Gestalt dieses Mädchens verfolgt ihn von dem Augenblick an auf allen Wegen: es ist der erste bleibende Eindruck, den ein weibliches Wesen auf ihn gemacht hatte; er spürt sie in der Kirche auf; dann lernt er Gretchen zu Hause am Spinnrad bei Mutter und Vetter kennen; sie hat Angst vor der ersten Berührung; Goethe bekennt: «In meinem Leben hatte ich mich nicht in einer solchen Verwirrung befunden.» Entscheidend an dieser Begegnung aber scheint dabei sein Durchbruch in eine neue Welt zu sein: «So war auch mir durch den Anblick des Mädchens . . . eine neue Welt des Schönen und Vortrefflichen aufgegangen.» Das Ereignis treibt den jungen Goethe in eine Krankheit – wie so oft auch später zur Bewältigung von Erlebnissen –, und die Abreise von Gretchen läßt ihn eine tragische Katastrophe ausmalen. Ob die Begegnung mit Gretchen nun mehr in den Bereich der Dichtung oder den der Wahrheit gehört, ist von untergeordneter Bedeutung: Goethe möchte gern dokumentieren, daß das Mädchen seiner ersten Begegnung ein Gretchen war.

2. Gretchen wird als ein Mädchen von «ungemeiner und . . . unglaublicher Schönheit» charakterisiert. Bei der ersten Begegnung hatte sie ihm «auf freundlichste Weise guten Abend geboten». Er bewundert sie von allen Seiten: «Ihre Gestalt war von der Rückseite fast noch zierlicher.» Goethe erinnert sich genau der Details: «Das Häubchen saß so nett auf dem kleinen Kopfe, den ein schlanker Hals gar anmutig mit Nacken und Schultern verband; . . . stille treue Augen, . . . ein lieblicher Mund.» In Goethes Augen war sie «noch ein Kind», aber er bemerkt schon eine «gewisse Unruhe ihres Wesens» und die «leichte Röte ihrer Wangen». Diese Charakterisierung wird später mit dem Gretchen im «Faust» in Vergleich zu setzen sein.

3. Gruppe:
*Die Prozeßakten der Kindsmörderin*
*Susanna Margaretha Brandt* (s. S. 59 ff.)
Am 14. Januar 1772 wurde in Frankfurt – das berichtet kurz der Lehrer – die Magd Susanna Margaretha Brandt als Kindsmörderin mit dem Schwert hingerichtet. An der aufsehenerregenden Verhandlung wirkten amtlich auch Verwandte von Goethes Familie mit. Eine Teilabschrift der Akten findet sich im Nachlaß von Goethes Vater. Prominenter Zeuge des Prozesses war Johann Wolfgang Goethe. Er ist zu dieser Zeit gerade von den juristischen Studien an der Universität Straßburg und seinem Sesenheimer Abenteuer mit Friederike Brion in seine Vaterstadt Frankfurt zurückgekehrt und läßt sich dort mit 22 Jahren als Rechtsanwalt nieder. Er erlebt den Prozeß von Anfang bis zur Hinrichtung. Goethe hat das Schicksal der Susanna Margaretha stark berührt.

1. Welche Fakten werden über die Kindsmörderin festgehalten?
2. Welche Motive für die Tat werden genannt?

1. Susanna *Margaretha* Brandt ist 24 Jahre alt, reformierter Religion, ohne Eltern, dient als Magd auf einem Wirtshof. Dort wird sie von einem einlogierten Holländer, dessen Namen sie nicht einmal kennt und den sie später nie wieder sieht, zum Beischlaf übertölpelt. Nach der Ostermesse verspürt sie ihre Schwangerschaft. Sie hat später eine unerwartete Sturzgeburt in der Waschküche und deckt das kaum lebende Kind im Stall mit Heu und Stroh zu. Später bekennt sie, das Kind verstümmelt und umgebracht zu haben. Am 14. Januar 1772 wird sie durch das Schwert hingerichtet. Zwei Versionen des Tatmotivs werden genannt: teuflischer Einfluß – gesellschaftlicher Zwang.

2. Margaretha erklärt selbst ihre Verheimlichung der Schwangerschaft: «Der Satan habe sie verblendet und ihr gleichsam das Maul zugehalten», und weiter erklärte sie, daß «der Satan ihr in den Sinn gegeben habe, daß sie das Kind umbringen» solle; die Täterin Margaretha wird als ein unwissendes, unaufgeklärtes, unbescholtenes Mädchen gezeigt, das einem Verführer in die Hände fällt; sie bringt ihr Kind um, um «der Scham und dem Vorwurf der Leute zu entgehen» (S. 62). Beide Motive der Tat – teuflischer Einfluß und gesellschaftlicher Zwang – sind ein wichtiger Hinweis für Goethes Gretchentragödie.

*2. Phase:*
*Ergebnisberichte: Fakten zur Gretchen-Tragödie*

Abschließend trägt jeweils ein Schüler der Gruppe die Ergebnisse zur Information der anderen Gruppe vor, die die Texte nicht bearbeitet haben; bei ihnen besteht noch eine natürliche Neugierde, die Arbeitsergebnisse der anderen zu hören und das eigene Bild zu komplettieren. Der Lehrer verfaßt bei den Berichten das Tafelbild. Alle Ergebnisse werden in die fortführende Frage münden: Wie gestaltet Goethe die Quellenvorgaben und seine persönlichen Erlebnisse im «Faust»?

---

### 1. Gruppe

#### Das andere Capitel

*Wie D. Faustus durch Wolleben und Müssiggang zur*
*Zauberkunst ist verursacht worden.*
*Anmerckung.*

[...] Auff einer hohen Schul in Flandern hat ein solcher junger Student, von Geldern bürtig, die Gesetze studiren, und ein Rechtsgelehrter werden sollen, in dem Alter, welches den Gesetzen nicht will unterworffen seyn, und keinem Recht Statt geben.
Dieser Apion, weilen er nun genugsame Mittel von den Eltern erlangte, verwendete solche mehrentheils auf Amee, seiner Wirthin Tochter, die er an Statt der Bücher sehr liebte; und weil er der Jungfrauen Willen nach und nach gewonnen, sich auch mit einem Eheversprechen mit ihr eingelassen, hat er [10] gegenwärtig erhalten, was beyde lang hernach zu spat bereuet. Es war ihnen leicht ihrer Mutter Augen zu blenden welche ihrer Tochter getrauet, und ihrem Hauswesen abgewartet.

[...] Caride ihre Magd verweist der Amee ihre Ungebühr, mit Bedrohen sie zuverrahten. Was kan aber das Silber nicht? Apion verehret sie so reichlich, daß sie ihnen zu ihren[1] böslichen Leben hülffliche Hand bietet, so starck sie ist.
Dieses Gewerb liesse sich nicht lange ohne Gewinn treiben, und gabe Apion der Amee so viel zu trincken, daß sie die Jungfräuliche Wassersucht bekommet, und schwanger wird. Apion aber, so bald er vermerckt, daß diese Sache einen gefährlichen Ausbruch nemen möchte, ziehet er heimlich darvon, und vergisset alles gethanen Versprechens, welches gleich gewesen einem Steinmetzen-Gerüst, das er wieder abbricht, wenn der Schwibbogen ausgemauret ist. Apion kommt nach Haus, und lässet es mit Amee gehen wie es kan.

Was diese verlassene Ariadne für Klagen geführet, ist leichtlich zu erachten. Sie hätt sich ihren Augen gerne verborgen, Gifft genommen, und sich in einen Brunnen gestürtzet, wenn Caride solches nicht verhütet hätte, welche sie getröstet, daß Apion wieder kommen, und sie nicht in Schanden lassen würde.

Die Mutter konte ihr aus Apions Flucht, und ihrer Tochter Traurigkeit leichtlich die Rechnung machen, wie es unter ihnen zugegangen, und kommet in Erfahrung, daß ihre Beysorge leider wahr, und viel zu spat eingewendet. Caride verspricht sie wolle Apion sein Kind bringen, man soll es nur verschwiegen halten; welches denn wiederum ein kleiner Trost war für Amee.

Sie kommt darnider, bringet eine Tochter zur Welt, und hatte Amee und Caride die Abrede genommen, das Kind zu erstechen und in dem Garten unter einen Baum zu begraben, wie denn auch geschehen. Die Mutter aber wuste nicht anderst, als daß Apion das Kind ziehen liesse und wiederkommen würde, die Geschwächte zu freien. Apion aber war in Teutschland verreiset. [. . .]

Nach zwey gantzen Jahren, ziehet diese Mutter mit ihrer Tochter aus dem Hause, und ein anderer bestehet es, der den [11] Garten lässet umarbeiten, und wird der Amee Kind gefunden, so frisch und unverwesen, als wenn es vor zweyen und dreyen Tagen begraben worden wäre. Es wird Amee mit ihrer Mutter in das Haus beruffen, und so bald sie deß Kindleins ansichtig wird, fängt sie an zu erblassen, ihr Hertz zu beben, und alle Glieder zu zittern; der kleine Leichnam aber durch die Nase, Augen und den Mund zu bluten[1].

Der Obrigkeit kunte dieses nicht verborgen seyn, und war die gantze Nachbarschafft bey solchen zugegen. Hierüber wird die Mutter und Tochter in Verhafft genommen, und nach Entdeckung dieses Meuchel- und Kinder-Mords, die Caride auch eingezogen, und diesen beyden die Häupter für die Füsse gelegt, die Mutter aber, weil sie ihrer Tochter nicht besser gehütet, der Stadt verwiesen. [. . .]

Dannenhero auch der Faustus, weiln er dem Müssiggang ergeben, und täglich in Wollüsten lebte, in deß Teuffels Kundschafft ist gerathen und kommen, da ihme doch als vor diesem einen gewesenen Theologo, bekandt gewesen seyn solte, was der H. Hieronymus spricht; Semper aliquid facito, ut te Diabolus non inveniat otiosum, das ist: Du solst immerdar etwas vorhaben, damit der Teuffel dich nicht müssig finde.

Aus: Das ärgerliche Leben Johannis Fausti von Georg Rudolph Widmann, vermehret durch Ch. Nikolaum Pfitzerum, Nürnberg 1674

## 2. Gruppe

### Aus dem 5. Buch. Erster Teil

Gewiß, ich brachte einen verdrießlichen Abend hin, wenn nicht eine unerwartete Erscheinung mich wieder belebt hätte. Bei unserer Ankunft stand bereits der Tisch reinlich und ordentlich gedeckt, hinreichender Wein aufgestellt; wir setzten uns und blieben allein, ohne Bedienung nötig zu haben. Als es aber doch zuletzt an Wein gebrach, rief einer nach der Magd; allein statt derselben trat ein Mädchen herein, von ungemeiner und, wenn man sie in ihrer Umgebung sah, von unglaublicher Schönheit. – «Was verlangt ihr?» sagte sie, nachdem sie auf eine freundliche Weise guten Abend geboten; «die Magd ist krank und zu Bette. Kann ich euch dienen?» – «Es fehlt an Wein», sagte der eine. «Wenn du uns ein paar Flaschen holtest, so wäre es sehr hübsch.» – «Tu es, Gretchen», sagte der andre; «es ist ja nur ein Katzensprung.» – «Warum nicht!» versetzte sie, nahm ein paar leere Flaschen vom Tisch und eilte fort. Ihre Gestalt war von der Rückseite fast noch zierlicher. Das Häubchen saß so nett auf dem kleinen Kopfe, den ein schlanker Hals gar anmutig mit Nacken und Schultern verband. Alles an ihr schien auserlesen, und man konnte der ganzen Gestalt um so ruhiger folgen, als die Aufmerksamkeit nicht mehr durch die stillen treuen Augen und den lieblichen Mund allein angezogen und gefesselt wurde. Ich machte den Gesellen Vorwürfe, daß sie das Kind in der Nacht allein ausschickten; sie lachten mich aus, und ich war bald getröstet, als sie schon wiederkam: denn der Schenkwirt wohnte nur über die Straße. – «Setze dich dafür auch zu uns», sagte der eine. Sie tat es, aber leider kam sie nicht neben mich. Sie trank ein Glas auf unsre Gesundheit und entfernte sich bald, indem sie uns riet, nicht gar lange beisammen zu bleiben und überhaupt nicht so laut zu werden: denn die Mutter wolle sich eben zu Bette legen. Es war nicht ihre Mutter, sondern die unserer Wirte.

Die Gestalt dieses Mädchens verfolgte mich von dem Augenblick an auf allen Wegen und Stegen: es war der erste bleibende Eindruck, den ein weibliches Wesen auf mich gemacht hatte; und da ich einen Vorwand, sie im Hause zu sehen, weder finden konnte noch suchen mochte, ging ich ihr zu Liebe in die Kirche und hatte bald ausgespürt, wo sie saß; und so konnte ich während des langen protestantischen Gottesdienstes mich wohl satt an ihr sehen. Beim Herausgehen getraute ich mich nicht sie anzureden, noch weniger sie zu begleiten, und war schon selig, wenn sie mich bemerkt und gegen einen Gruß genickt zu haben schien. Doch ich sollte das Glück, mich ihr zu nähern, nicht lange entbehren. [...]

So verbrachte ich Tag und Nacht in großer Unruhe, in Rasen und Ermattung, so daß ich mich zuletzt glücklich fühlte, als eine körperliche Krankheit mit ziemlicher Heftigkeit eintrat, wobei man den Arzt zu Hülfe rufen und darauf denken mußte, mich auf alle Weise zu beruhigen. Man glaubte es im allgemeinen tun zu können, indem man mir heilig versicherte, [...] daß Gretchen sich aus der Stadt entfernt habe und wieder in ihre Heimat gezogen sei. Mit dem letzten zauderte man am längsten, und ich nahm es auch nicht zum besten auf: denn ich konnte darin keine freiwillige Abreise, sondern nur eine schmähliche Verbannung entdecken. Mein körperlicher und geistiger Zustand verbesserte sich dadurch nicht: die Not ging nun erst recht an, und ich hatte Zeit genug, mir den seltsamsten Roman von traurigen Ereignissen und einer unvermeidlich tragischen Katastrophe selbstquälerisch auszumalen.

Aus: Goethe, Hamburger Ausgabe. Aus meinem Leben – Dichtung und Wahrheit, I. Teil 5. Buch

## 3. Gruppe

### Leben und Sterben der Kindsmörderin Susanna Margaretha Brandt

*Nach den Prozeßakten der Kaiserlichen Freien Reichsstadt Frankfurt am Main, den sogenannten Criminalia 1771*

*Die Gesuchte wird verhaftet und sogleich vernommen*

quaest. 1
Wie sie heiße, wie alt, wessen Religion, woher und womit sie sich ernähret?
R: Susanna Margretha Brandtin, 24 Jahre alt, reformirter Religion, von hier und seye ihr Vatter bey hiesiger Garnison als Gefreyter gewesen, ihr Vatter und Mutter aber wären bereits gestorben, und habe sie bey der Frau Bauerin in dem Gasthauß zum Einhorn als Magd gedienet.

quaest. 3
Wie lange sie schwanger seye?
R: Das könne sie nicht sagen, weilen sie es nicht gewußt.

quaest. 4
Wie lange es seye, daß sie ihre ordentliche Reinigung nicht gehabt?
R: Sie könne nicht leugnen, daß sie mit einem im Gasthaus zum Einhorn einlogirten Holländer dessen Nahmen sie nicht wisse, gegen abgelaufenes Weynachtsfest den Beyschlaf ausgeführt . . .

quaest. 5
Ob sie dann nachhero kein Leben des Kindes, keine Wehen oder Leibesschmertzen empfunden und auch nicht wahrgenommen, daß ihre Brüste dicker worden?
R: Sie habe weder Schmertzen bis zu ihrer Entbindung noch ein Leben des Kindes bey sich verspühret. Das aber habe sich bey ihr zugetragen, daß etwas hartes, wie ein Stein, dann auf die linke, dann auf die rechte Seite gefallen, von welchem sie nicht gewußt, daß es ein Kind gewesen, ansonsten würde sie es ihrer Frau und ihren Schwestern, welche sie vor etwa vier Wochen etliche mahl visitiret, und schwanger zu sein geglaubet, sogleich angezeiget haben.

quaest. 6
Wer bey ihrer Niederkunft zugegen gewesen?
Es seye niemand bey ihr gewesen.

quaest. 7
Warum sie denn niemanden dazu genommen oder gerufen?
R: Die Waschküche seye weiter hinter dem Hauß gelegen, sie seie matt gewesen und die Schmertzen hätten sie so schnell überfallen, daß sie nicht mehr rufen können.

quaest. 8
Wohin sie das Kind aus der Bauerischen Wasch-Küche gebracht habe?
R: Als das Kind von ihr geschossen auf die Erde, habe sie dasselbe von der Erde unter dem Halß aufgehoben. In dem Halß habe es etwas geroßelt, sonsten habe sie aber kein Leben an demselben verspühret, wie sie sich dermahlen noch

erinnere. Sie habe es hierauf in den Stall getragen und mit etwas Heu und Stroh bedeckt, worauf sie sich eine zeitlang im zweyten Stock des Bauerischen Haußes auf die Treppe gesetzt und biß nach 10 Uhr daselbsten sitzen blieben ...

80) Ob und wie lang sie des Vorhabens gewesen, das Kind umzubringen?
R: Sie könne nicht läugnen, daß von der Zeit an, als sie das Leben des Kindes verspühret, der Satan ihr in den Sinn gegeben habe, daß sie in dem grosen Hauß leicht heimlich gebähren, das Kind umbringen, verbergen und vorgeben könne, daß sie ihre Ordinaire wieder bekommen. Als sie Samstags vor ihrer heimlichen Geburt oben auf dem Boden 3 Stiegen hoch, woselbsten ihr Schwager der Schreiner Hechtel einen Unterschlag machen müssen, den Boden kehren wollen, habe ihr auf einmahl der Satan in den Sinn gegeben, sie solte sich dem grosen Gaubloch hinunterstürtzen, worüber sie aber ein Schauer überfallen, so daß sie den Besen hingelegt und ohnverrichteter Sache hinunter gegangen seye, auch ein Zittern am ganzen Leib verspühret habe.
(Continuatum den 9ten octobris 1771
Coram Iisdem
Hat man die Inquisitin abermahls vor das Verhör bringen lassen und dieselbe unter wiederholter Erinnerung, die Wahrheit zu gestehen, weiter befragt:

106) Ob dann das Kind, wie sie selbiges nach dem Stall getragen, gar kein Leben mehr verspühren lassen?
R: Nein. Es hätte nicht mehr gelebet.

107) Warum sie deme ohngeachtet selbiges dann noch einmahl mit dem Kopf wieder die Wand geschlagen habe?
R: Sie hätte zwar kein Leben mehr an dem Kind gespühret, weilen sie aber befürchtet, es mögte doch noch nicht recht todt seyn, so habe sie ihm den Kopf noch mahlen wieder die Wand geschlagen, und es nach der Hand hingeleget.

108) Warum sie dann das Kind bey dem Erdrosseln im Gesicht so gekratzt habe?
R: Weilen sie geglaubt, daß es desto eher todt seyn würde, und weilen ihr der Satan dieses alles so in den Sinn gegeben habe.

109) Ob sie auch nicht gestehen müsse, daß sie das Kind an verschiedenen Theilen des Leibes verwundet habe?
R: Ja. Sie habe das Kind auch mit der Scheer hier und da verletzt, daß es sich verbluten solle, wo und an welchen Theilen aber eigentlich, könne sie nicht sagen.

110) Ob sie keine Reue in, während oder nach vollbrachter That empfunden habe?
R: Ja. Nach der Hand wie sie auf der Treppe gesessen, hätte sie es hertzlich bereuet, daß sie ihr Kind umgebracht, während der That aber wäre sie gantz verstockt und verblendet gewesen.

111) Zu was Ende oder aus was Ursache sie dann ihr eigen Fleisch umgebracht?
R: Um der Schande und des Vorwurfs der Leute zu entgehen, daß sie ein unehliches Kind geboren, und weilen sie geglaubt, daß sie in dem grosen Hauß gar leicht heimlich gebähren könte, so daß es niemand gewahr würde.

112) Ob sie mehrere Kinder verthan?

R: Nein: Das wäre leider ihr erstes Kind gewesen, wodurch sie zu Fall gekommen.

113) Ob sie nicht gestehen müsse, daß sie in den ersteren Verhören im Hospital
die Unwahrheit geredet?

R: Ja. Sie müsse gestehen, daß sie aus Verstockung die Unwahrheit geredet. [...]
Um halb zehen Uhr erschiene der Stöcker und zeigte an, daß während Läuten
der Vater-Unser Glock in der Barfüßer Kirche die Sturm Glocke zum ersten –
eine viertel Stunde hernach zum zweyten – und abermal nach Verlauf einer
viertel Stunde zum dritten mal durch ihn angeschlagen worden, auf welche
Anzeige dann alles zum Ausführen veranstaltet – und der armen Sünderin beym
Austritt aus dem Stübgen an der Stiege die Hände durch den Stöcker und seinen
Knecht gebunden – und solche vom Thurm herunter gebracht wurde. Worauf
mich in Begleitung der beeden Einspänniger zu Pferd setzte, hinter uns folgte
aber die arme Sünderin, welche von denen beeden Herren Geistlichen und 2.
ältesten Candidaten unter beständigem Beten und Singen, bis auf das gegen der
Catharinen Kirch über aufgeschlagene Gerüste begleitet wurde, woselbst sodann,
während eifrigen Gebet das Todesurteil durch des Nachrichters Hofmann
ältesten Sohn von großen Gera durch einen Hieb glücklich und wohl vollzogen –
der Körper hingegen, nachdem sich das Volk ein wenig verlaufen, in einem Sarg
durch des Nachrichters Knechte auf dem Karn nach guten Leuten abgeführt und
daselbst begraben worden. So geschehen Frankfurt den 14ten Januarii 1772.

Johannes Raal

Obr. Richter und Fisc.

Leben und Sterben der Kindesmörderin Susanna Margaretha Brandt. Insel-Bücherei Nr. 969,
ed. S. Birkner, Frankfurt 1973, S. 38 ff.

## 8. Stundeneinheit:
## Die Tragik in der Begegnung von Faust und Gretchen

*Vom dramatischen Knoten zu Höhepunkt
und Peripetie
Gefährdung und Rettung durch die Liebe*

Der Schwerpunkt dieser Stundeneinheit
liegt in der Darstellung der Struktur der
Gretchentragödie. Dabei soll zum einen
der konsequente Aufbau der Gretchen-
handlung zu einer eigenständigen Tragödie gezeigt, zum anderen die funktionale
Einbettung dieses Teiles in den Gesamt-
ablauf des Dramas angesprochen werden.

Inhaltlich thematisiert diese Stunde
Fausts und Gretchens Erfüllung und Gefährdung durch die Liebe: dabei soll besonders auf den Gesichtspunkt der Tragik
eingegangen werden.

*1. Phase:
Dramatischer Knoten und tragische Konstellation beim 1. Treffen Faust–Gretchen*

Mit einem akustischen Einstieg (die Szene
wird auf Platte vorgespielt) beginnt diese
Stunde, in der die Schüler das Gretchen
im «Faust» kennenlernen sollen: absichtlich haben wir diese Szenen nicht zu Hause vorbereiten lassen; ein spontanes in-

haltliches Verständnis ist für die Schüler möglich, und sie sollen unmittelbar in die Diskussion einsteigen können. Die Begleitfrage für den Schüler während des Zuhörens heißt: Wie reagieren Faust und Gretchen aufeinander?

Unmittelbar folgt das fragend-entwickelnde Klassengespräch, das diesmal stark lehrergelenkt mit einer sich logisch aufbauenden Fragenkette geführt wird.

1. Wie merkt man an Fausts Sprache, daß er gerade aus der Hexenküche kommt?

Der erste Anblick Gretchens «hat tief sich in (Fausts) Herz geprägt» (2616); sein Ton ist begehrlich, seine Sprache noch ganz von der sexuell angeheizten Atmosphäre der Hexenküche geprägt: «Hör, du mußt mir die Dirne schaffen!» (2619); und weiter droht er Mephisto: «Wenn nicht das süße junge Blut / Heut nacht in meinen Armen ruht...» (2636/7); er hat «Appetit» (2653), «so ein Geschöpfchen zu verführen» (2644), und ganz die sexuelle Lust betonend sagt er: «Schaff mir ein Halstuch von ihrer Brust, / Ein Strumpfband meiner Liebeslust!» (2661/2) Selbst Mephisto weist ihn wiederholt wegen dieser Sprache zurecht: «Du sprichst ja wie Hans Liederlich» (2628) und «Ihr sprecht schon fast wie ein Franzos» (2645).

2. Wie wird das formale Element der «Hexenküche» fortgeführt?

In der Hexenküche war Faust durch das Spiegelbild des Weibes spontan erregt worden, und Mephisto hatte versprochen: «Du sollst das Muster aller Frauen / Nun bald leibhaftig vor dir sehen» (2601/2). Unmittelbar darauf begegnet er Margarete im Vorübergehen, anscheinend der erstbesten, und es schlägt bei ihm ein: «Beim Himmel, dieses Kind ist schön»: sogleich versucht er eine Verbindung zu ihr herzustellen, indem er ihr unvermittelt seinen Arm anbietet: der *dramatische Knoten* ist geschürzt; dieses Mädchen wird

von dieser flüchtigen Begegnung an sein Schicksal bestimmen und umgekehrt. Die formale Verbindungslinie vom Spiegelbild zu Gretchen selbst, vom erregenden Moment zum dramatischen Knoten, ist evident. Mit einer Graphik deuten wir den Strukturbogen an.

3. Worin liegen die tragischen Ansätze der Liebesgeschichte?

Mephisto macht deutlich, daß das Liebesgeschehen von seiner Welt der Hexenküche aus gesteuert ist; das indiziert, daß die Liebesgeschichte schon von ihrer Anlage her auf ein tragisches Ende zusteuert: der große natürliche Alters- und Bildungsunterschied kann nur durch einen Akt der Hexenküche äußerlich überspielt werden; die anscheinend schicksalhaft gefügte Begegnung von Faust und Gretchen ist von «unten», von Mephisto, gesteuert; der Teufel steckt also von Anfang an in dieser Liebesbeziehung; für Faust kann – will er nicht tragisch die Wette verlieren – die Liebesbeziehung nur eine Episode auf seinem Weg zur höchsten Erfahrung sein; außerdem ist die Mutter mit ihrer gesellschaftlichen Konvention ein Hindernis. Alle Momente zeigen schon in ihrer Anlage die geradezu klassische Form der *Tragödie*.

4. Welche Züge zeigt Gretchen?

Faust fällt zuerst ihre Schönheit auf: «Beim Himmel, dieses Kind ist schön! / So etwas hab' ich nie gesehn» (2609/10); er sieht «der Lippe Rot, der Wange Licht» (2613). Sie kennt die Formen des schicklichen Umgangs; als sich ihr Faust forsch naht, lehnt sie Arm und Geleit ab: «Kann ungeleitet nach Hause gehn» (2608), was Faust zuerst als «schnippisch» (2612) ansieht. Als Gretchen allein ist, zeigt ihre Neugierde («wenn ich nur wüßt', / Wer heut der Herr gewesen ist» [2678/9]), daß die Begegnung nicht ohne Eindruck auf sie geblieben ist. Auch entwickelt sie eine ganz weibliche Neugierde, als sie das Schmuckkästchen entdeckt; in unverdorbener Naivität sieht sie ihre Schönheit durch den Schmuck erhöht. Das Volkslied, das sie anstimmt, bringt jedoch sofort einen tragischen Ton in die sich anbahnende Beziehung: Vorausdeutend assoziiert das Lied den *Tod* zum *Liebesmotiv:* ist das die tragische Vorahnung auf das Ende?

5. Welchen Bereich assoziiert Faust jetzt sprachlich mit der Liebe?

Auffallend ist nach den anfänglichen vulgären Äußerungen (im Nachhall an die Hexenküche) nun die völlig veränderte Sprache, sobald Faust Gretchens Stube betritt: Der Raum ist für ihn ein «Heiligtum» (2688), ihn erfaßt «Seligkeit» (2694), ihm fällt der «heil'ge Christ» ein (2699); er sieht im Geist Gretchen «fromm» die Hand des Ahnherrn küssen (2701); ihre Hand ist so «göttergleich» (2707), und ihre Hütte wird zum «Himmelreich» (2708), das Gretchen als «Engel» (2712) bewohnt, ja sie ist ein «Götterbild» (2716); sein vorhergehendes Verhalten empfindet er nun als «Frevel» (2726). Die Metaphorik ist ganz dem *sakralen Bereich* entnommen; Faust assoziiert mit der erwachenden Liebe zu Gretchen das *Heilige.* Im Wandel der Sprache (von der frivolen Idiomatik zur sakralen Metaphorik) zeigt sich bedeutsam Fausts Veränderung durch die Liebe. Die aufziehende Tragik wird erkennbar, wenn die Rolle des Dritten in der Szene mitgesehen wird.

6. Welche Funktion hat Mephisto?

Mephisto spielt den *Kuppler* in der Liebesgeschichte; er initiiert die scheinbar zufällige Begegnung und arrangiert mit der Verlockung durch Schmuck die Verführbarkeit Gretchens; er versteht es psychologisch raffiniert, Faust auf die Folter zu spannen, um ihn emotional nur noch anfälliger zu machen: «Ich brauche wenig-

stens vierzehn Tag'.» (2640) Außerdem übernimmt er noch die dramentechnische Funktion des *Berichterstatters:* er übermittelt die Reaktionen Gretchens auf das Geschenk. Mephisto ist *Erfüllungsgehilfe* im Auftrag Fausts, und doch ist er in eigener Sache tätig, indem er als unheilige Gestalt in die heilige Liebe einbricht und das tragische Scheitern der Liebesbeziehung von Anbeginn sein Bestreben ist.

*2. Phase:*
*Höhepunkt und Peripetie in der Liebesbegegnung*

Mit atemloser Geschwindigkeit führen die Szenen zum Höhepunkt, zu schnell, um vom Normalmenschen psychologisch nachvollziehbar verstanden werden zu können: das gerade zeigt die Totalität dieses Erlebens. Auch in dieser Unterrichtsphase steht die akustische Realisation des Textes wieder am Anfang; die Höraufgabe für den Schüler lautet: Auf welchen Höhepunkt läuft das Geschehen zu? Daran schließt sich das vom Lehrer geführte Unterrichtsgespräch an:

1. Mit welcher Einstellung bereitet sich Faust auf das Treffen mit Gretchen vor?

Ein inneres Feuer deutet die Ungeduld Fausts an, endlich Gretchen zu treffen. Daß Faust kein falsches Zeugnis ablegen will, um an Gretchen heranzukommen, zeigt, daß er an diese Begegnung mit reinem Herzen, ohne Fehl herangehen will: «Wenn Er nichts Besseres hat, so ist der Plan zerrissen.» (3039) Fausts Gewissen herrscht über seine Begierden. Mephisto erkennt, daß Faust als «heil'ger Mann» (3040) die Begegnung erwartet. Faust bekräftigt, daß er Gretchen «alle Seelenlieb'... von Herzen» (3054) schwören will, sein Gefühl nennt er «unendlich, ewig» (3065).

2. Wie zeigt sich Gretchen beim ersten Gespräch mit Faust?

Mit *Bescheidenheit und «Demut»* bestimmt sie ihre eigene Position: «Ich weiß zu gut, daß solch erfahrnen Mann / Mein arm Gespräch nicht unterhalten kann» (3077/8); ihre Hände sind geprägt von Arbeit: «Was hab' ich nicht schon alles schaffen müssen!» (3083) Faust erkennt ihre «Einfalt» und «Unschuld» (3102); den größten Raum der Selbstdarstellung nimmt ihr *mütterlicher Grundzug* ein, ihre Kinderliebe zeigt sich dominant: «Mein Schwesterchen ist tot. / . . . Doch übernähm' ich gern noch einmal alle Plage / . . . Und so erzog ich's ganz allein, / . . . so ward's mein.» (3121/23/32/33) Überwältigend ist ihre unverstellte, *natürliche Offenheit,* die sich ohne Rücksicht auf gesellschaftliche Floskeln offenbart: «Ich wußte nicht, was sich / zu Eurem Vorteil hier zu regen gleich begonnte.» (3175/6) Im Blumenspiel entfaltet sie ihre Liebeserklärung und zeigt ihre Fähigkeit zu *spontaner Gefühlstiefe:* «Mich überläuft's!» (3187) «Bester Mann! von Herzen lieb' ich dich!» (3206)

3. Worin liegt die inhaltliche und formale Bedeutung der Liebeserklärung?

Gleich beim ersten Gespräch zwischen Faust und Gretchen kommt es – ohne gesellschaftlich reguliertes Gebaren, wie das in dieser Zeit üblich ist – zur gegenseitigen offenen Liebeserklärung: «Er liebt mich! – Ja, mein Kind! . . . Er liebt dich? – Bester Mann von Herzen lieb' ich dich!» (3184/3186/3206). Diese Rasanz zeigt die Totalität, mit der die beiden Menschen aufeinander bezogen sind. Die Liebeserklärung zeigt die vollkommene Kongruenz ihrer Wünsche und Gefühle; es gibt eine völlige Übereinstimmung: das ist der Höhepunkt in der Übereinstimmung der Liebenden. In diesen Höhepunkt der Liebeserklärung platzt Mephistopheles herein; in

das heile Geschehen greift das zerstörende Element: das ist die *Peripetie,* der Umbruch; das erste Gefühl des Glücks wird diabolisch unterbrochen. Es wird unmittelbar deutlich, daß das böse Prinzip keinen Zweifel über die Beschaffenheit der gewünschten moralischen Qualität der Fortführung dieser Beziehung offen läßt. Es wird spürbar, daß die Liebesbeziehung kein gutes Ende nehmen kann, wo das Böse am Werk ist. Wir verdeutlichen diesen Spannungsbruch an der begonnenen Graphik.

*3. Phase:*
*Die Liebe und ihre Parodie in der Doppelszene «Garten»*

In dieser Phase führt der Lehrer das Gespräch auf die Abstraktionsebene mit einer Frage nach der Funktion und Wirkung der Doppelszene und mit einer übergreifenden ideellen Frage nach der Gefährdung der Liebe für Fausts Pakt-Wette.

1. Wie wird das Thema Liebe in der Doppelszene abgehandelt?

Von den Dialogpaaren Margarete/Faust und Marthe/Mephisto wird jeweils das Thema Liebe behandelt, jedoch in sehr konträren Versionen; diese verhalten sich zueinander wie das Bild zum Zerrbild, das Original zur Parodie; in einer rubrizierten Gegenüberstellung wird das an der Tafel deutlich:

Bei Faust und Gretchen zeigt sich die Ergriffenheit durch die Liebe: «Mich überläuft's!» (3185) «Ihr Ende würde Verzweiflung sein.» (3193) – Dagegen zeigen Marthe und Mephisto die Koketterie zweier Alternder: «Die armen Weiber sind doch übel dran: / Ein Hagestolz ist schwerlich zu bekehren.» «Es käme nur auf Euresgleichen an. / Mich eines Bessern zu belehren.» (3149–52) Ein weiterer Gegensatz ist die Sexualität und die dauerhafte Liebe: Marthe: «Ich meine, ob Ihr niemals Lust bekommen?» Dagegen setzt Faust: «Eine Wonne / Zu fühlen, die ewig sein muß!» (3157–3192) Simuliertem Mißverständnis steht spontanes Verstehen gegenüber: Marthe: Ward's nie Ernst in Eurem Herzen?» Mephisto: «Mit Frauen soll man sich nie unterstehn zu scherzen.» Marthe: «Ach, Ihr versteht mich nicht!» (3159–61) Dagegen stehen sich Gretchen und Faust ohne Versteckspiel in einem offenen Bekenntnis gegenüber: «Er liebt mich!... Ja, ... er liebt Dich.» (3184/5) Der gewollten Trennung Mephistos aus vorgeschobenen Gründen der Konvention «Ja, wir wollen fort» (3195) steht die gewaltsam von außen herbeigeführte Trennung gegenüber «Muß ich denn gehen?» (3209) Die Bescheidenheit wird gegen die Anbiederung gestellt: Gretchen: «Begreife nicht, was er an mir find't». (3216) – Marthe: «Sagt grad' mein Herr, habt Ihr noch nichts gefunden?» (3153)

2. Welche Technik setzt Goethe ein und was bewirkt sie?

a) Schon in einem Jugenddrama* hatte Goethe die *Simultantechnik,* die Darstellung zweier parallel ablaufender Szenen auf der gleichen Bühne, angewandt – übrigens auch damals, um einen komischen Effekt zu erzielen. Hier verwendet Goethe nun die Simultantechnik, um ein Thema in *These und Antithese* zu verdeutlichen. Bühnentechnisch läßt sich das mit einer Drehbühne oder mit der Abblendtechnik von Scheinwerfern realisieren. Gerade in der unmittelbaren Gegenüberstellung wird für den Zuschauer der Gegensatz von Bild und Abklatsch, von echter Liebe und parodistischem Spiel evident.

b) In der Wirkung dieser Technik nimmt Goethe hier – vielleicht in seinem mo-

---

* J. W. Goethe, Die Mitschuldigen, entstanden 1767–69

dernsten theatertechnischen Vorgriff – die *Verfremdungstechnik* vorweg. Immer wenn der Liebesdialog in Gefahr gerät, sentimental zu werden, d. h. den Zuschauer mitfühlend ins Geschehen einzubeziehen – distanziert der Dichter ihn durch die Konfrontation mit der Antiszene und nötigt dem Zuschauer im Vergleich einen rationalen Denkprozeß auf.

Hierin steckt vielleicht das größte ästhetische Verdienst: allein durch die formale Gestaltung transponiert Goethe eine naive Liebesgeschichte (die inhaltlich gleiche Elemente wie ein Trivialroman enthält) zu der klassischen Liebesgeschichte der deutschen Literatur: Als Faust Gretchens «garstige, rauhe» Hand küßt, wird sofort abgeblendet (3085) auf den galanten Verehrer Mephistopheles, der Marthe heuchlerisch den Hof macht. Dann erzählt Margarete die rührende Geschichte, wie sie das Kind aufzieht; da schwenkt der Blick auf Marthes Scheinklage: «Die armen Weiber sind doch übel dran.» (3149) Als Gretchen bei der Liebeserklärung Faust glücklich die Hände drückt, unterbricht Marthe: «Die Nacht bricht an.» (3194) Dann kulminiert die Liebesszene in einem Kuß (3205), und da bricht Mephistopheles herein (3206). Diese distanzierende Technik gibt der Szene ihre gültige ästhetische Form.

3. Worin liegt die Gefährdung für Faust auf der 2. Versuchungsstation?

Die Formel der Paktwette lautete: «Werd ich zum Augenblicke sagen: Verweile doch! du bist so schön» (1699–1700), d. h. wenn er einem Augenblick Ewigkeitswert beimessen würde, sollte für ihn die Wette verloren sein. Schon die ersten Worte Fausts im Ansatz der Gretchengeschichte klingen verdächtig an diese Formulierung an: Beim Blick in den Spiegel der Hexenküche bittet Faust: «Laß mich nur schnell noch in den Spiegel schauen!/Das Frauenbild war gar so schön.» (2599–2600) Das Wettmotiv – das Verweilen beim Schönen – ist angeschlagen. Danach beim ersten flüchtigen Anblick von Gretchen nimmt Faust das Motiv sofort wieder auf: «Beim Himmel, dieses Kind ist schön!/... Die Tage der Welt vergess' ich's nicht!» (2609 und 2614) Als Faust zum ersten Male – noch allein – in ihrem Zimmer ist, bricht er in die Worte aus: «Die Hütte wird durch dich zum Himmelreich/Hier möcht' ich volle Stunden säumen.» (2708 und 2710) Vor Mephistopheles bekräftigt Faust seine Ehrlichkeit des Verlangens nach Gretchen damit, daß er das Gefühl «Unendlich, ewig, ewig» nennen möchte (3065); und dann gar beim Höhepunkt der Liebeserklärung spricht er die Formel: «Sich hinzugeben ganz und eine Wonne/ Zu fühlen, die ewig sein muß! Ewig ... Nein, kein Ende! kein Ende!» (3191–94) Der höchste Punkt der Gefährdung ist erreicht. Fausts ureigenstes Handlungsmotiv war auf das Erreichen, das Erfahren des Absoluten angelegt: zu erfahren, was die Welt, im Innersten zusammenhält. Wenn es irgend eine Kraft gibt auf der Erde, die diesem Absoluten am nächsten kommt, dann ist es die Liebe, ja sie ist die einzige Kraft, die transzendiert, die den Ewigkeitswert erfahren läßt: daher ist dieser Punkt, wo Faust die Liebe mit dem Verlangen nach Ewigkeit verbindet, die höchste Gefährdung der Einlösung der Wettformel; da dies aber ein Verlangen ohne Sünde, ja das reinste Streben im Sinne der verheißenen Erlösung des Herrn im «Prolog» ist, erkennt Mephisto sofort, daß in diesem Augenblick die Wette für ihn verloren wäre, und greift abrupt, zerstörend ein; er muß dem höchsten Punkt der Gefährdung, der zur Errettung werden könnte, eine diabolische Wende geben: die Peripetie in der Gretchen-Handlung ist eingeleitet.

Als *Hausaufgabe* gilt die Vorbereitung der Szenen «Wald und Höhle» bis «Dom» unter der Rahmenfrage: Wie reagieren Faust und Gretchen auf das Liebeserleben?

## 9. Stundeneinheit: Stationen zur Katastrophe der Gretchentragödie – Goethes Naturbild

*Fausts und Gretchens Reaktionen auf das Liebesgeschehen – Weltsicht und Funktion der Natur*

In dieser Stunde stehen die Reaktionen zweier Menschen auf das Liebesgeschehen im Vordergrund. Dabei zeigt sich bei Faust und Gretchen der Umbruch vom spontanen Gefühl zur distanzierten Reflexion; konsequenterweise folgen die ersten Schritte in die Katastrophe.

*1. Phase:*
*Reaktionen Fausts und Gretchens in Monologen*
*Mephisto als zweite Seele Fausts*

Da die Schüler den Text zu Hause vorbereitet haben, setzt die Stunde unmittelbar mit der Hausaufgabe ein: der Lehrer stellt dabei detaillierte koordinierende Fragen nach der Form der Reaktionen von Faust und Gretchen auf das Liebesleben sowie deren Inhalt. Bei der Frage nach der Präsenz Mephistos in Fausts Einsamkeit wird der Lehrer zu dem spekulativen Ergebnis hinlenken, hier die zweite Seele Fausts erblicken zu können.

1. Faust und Gretchen werden nach dem Erlebnis der Liebe jeweils in einem Monolog in ihren Reaktionen gezeigt («Wald und Höhle» und «Gretchens Stube»). Der Monolog ist im Drama, auf dem Theater,

die geeignete Form, dem Zuschauer einen Einblick in das Innere der Person zu gewähren; hier können ohne Rücksichtnahme auf einen Dialogpartner die Empfindungen unverfälscht gezeigt und die Gedanken ungeschminkt geäußert werden. Eine Rolle spielt dabei auch die Umgebung. Wie so oft nach einer existentiellen Erschütterung ist es bei Faust der Weg in die Natur, bei Gretchen der Rückzug in die Kammer zur Arbeit. Beide ganz subjektiven Gefühlsäußerungen werden in eine objektivierende Form gekleidet. Bei Faust ist der Monolog an die Form eines *Gebetes* angelehnt, bei Gretchen an die Form des *Volksliedes* in Strophenform; die objektive Form wirkt bei beiden mäßigend.

2. Fausts Reaktion auf die Liebe ist unerwartet: obwohl er sich durch die Liebe den Göttern näher gebracht fühlt, empfindet er doch die *Unvollkommenheit,* da er ohne Mephisto als Gefährten dabei nicht auskommt. Triumphierend läßt Mephisto ihn das spüren: «Wie hättst Du, armer Erdensohn, / Dein Leben ohne mich geführt?» (3266/7) So wird die Liebe für Faust zur Selbsterniedrigung. Der von Faust erstrebte Augenblick der Vollkommenheit, der alle Begierden stillt, kann sich so nicht einstellen (3240). Das Liebeserleben hat ihn zwischen Genuß und Begierde zerrissen; mit «halb verrückten Sinnen» (3329) spürt er die «Begier zu ihrem süßen Leib» (3328). Der Monolog zeigt in seinem tragischen Unterton – «Bin ich der Flüchtling nicht? der Unbehauste?» (3348) –, daß die Peripetie fortgesetzt wird; der Weg zur Katastrophe ist angetreten. Faust hat sich zurückgezogen, um «neue Lebenskraft» (3278) zu gewinnen, was Gretchen als Flucht (3320) empfinden muß; Faust spürt, daß Gretchen ein Opfer werden wird: «Du, Hölle, mußtest dieses Opfer haben!» (3361)

3. Wie ist das Auftreten Mephistos in diesem Monolog zu deuten?
Faust hat sich in Wald und Höhle zurückgezogen, um in seine Seele hineinzuleuchten, und hier erkennt er schmerzlich seine zweite Seele, die ihn aus dem Vollkommenen des Liebeserlebens hinabzieht: «So tauml' ich von Begierde zu Genuß, / Und im Genuß verschmacht' ich nach Begierde.» (3249/50) Genau in diesem Augenblick tritt Mephisto auf (3250f.). Die zweite Seele zeigt sich Faust bei seinem Einblick in sein Inneres personifiziert als Mephisto; er ist nur die andere Dimension von Faust. Erwähnt sei, daß Goethe schon in seiner Rede «Zum Schäkespears Tag» bekannt hatte: «Das, was wir bös nennen, ist nur die andre Seite vom Guten, die so notwendig zu einer Existenz und in das Ganze gehört, als Zona torrida brennen und Lappland einfrieren muß, daß es einen gemäßigten Himmelsstrich gebe.» Das wird in der formalen Gestaltung dieser Szene greifbar. Als Ort wird die Abgeschiedenheit, das Alleinsein in der Öde (3279) gewählt; in der Natur sind Selbsterkenntnis und Welterkenntnis möglich. Sprachlich ist die Szene eindeutig als Monolog angelegt, setzt auch so ein, eröffnet das Innere Fausts, und just im Augenblick der Erkenntnis der Zerrissenheit ist Mephisto da, gleichsam als negative Seite des Gewissens: Faust gestaltet den Monolog zum Dialog mit sich selbst; die zweite Seele Fausts ist in Mephisto Person geworden. Als solche zeigt sich Mephisto auch hier als treibende Kraft: «Habt Ihr nun bald das Leben gnug geführt? / Dann aber wieder zu was Neuem!» (3251/54) «Nur fort . . . / Ihr sollt in Eures Liebchens Kammer.» (3342/3)

4. Welche Reaktion Gretchens zeigt der Monolog?
Mephisto hatte schon angekündigt, daß Gretchen alles «eng und trüb» wird (3304)

und sie zwischen widersprechenden Gefühlen hin- und hergerissen ist: «Einmal ist sie munter, meist betrübt, / Einmal recht ausgeweint, / Dann wieder ruhig.» (3320–22). Gretchen selbst, in ihrer Stube am Spinnrad, drückt in volksliedhaften Strophen den *Verlust ihres Seelenfriedens* aus: «Mein Ruh' ist hin / Ich finde sie nimmer.» (3374/6) Bei ihr stellt sich bei dem Begriff Liebe sofort der Gedanke des Verlustes und Todes ein (3378/9).

Zum ersten Mal deutet Gretchen hier eine Entwicklung an, daß sie um den Verstand gebracht werden kann: «Mein armer Kopf / ist mir verrückt, / Mein armer Sinn / Ist mir zerstückt.» (3382–85)

## 2. Phase:
### Goethes Naturbild – Wesen und Funktion der Natur

Bei der Behandlung der Szene «Wald und Höhle» bietet sich eine verallgemeinernde Reflexion über Goethes Naturauffassung insgesamt und über die Funktion der Natur im besonderen an dieser Stelle an. Nachdem schon in mehreren Szenen Teilaspekte von Goethes Natursicht angesprochen wurden – so im Prolog der organische Entwicklungsgedanke, im Erdgeist und in der Hexenküche das dämonische Wirken der Naturkräfte –, wird in dieser Szene «Wald und Höhle» auch die funktionale Bedeutung der Natur im dramatischen Ablauf der Tragödie entfaltet. Mit einer rückerinnernden Frage lassen wir die Schüler erst ihre Kenntnisse von Goethes Naturauffassung aus der bisherigen Behandlung einbringen; dann soll der Text «Wald und Höhle» unter diesem Aspekt interpretiert werden, und schließlich muß der Lehrer noch auf eine weitere vergleichbare Stelle (den Anfang des II. Teiles) andeutungsweise vorausgreifen.

Im «Prolog» hatte Goethe in dem Bild «Weiß doch der Gärtner, wenn das Bäumchen grünt, / Daß Blüt' und Frucht die künft'gen Jahre zieren» (309/10) den Gedanken der Entelechie und der organischen Entwicklung – das ewige Gestalten und Umgestalten der Natur – angesprochen. In der Beschwörung des Makrokosmos und des Erdgeistes ließ er «mit geheimnisvollem Trieb / Die Kräfte der Natur rings um mich her enthüllen» (437/8). Die «wirkende Natur» (441) entfaltet hier ihre dämonisch magischen Kräfte; beim Makrokosmos waren es noch «Himmelskräfte» (449), die nach der Pansophie «harmonisch das All» (453) durchdringen. Beim Geist der Erde (461), dem Geist des organischen irdischen Lebens, der in Lebensfluten «am sausenden Webstuhl der Zeit» (508) schafft, wird die dämonische Kraft schon unerträglich; ganz und gar physisch verwandelnde Kraft hat die dämonische Natur in der Hexenküche: sie kann die «Cupido» (2598) wieder anregen und verjüngen. Hier stellt sich die Frage, ob die Natur teuflisch oder göttlich ist. Beim Osterspaziergang zeigt sich zum ersten Male die Natur in ihrer Funktion für den dramatischen Aufbau; nachdem Faust bis zur Zerreißprobe mit der Gift-Phiole im Studierzimmer gezeigt worden ist, offenbart ihm die Natur beim Osterspaziergang ihren «holden, belebenden Blick» (904), und auch ihm «grünet (wieder) Hoffnungsglück» (905). Hier hat die Naturszene Kontrast-Funktion: nach der Spannung kommt die Entspannung, oder wie Goethe es ausdrückt, nach der Systole die Diastole (das Ein- und Ausatmen).

Hier knüpfen wir nun mit der Fragestellung nach der Funktion der Natur bei «Wald und Höhle» an. Nach der existentiellen Erschütterung durch die Liebe, dem intensiven Erlebnis Fausts, der gerade erst wieder durch die Verjüngung zu diesen Gefühlen fähig geworden ist, gleicht der Weg in «Wald und Höhle» einer Flucht in die Natur. In Ruhe und Abgeschiedenheit ist Selbsterkenntnis, aber auch das Wiedergewinnen des inneren Gleichgewichtes möglich. Auch die ästhetische Wirkung ist in der Weise von *Systole und Diastole* beabsichtigt, daß nach dem rasenden Tempo der Liebesszenen, in denen sich der Ruhelose und Maßlose zeigte, jetzt die Reflexion in der Natur einsetzt. Nach der Spannung des dramatischen Erlebens kommt jetzt die Entspannung in den tieferen Schichten des Seins. – Inhaltlich bedeutet das beglückende Erfassen der Natur für Faust *das Erfahren des Unendlichen im Endlichen:* «Erhabner Geist, du gabst mir... / ... die herrliche Natur zum Königreich; / Kraft, sie zu fühlen, zu genießen.» (3217–21) Natur ist aber auch der Ort, wo *Selbsterkenntnis* des Menschen möglich ist («zeigst mich dann mir selbst» [3233]). Auch die *heilende Wirkung* der Natur für die Menschenseele wird angesprochen, wenn der «reine Mond besänftigend» (3235 f.) herübersteigt und die «silbernen Gestalten» der «Betrachtung strenge Lust» (3238/9) «lindern». Auch in dieser Szene ist der *pansophische Gedanke* lebendig, die Natur erhält die Attribute des Göttlichen: Faust erlebt «die Wonne, die mich den Göttern nah und näher bringt» (3242). In diesem *pantheistischen Bild* verschwimmen Liebe, Gott und Natur.

Hans Jaeger\* sieht in dieser Szene «das pantheistische Gefühl des Einsseins mit der Natur, die Erfahrung ihrer heilenden Kraft und das Vermögen, sich selbst durch innere Kommunikation mit der Natur wie der Menschenwelt, ja sogar mit ‹der Vorwelt silbener Gestalten›, zu erkennen».

Die Heilkraft der kosmischen Mächte ist besonders im II. Teil angesprochen. Zu Beginn erleben wir, wie die Natur das Gefährdende aus dem Bewußtsein Fausts ausschließt; die Natur regeneriert ihn, nachdem er Gretchens Katastrophe als Verursacher miterlebt hat. Wieder im Rhythmus von Systole und Diastole (Gretchens Tod – Fausts Wiedererwachen) fügt sich der Anfang des II. Teiles an das Ende des I. Teiles. Später werden zwei kontrastierende Naturphilosophien gegenübergestellt, der *Vulkanismus* und der *Neptunismus:* Goethe bekennt sich zur evolutionären Naturkraft des Wassers.

## 3. Phase:
### Der Blankvers als Metrum der Diastole

Ergänzend zur inhaltlichen und funktionalen Interpretation schließt sich eine Besprechung der Versform an. Gefragt wird danach, ob sich die Versform der Gedankenführung unterordnet. Auffallend weicht die Sprache Fausts in «Wald und Höhle» von den Liebesdialogen ab. Fünfhebige Jamben ohne Reim – der klassische Blankvers – bestimmen den Rhythmus von Fausts Gedanken. Ruhig, würdevoll und metrisch ausgewogen im Charakter bietet der Blankvers die angemessene Form für das reflektierende Gebet.

Auch die Versgestaltung ordnet sich dem dramaturgischen Prinzip von Systole und Diastole unter. Nach der hektischen Stichomythie der Liebeserklärung und der abrupten Beendigung durch Mephisto beherrscht nun die durch den Blankvers beruhigte Sprache Fausts Reflexion in der Natur. Diese Passage ist eines der erhebensten Beispiele in deutscher Sprache für die Leistung des Blankverses. Kaum tritt jedoch Mephisto in die Höhle ein, wird Fausts Sprache schlagartig kurzatmig: vierhebige Verse, die dann auch wieder in den Reim verfallen, wechseln mit fünf- und sechshebigen Versen, dem typischen an keine Ordnung gebundenen Madrigalvers. Der in die Stille der Natur eingetre-

---

\* Hans Jaeger, Der «Wald- und Höhle»-Monolog im «Faust», in: Aufsätze zu Goethes Faust I, ed. Werner Keller, Darmstadt, 1974

tene Mephisto zerstört den Seelenfrieden Fausts auch hörbar.

4. Phase:
*Goethes Religionsauffassung*
*Die Gretchenfrage als rationale Distanzierung der Liebenden*
*Fortsetzung der Peripetie und Einleitung der Katastrophe*

In der Frage nach der Religion spiegelt sich ein Stück der eigenen Religionsauffassung Goethes wider. In einem Lehrervortrag werden die Schüler mit Kestners Aussage über Goethe vom 18. Nov. 1772 bekannt gemacht:
«Er ist nicht, was man orthodox nennt. Jedoch nicht aus Stolz oder Kaprice oder um etwas vorstellen zu wollen. Er äußert sich auch über gewisse Hauptmaterien gegen wenige; stört andere nicht gern in ihren ruhigen Vorstellungen. Er haßt zwar den Skeptizismus, strebt nach Wahrheit und nach Determinierung über gewisse Hauptmaterien, glaubt auch schon über die wichtigste determiniert zu sein; soviel ich aber gemerkt, ist er es noch nicht. Er geht nicht in die Kirche, auch nicht zum Abendmahl, betet auch selten. ‹Denn›, sagt er, ‹ich bin dazu nicht genug Lügner.› Vor der christlichen Religion hat er Hochachtung, nicht aber in der Gestalt, wie sie unsere Theologen vorstellen. Er glaubt an ein künftiges Leben, einen besseren Zustand. Er strebt nach Wahrheit, hält jedoch mehr vom Gefühl derselben als von ihrer Demonstration.»
Daran schließt sich ein Plenumsgespräch an:

1. Was bedeutet die Gretchenfrage inhaltlich und formal?
Die Frage nach dem Glauben und der Religion scheidet die Geister. Sie macht deutlich, daß sich in Gretchen und Faust zwei Menschen mit verschiedenen Grundeinstellungen gegenüberstehen; die Frage Gretchens läßt das deutlich werden. Sie zeigt, daß ihr Verhältnis in ein neues Stadium eingetreten ist; war bei der gegenseitigen Liebeserklärung, dem Höhepunkt, das Verstehen geprägt von der Unmittelbarkeit des Gefühls, der *Spontaneität,* so hat jetzt das Stadium der *Reflexion,* des rationalen Abtastens eingesetzt. Dieser Wandel zeigt den Umbruch des Verhältnisses, die Fortführung der *Peripetie,* die abrupt durch Mephisto am Höhepunkt eingeleitet worden ist. Konsequent steht am Ende der Szene der Beginn der Katastrophe: mit der Einleitung des Giftmordes an der Mutter durch die erste schuldhafte Eigenhandlung Fausts.

2. Welche Rolle spielt Mephisto bei der Gretchenfrage?
Wie schon zu Beginn der Peripetie bei der Liebeserklärung ist auch im Religionsgespräch Mephisto der Stein des Anstoßes der Gesprächspartner. Die Religionsfrage kann von Gretchen nicht gestellt werden, ohne Mephisto zu thematisieren; sie spürt intuitiv, daß er zwischen ihr und Faust steht: «Wo er nur mag zu uns treten, / Mein ich sogar, ich liebte dich nicht mehr» (3496/7); ja er ist der eigentliche Anlaß zu der Gretchenfrage, um festzustellen, welche Bedeutung er für Faust hat; denn «wenn er da ist, könnt ich nimmer beten» (3498). Für Gretchen ist es die Scheidungsfrage: er oder ich: «Wollte nicht mit seinesgleichen leben.» (3484). Da sie keine eindeutige Antwort erhält, leitet sie zum ersten Male die Trennung bei einem Treffen ein: «Ich muß nun fort.» (3502) Die Distanzierung ist spürbar.

3. Welche Unterschiede zwischen Faust und Gretchen zeigen sich?
In zwei Rubriken machen wir an der Tafel die Gegensätze deutlich: Dem sicheren Glauben – «man muß dran glauben» (3421) – von Gretchen setzt Faust die

Unsicherheit des Zweifels entgegen: «Ich glaub' ihn ... ich glaub' ihn nicht.» (3434/37) Gretchens Theismus mit dem eindeutigen Begriff von Gott (3426) setzt Faust den Pantheismus mit «Allumfasser, Allerhalter» (3448/9) und den säkularisierten Begriffen Herz, Glück (3454) entgegen. Bei Faust ist, wenn es um Religion geht, alles «Gefühl» (3455); das klingt progressiv, individuell. Bei Gretchen geht es um konventionelles Einhalten der «Sakramente» (3422) als Institution: «Zur Messe, zur Beichte bist du lange nicht gegangen.» (3425) Ihre Haltung zum Glauben ist selbstverständlich, naiv: «Ungefähr sagt das der Pfarrer auch» (3468); Fausts Haltung ist reflektiert: «Magst Priester oder Weise fragen ... nur Spott» (3428). Sie fühlt sich verwurzelt im «Christentum» (3468), er ist der «Gesellschaft» Mephistos (3470) verpflichtet; sie spürt intuitiv das Böse – «Du ahnungsvoller Engel du» (3494) – er verbündet sich bewußt dem Bösen, der «Spottgeburt von Dreck und Feuer!» (3536)

## 5. Phase:
### Stationen zur Katastrophe

In einer Stillarbeitsphase erarbeiten die Schüler den Text mit den vorgegebenen Fragen und tragen die Ergebnisse in Einzelberichten vor:

1. Wie steht Gretchen zur geltenden Moral?
In der Szene am Brunnen macht Lieschen die geltende Moral deutlich: ein Mädchen, das sich vor der Ehe hingibt, muß öffentliche «Kirchbuß» tun (3569). – Goethe hat übrigens gegen den Superintendenten Herder in Weimar im Konzil erwirkt, daß diese Kirchenstrafe, die seiner Meinung nach die Mädchen zum Kindsmord trieb, aufgehoben wurde. – Dem Mann gegenüber zeigt die Gesellschaft Verständnis; er braucht ein solches Mädchen nicht zu heiraten, sie trägt die Alleinschuld. Kommt es zur Hochzeit, darf sie keinen Myrtenkranz tragen, und ihr werden statt Blumen Stroh gestreut. Gretchen – unter dem Aspekt dieser Moral nun selbst der Sünde bloß – billigt keineswegs die öffentliche moralische Wertung: sie bereut ihre Tat nicht, sie wertet sie um und stuft ihr Verhalten als gut (3586) ein.

2. Welche versteckten Fakten enthält Gretchens Gebet vor der Mutter Gottes?
Gretchen ist schwanger und bittet die Mater dolorosa um Rettung vor «Schmach und Tod» – eine Formulierung aus den Prozeßakten der Margaretha Brandt. Gretchen fürchtet die öffentliche Anprangerung. Das Wort Tod läßt den geplanten Kindesmord und den eigenen Tod erahnen. Dazu paßt, daß Gretchen zur Mutter der Schmerzen geht, die auch über den Tod ihres Sohnes klagt.

3. Wie werden Gretchen und Faust an Valentins Tod tragisch schuldig?
Gretchens Verhältnis mit Faust hat sich bis zu ihrem Bruder bei den Soldaten herumgesprochen, einem biederen Verfechter bürgerlicher Moral. Um sie zurechtzuweisen, kommt er zu ihr. Gretchen wird auf tragische Weise dabei schuldig: Unschuldig an der Tat liefert sie doch den Grund für seinen Tod. In gleicher Weise wird Faust schuldig: als Valentin auf die Serenadensänger mit dem Schwert losgeht, muß sich Faust, von Mephisto geführt, verteidigen und erschlägt dabei Gretchens Bruder; Faust hat aber durch sein Verhalten erst diesen Angriff Valentins veranlaßt; nun steht er im Wege, wie vorher die Mutter. Die schicksalhafte Verstrickung Fausts in Schuld wächst.

4. Wie läßt sich die Szene im Dom psychologisch deuten?
Gretchen zeigt alle Symptome einer

Schwangeren; sie fühlt sich «unter vielem Volk» (3775) eingeengt in der Kirche. Der böse Geist tritt als ihr Gewissen auf; der – ungewollte – Giftmord an ihrer Mutter bedrängt sie, das vergossene Blut ihres Bruders und dazu die schon spürbare Schwangerschaft: «Und unter deinem Herzen / Regt sich's.» (3790/1) Dazu singt der Chor eine Totenmesse (für ihre verstorbene Mutter, im Urfaust) «Dies irae» (3798), das Orgelspiel nimmt ihr den Atem (3810); eine bei Schwangeren verständliche Klaustrophobie befällt sie: «Die Mauerpfeiler / Befangen mich!» (3817/8) Sie fällt in Ohnmacht.

*6. Phase:*
*Abstraktionsebene: Die fallende Linie*

Worin liegt die Steigerung der Ereignisse zur Katastrophe hin? Drei Ereignisse markieren den Abfall seit dem Höhepunkt: Zuerst ist es Gretchens Fall, dann der Giftmord an der Mutter und der Meuchelmord an Valentin. Alle drei Ereignisse stehen in ursächlichem Zusammenhang; sie machen deutlich, wie seit dem Umbruch das Drama eine katastrophale Wende genommen hat. Wir machen dies in unserer Graphik auf der fallenden Linie deutlich.

*Hausaufgabe*

Kurzreferate von Schülern:
1. Definition des Dämonischen
   (Hilfsmittel: Literaturlexika, Wörterbücher)
2. Inhaltliche Gliederung des «Walpurgisnachtstraums»
   (Hilfsmittel: Aufsatz von Wilhelm Resenhöfft, Walpurgis, Bern 1970)

## 10. Stundeneinheit: Walpurgisnacht – Dritte Station der Verführung – Das Dämonische

*Michael Herrs Stich «Zauberfest» als Quelle*
*Das Retardierende Moment in der Gretchentragödie*

Solange Fausts Liebesverlangen auf das im Glauben verankerte Gretchen gerichtet ist, kann Mephisto seine Wette nicht gewinnen. Deshalb muß er – diabolisch geschickt – die innere Disposition Fausts, die auf Liebe ausgerichtet ist, nutzen, sie aber auf eine teuflische, d. h. rein sexuell-sinnliche, Ebene herabziehen, um seinem Ziel näher zu kommen. Da Faust zudem in seinem Verlangen, die inneren Weltzusammenhänge zu erfahren, das Dämonische von Anfang an – bei seinem magischen Bestreben – miteingeschlossen hat, sieht Mephisto eine günstige Gelegenheit, jetzt die dritte Station der Verführung, die Walpurgisnacht, anzusteuern. Eine der Bedingungen des Vertrages lautete: «Kannst Du mich schmeichelnd je belügen, / Daß ich mir selbst gefallen mag ...» (1694/5); die Walpurgisnacht thematisiert in dieser Richtung eine erneute Versuchung Fausts.

Goethe hatte für alle bisherigen Szenen literarische Vorlagen und Vorbilder; nur für die Walpurgisnacht (und später für die Erlösungsszene in Teil II) gibt es keine derartigen literarischen Vorgaben; dafür aber verwendet er ein Werk der bildenden Kunst (wie später auch für die Erlösungsszene) als Quelle (M. Herr: Zauberfest auf dem Blocksberg, Mat. III.2)*.

---

* Biedermann (Leipziger Zeitung, 1891, Beilage 135) wies zuerst auf Michael Herrs Kupferstich «Zauberfest» hin, nach ihm Fresenius und Witkowski in seiner Untersuchung über die «Walpurgisnacht».

Die Besprechung über den formalen Gestaltungswert und die Funktion dieser Szene im Gesamtzusammenhang der Gretchentragödie als retardierendes Moment wird die Szene von der künstlerischen Seite transparent machen.

*1. Phase:*
*Die Bildquelle Goethes für die «Walpurgisnacht»*

Die Stunde beginnt mit einem optischen Einstieg:

a) Michael Herrs Walpurgisnacht: Volksglaube und Kupferstiche
In einer kurzen Lehrereinführung erfahren die Schüler, daß sich nach altem Volksglauben in der Nacht vom 30. April zum 1. Mai, dem Tag der heiligen Walpurga, alle Hexen auf Besen reitend auf dem Brocken im Harz, in der Gegend von Schierke und Elend, treffen und dem Bösen im Teufelstanz huldigen. Diese Nacht ist dem Kult der Sinnlichkeit, dem Kult des Bösen gewidmet. Goethe war dieser Volksglaube vertraut; die Szene ist ein biographischer Nachklang der Harzreisen von 1777, 1783, 1784.

b) Michael Herrs Kupferstich des «Zauber Festes»
Wir stellen den Schülern Michael Herrs Kupferstich vor und lassen sie sich spontan zum Bild äußern unter der Leitfrage: Welche Gesamtstimmung drückt das Bildwerk aus, welche Details sind zu erkennen? Die vorläufigen Antworten der Schüler könnten lauten:
Der Kupferstich stellt ein erregtes, explosives Treiben teils in Kirchenruinen, teils in düsterer Natur dar. Als Grundstimmung herrscht das Zauberisch-Dämonische und das Sexuell-Unzüchtige vor. Im Detail zeigen sich *dämonische Gestalten:* Teufel mit Flügeln (im linken Vordergrund), tierhafte, groteske fliegende Gestalten mit Lärminstrumenten (in der Kirchenruine), Schlangen, Lurche und aufsteigende Kröten über einem zischenden Dampfkessel, Hexen und Satan in Bocksgestalt. Das *Hexentreiben* zeigt sich im wilden Reiten auf Gabeln, Besen und Böcken in den Lüften und im ekstatischen Durcheinanderwirbeln sowie im infernalischen Kochen und Dampfen über dem befeuerten Kessel (im Zentrum); dazu gehört die beschwörende Trödelhexe mit Totenkopf, Schwert und Katze vor aufgeschlagenen Zeichenbüchern. Das *unzüchtige Element* zeigt sich in der unästhetisch nackten Gestalt (im Zentrum), der jungen nackten Frau (im rechten Vordergrund), den nackten wirbelnden Tänzern im Prozessionszug sowie in der unzüchtigen Geste der Teufelsgestalt (im linken Vordergrund). Das *Motiv des Todes* ist angeschlagen: ein totes Kind im Korb (vorn rechts), die Totenschädel, besonders aber der menschliche Fötus in der Glasflasche (oder Blase).

*2. Phase:*
*Bildelemente von Herrs Kupferstich in Goethes «Walpurgisnacht»*

In Stillarbeit analysieren die Schüler den Text im Vergleich zum Kupferstich; dabei stellen sie die Bilddetails den Textstellen gegenüber. Bei dieser wechselseitigen Durchdringung geschieht eine Erhellung des Textes, der ohne die optische Hilfe weitgehend unverständlich bliebe. Dabei macht der Lehrer eine zweispaltige Vorgabe für die Zuordnung von Bilddetail und Textstelle; eine zusätzliche Hilfe könnte das Einteilen nach Ort, Tageszeit, Stimmungslage, Personengruppen, Einzelpersonen, Handlungen und besonderen Einzelheiten sein:
Bei Goethe findet das Geschehen auf dem «Blocksberg» (4221) oder «Brocken» (3956) statt; Michael Herr setzt mitten in

den Stich «B.-Berg». Punktuell genau beschrieben wird der Sitz des Teufels: «Herr Urian sitzt oben auf» (3959); Herrs Stich zeigt auf dem Gipfel ein Faß, auf dem Urian sitzt. Das Faß als Sitz des Teufels erinnert an Auerbachs Keller. Ort und Zeit kombiniert Goethes Vers (4032) «Zum Brocken wandeln wir in der Walpurgisnacht»; die Nacht wird genauer beschrieben: es kommt die «unvollkommne Scheibe des roten Monds mit später Glut heran» (3851). «Der trübe Mond verbirgt sich gern» (3991); als (unvollkommenen) Halbmond deutet Herr den Trabanten an, umgeben von einem (verbergenden) Leuchthof. Die Stimmungslage charakterisiert Goethe so (3868): «Der Berg ist heute zaubertoll» und (3871) «In die Traum- und Zaubersphäre / Sind wir, scheint es, eingegangen». Michael Herrs Stich strahlt diese irreale Stimmung aus, besonders durch die grotesken Fabelgestalten im Ruinenteil. Als Personengruppen nennt Goethe die Hexen im Zug (3956): «Die Hexen zu dem Brocken ziehn» und (4016) «Das drängt und stößt, das rutscht und klappert». Diese Inspiration kommt von Herrs Bild, wo der dichte Zug geschildert wird. Bei Goethe sind es (4046) «junge Hexchen nackt und bloß, / Und alte, die sich klug verhüllen». Nacktheit ist in Herrs Stich akzentuiert, hier ebenso mit dem Unterschied von jung und alt: in der fülligen nackten Gestalt im Zentrum und der jungen nackten Frau mit Rückensicht im rechten Vordergrund. Bei den Einzelpersonen stammt Goethes Trödelhexe (4096 ff.) eindeutig aus Herrs Stich: «Aufmerksam blickt auf meine Waren... Dolch... Kelch... Schmuck... Schwert». Im Bild nimmt die Trödelhexe eine dominante Stellung ein, das Schwert liegt vor ihr, dazu Gefäße und Schmuck. Faust erblickt «ein blasses, schönes Kind allein und ferne stehen», dessen Brust und Leib dem Gretchen gleichen (eindeu-

tiger Hinweis auf Nacktheit) und die ein rotes Schnürchen um den schönen Hals trägt (4203/4). In Herrs Bild sitzt vorn im Schatten der Nacht etwas abseits eine nackte jüngere Frau, sie trägt eine Kette um den nackten Hals, ihr Blick ist dem toten Kind im Korb zugewandt. Drei Handlungselemente werden bei Goethe auf dem Brocken herausgehoben: das wiederholt erwähnte Reiten auf Besenstiel, Bock und Gabeln (4000/1): «Es trägt der Besen, trägt der Stock, / Die Gabel trägt, es trägt der Bock.» Dieses Handlungselement ist auch in Herrs Stich dominant: unten und oben reiten Hexen auf Gabeln, Besen und Böcken.
Das zweite Handlungselement ist der Tanz, an dem sogar Faust und Mephisto teilnehmen: «Faust mit der Jungen tanzend ... Mephisto‾mit der Alten» (4127/ 4135). In Herrs Bild bewegt sich die Prozession um den B. Berg in tanzenden Paaren. Ein weiteres Aktionselement (3920 ff.) ist das Brodeln der Hexenküche: «Da steigt der Dampf, dort ziehen Schwaden, / Hier leuchtet Glut aus Dunst und Flor / ... Dann bricht sie wie ein Quell hervor.» Das gerade ist Herrs Besonderheit: im Zentrum das explosionsartige Dampfen, das Ziehen der Schwaden. Als besondere Details werden bei Goethe atmosphärisch «Kauz und Kiebitz ... und Molche» (3890) erwähnt; all dies ist in reizvoller Gestaltung in Herrs Kirchenruine zu finden. Ein weiteres wichtiges Element bei Goethe ist die Musik (4050): «Ich höre was von Instrumenten tönen! Verflucht Gescharr!» und «Strömt ein wütender Zaubergesang». Auch hier hat Herrs Stich angeregt: ein wütendes Trommeln veranstaltet ein groteskes Wesen in der Ruine; im Zug ragt ein Hornbläser hervor, oben auf dem Faß bläst Satan den schnarrenden Dudelsack, daneben ist ein Hornbläser. Allerdings geht der Dichter weit über seine optische Vorlage hinaus. In gleicher

Weise wie den Sinn des Auges ruft der Dichter den Gehörsinn auf; in einer großen Vielfalt läßt er den Blocksberg mit Tönen und Geräuschen erfüllen.

*3. Phase:*
*Das Dämonische*

1. Die Frage, welches neue Element mit der «Walpurgisnacht» eingebracht und mit der Faust- und Gretchen-Tragödie verbunden wird, erläutert einleitend ein kurzes Schülerreferat über den Begriff des Dämonischen. Es sollte etwa folgende Fakten enthalten: Das Wort kommt vom griechischen ‹daimon› = Gottheit, Geist, meist niederer, böser Geist. Die Griechen zu Homers Zeit verstanden darunter die Götter in ihrer übermenschlichen Wirksamkeit, aber auch personifizierte Naturgewalten, wie Feuer, Wasser, Luft. Durch magische Beschwörungen und kultische Feiern suchte man sie zu beherrschen. Später waren es Zwischenwesen zwischen Göttern und Menschen, die auf die menschlichen Geschicke in gutem und in bösem Sinne einwirken konnten. Schon das lateinische Wort daemon hat die Bedeutung «böser Geist, Kobold, Teufel». Im Neuen Testament wird unter Dämon überhaupt die zerstörende Kraft des Bösen verstanden, dargestellt im Teufel und im Beelzebub. Das Mittelalter übernahm das griechische Erbe und fügte den germanischen Geisterglauben hinzu, so daß sich die Vorstellung vom Dämon als böser Geist, als Naturmacht, die urgewaltig, geheimnisvoll, überirdisch wirkt, herausbildete. Abstrahierend gesprochen verbinden sich hier zwei Wesenselemente: die Vorstellung vom bösen überirdischen Geist und der geheimnisvollen naturhaften Urmacht.

2. Wie zeigt sich das Dämonische in der Walpurgisnacht?
Die Schüler können nun mit Hilfe der eige-

nen Bild-Textverbindung und der Definition des Dämonischen an die Frage herangehen: Die Hexen sind Wesen, die das Triebhafte verkörpern, das naturhaft Unheilvolle. Der Mammon und die Windsbraut, dämonische Personifikationen der Naturkräfte Feuer und Luft, stehen für die Schönheit und Gewalt der Triebe. Urian trägt den niederdeutschen Namen des Teufels; das Verb uren, das in Urian steckt, bedeutet: ‹es wild treiben›; so steckt schon in dem Namen etwas von der triebhaften Naturkraft. Im Fest der Walpurgisnacht selbst – die Naturkräfte sind am 1. Mai schon erwacht – werden die Naturgewalten Feuer und Luft beschworen; das Fest gerät zu einer kultischen Feier des Bösen: Mammon, der mit dem Leuchten «der Glut aus Dunst und Flor» (3921), mit dem Entzünden der Felsenwand (3931) verbunden wird, und die Windsbraut, die durch die Luft rast, verdeutlichen diese dämonische Naturkraft: beide darf Faust sehen (3934), spüren (3936) und hören (3952). Das Dämonische erfaßt alle Sinne Fausts.

3. Die Tanzszene als infernalisches Gegenstück zur Doppelszene in Marthes Garten
Was bedeutet die Walpurgisnacht für Faust?
Mephisto führt Faust auf die Walpurgisnacht, um ihn in «abgeschmackten Zerstreuungen» über Gretchens Schicksal hinwegzutäuschen. Jetzt glaubt Mephisto, noch einmal das gleiche Spiel treiben zu können wie in Marthes Garten, als er Faust und Gretchen zusammenbrachte, und wo Faust sofort für sie entflammte. Diesmal will er allerdings Fausts niedere sinnliche Natur ansprechen und ihn mit frevelhaftem, perversem Genuß in Versuchung führen. So bildet die Tanzszene mit den Hexen das infernalische Gegenstück zu der Doppelszene in Marthes Garten.

Äußerlich ist sie gleich angelegt: Faust tanzt mit einer Jungen, die ihn äußerlich anzieht und seine Sinnlichkeit anspricht: «Der Äpfelchen begehrt ihr sehr» (4132). Parallel dazu tanzt Mephisto mit einer Alten und führt ein unflätiges Gespräch (4136ff.). Wiederum ist Mephisto der Kuppler der Paare. Faust ist bis zu dem tiefsten Punkt gesunken, zu dem eine menschliche Natur hinabgerissen werden kann; da trifft es ihn wie ein Schlag: «Siehst du dort / Ein blasses, schönes Kind allein und ferne stehen? / ... Daß sie dem guten Gretchen gleicht» (4183ff.). Gretchen ist plötzlich wieder in sein Bewußtsein getreten.

*4. Phase:*
*Die formale Bedeutung der Walpurgisnacht*

Was bedeutet formal die Walpurgisnacht für die Gretchenhandlung?
Was bedeutet formal die Tanzszene darin für Faust?
Mephisto entzieht Faust mit seiner Fahrt zur Walpurgisnacht zunächst der Verfolgung wegen des Mordes an Valentin; damit kann es auch in der Beziehung zwischen Faust und Gretchen keine Entwicklung geben. Die räumliche Entfernung läßt Faust Gretchen – zunächst – vergessen. Die Walpurgisnacht erweist sich so als retardierendes Moment der Gretchenhandlung. Das läßt sich in der begonnenen Graphik der Handlungskurve darstellen. In der «Hexenküche» – ebenfalls in dämonischer Szenerie – hatte sich an einem Mädchenbild die Gretchen-Handlung entzündet: nun sind wir in der «Walpurgisnacht» beim Hexentanz am Tiefstpunkt angelangt; Gretchen ist verdrängt. Da plötzlich entzündet wiederum ein Mädchenbild, es ist Gretchens Bild, Fausts Tatkraft. Hier ist die entscheidende persönliche Wende für Faust. Bisher schien

Faust zu sinken; sein Streben schien erloschen, seine Vernunft verstummt, die Leidenschaft überwältigt ihn ganz: nun erwacht beim Anblick von Gretchens Zauberbild seine Tatkraft von neuem. Psychisch vorbereitet wird diese Wende wohl durch die Trödelhexe: sie bringt den Giftmord («in ganz gesunden Leib / Verzehrend heißes Gift gegossen» (4105/6), die Mädchenverführung («kein Schmuck der nicht ein liebenswürdig Weib / Verführt» [4107]) und den Totschlag («kein Schwert das ... / Nicht etwa hinterrücks den Gegenmann durchstochen» [4108/9]) bei Faust in Erinnerung, und das Gewissen beginnt zu arbeiten.

Da der Walpurgisnachtstraum nur in einem Exkurs fakultativ behandelt werden soll, richtet sich die Hausaufgabe gleich auf das Ende der Gretchentragödie.

*Hausaufgabe*

Vorbereitung der Szenen «Trüber Tag» und «Kerker».
Arbeitsfrage: Wie geht die Gretchentragödie nach der Walpurgisunterbrechung weiter?

# Exkurs: «Walpurgisnachtstraum» als Satire

*Der Walpurgisnachtstraum als Satire und retardierendes Moment*

Der «Walpurgisnachtstraum» entstand zunächst unabhängig vom «Faust» und sollte in Schillers Musenalmanach erscheinen. Nach anfänglicher Verärgerung über Schillers Ablehnung entschloß sich Goethe dann, die Szene in den «Faust» aufzunehmen. So steht scheinbar die ganze Szene von ihrer ursprünglichen Bestimmung her außer Beziehung zur Haupthandlung; und der Vorwurf der «Fetzentheoretiker» könnte treffen, daß der «Faust» eine Addition von Einzelteilen sei. Da Goethe die Szene jedoch bewußt einfügte, sollte die Frage nach der Funktion und den inneren Zusammenhängen zum Drama gestellt werden. Da die Szene ohne eine Menge von Dechiffrierungen und Hintergrundinformationen unverstanden bleibt, ist sie nicht geeignet für eine spontane Plenumsdiskussion; sie wird daher in drei Schritten behandelt: in einem vorbereiteten Schülerreferat, das die thematische Inhaltsgliederung aufzeigt, in einem Lehrervortrag, der die zeitgeschichtlichen und personellen Anspielungen einbringt, und in einem Schülergespräch, mit Hilfe der Vorinformationen, über die inhaltliche und formale Einfügung der Szene ins Drama.

*1. Phase:*
*Inhaltsgliederung des «Walpurgisnachtstraums»*

Die Anregung zum Thema sowie zur Gestalt des Puck stammen aus Shakespeares «Sommernachtstraum». Ein Schülerreferat sollte folgende sechs Themenbereiche der insgesamt 44 Strophen aufzeigen: Der erste Teil (Strophe 1–7, V. 4223–4250) nennt das Thema und den Charakter eines Spiels im Spiel: Die Versöhnung von König und Königin Oberon und Titania, zweier Märchengestalten. Sie hatten sich wegen eines Knaben zerstritten und finden nach einer Trennung wieder zusammen. Dies soll in der natürlichen Szenerie des Bocksberges (4225) mit Gesang aufgeführt werden.
Der zweite Teil (8–20, V. 4251–4302) umfaßt eine Kritik an Faust und Gretchen in den Figuren des Puristen und der jungen Hexe, so wie sie die Leute Goethe gegen-

über – hier als nordischer Künstler selbst dargestellt – geäußert haben.
Der dritte Teil (21–27, V. 4303–4330) enthält eine Kritik an der Faust-Dichtung, so wie sie vorgebracht wird: der fromme Herr (Faust) mischt sich mit Teufeln (4325/6), und «Am Ende sagten sie noch gar, / Sie hätten gute Herzen» (4309/10).
Der vierte Teil (28–36, V. 4331–4366) erhebt Mephisto zum Problem: Der Dogmatiker setzt den Teufel als Prämisse ein, den Idealisten macht das närrisch, und der Realist verliert den Boden unter den Füßen; der Supernaturalist schließt vom Teufel auf das Gute (4355) und rechtfertigt damit dessen Existenz; der Skeptiker setzt den Zweifel dagegen (4362).
Der fünfte Teil (37–41, V. 4366–4386) problematisiert die ästhetische Seite der Faust-Dichtung. Es wird die Frage gestellt, wie sich lustige Geschöpfe mit den Geistern in einem Stück vereinen.
Der sechste Teil (42–44, V. 4387–4398) bringt den Ausklang des einleitenden Themas von Oberon. Es ist die Aufforderung, alles vor den Obersten auf dem Bocksberg zu bringen.
Im «Walpurgisnachtstraum» werden zwei verschiedene Welt- und Kunstanschauungen in Süden und Norden gegenübergestellt, zwei Pole des Menschlichen: dem Nordischen, Germanischen, Romantischen, Sentimentalen, dem Geist wird das Südliche, Romanische, Klassische, Naive und die Form gegenübergestellt. So stellt dieses Hochzeitsfest eine geschlossene Form der literarischen Satire dar.

*2. Phase:*
*Satirische Inhalte als zeitgenössische Kritik*

Wie bei allen Satiren wird beim Publikum die Kenntnis der zeitgenössischen Vorgänge und Verhaltensweisen vorausgesetzt, und die Anspielungen ergehen sich in Abbreviaturen, in Ellipsen der Benennung des Umfeldes; dennoch werden sie vom zeitgenössischen Publikum verstanden, da es den Hintergrund miteinbringt. Das macht den Reiz der Satire aus, aber auch die spätere Schwierigkeit der Lesbarkeit, denn sie bringt raschen Verständnisverlust für spätere Generationen, die nicht mehr das Selbstverständnis der Umfeldkenntnisse einbringen. Daher muß der Lehrer die Fakten als historisches Wissen für die Schüler bereitstellen.

Die Kritik Goethes richtet sich gegen verschiedene philosophische, literarische und politische Anschauungen: Verspottungen von verschiedenen philosophischen Richtungen zeigen sich in der Teufelsdiskussion (Idealist = Fichte, Supernaturalist = Friedrich Jacobi); der Orthodoxe ist der Graf Friedrich von Stolberg; der neugierige Reisende ist Nicolai, der als übereifriger Aufklärer überall den Katholizismus argwöhnte; hinter dem Kranich verbirgt sich Lavater, wie Goethe vor Eckermann ausdrücklich bestätigte; er belog sich und andere. Im Weltkind sieht sich Goethe selbst. Hennings setzte in einem Artikel «Der Musaget. Ein Begleiter des Genius der Zeit» die Dichtungen Goethes herab. Hinter der Windfahne versteckt sich der Journalist Reichardt, der einmal dem lebenslustigen Herrenvolk, dann dem Frömmler schmeichelt. Hinter Servibilis verbirgt sich Böttiger, ein Dilettant des Theaterwesens. Politische Satire steckt in dem Wort Sanssouci; es sind die Sorglosen aus der Zeit der Französischen Revolution, ein Hieb gegen Napoleon, der sich schon als Alleinherrscher aufspielt; unter Massive sind die revolutionären Massen gemeint.

Das Hochzeitsfest wurde zugleich als Feier von Goethes und Schillers Freundschaftsbund verstanden.

*3. Phase:*
*Zusammenhänge und Wirkungen der Szene «Walpurgisnachtstraum» im Gesamtdrama?*

1. Wie wird das Stück angekündigt und mit der «Walpurgisnacht» äußerlich verbunden?

Am Ende der Walpurgisnacht-Szene macht Mephisto aufmerksam, daß in dem allgemeinen Bocksbergtreiben eine Theateraufführung vorbereitet wird – ein Spiel im Spiel: «So seh' ich wunderlich ein Theater. / Was gibt's denn da?» (4213/14); und Servibilis ordnet es wertmäßig ein: «Ein Dilettant hat es geschrieben, / Und Dilettanten spielen's auch» (4217/8); und Mephisto erklärt, wo das Theater hingehört: «Auf dem Blocksberg... / denn da gehört es hin.» (4221/2) Somit ist ein eindeutiger Anschluß und die Einordnung in das Walpurgisnachtgeschehen gegeben.

2. Wie wird der Akt der Versöhnung in das Walpurgisnachtgeschehen örtlich eingebettet?

Der Zug befindet sich vom Tal zum Berg (4225) und bewegt sich zu Urians Thron. Die Szene ist völlig eingebettet in die Vorgabe der Bildquelle, stellt also eine Episode der Walpurgisnacht dar.

3. Gibt es einen Bezug zu Faust und Gretchen?

Es ist eine Übereinstimmung von Oberon und Titania mit dem Verhältnis von Faust und Gretchen ersichtlich: Faust erkennt erst in der Trennung (wegen eines Kindes) auf dem Blocksberg, daß er zu Gretchen gehört; das löst beim Zuschauer vielleicht die Happy-End-Erwartung aus; diese Erwartung wird antikritisch bloßgestellt.

4. Wirkung der Kritik auf Handlungsfortgang

Die Reflexion über die Kritik an Faust und Gretchen, am Teufelverständnis, an der literarischen Form kann als kritisch distanzierendes Verweilen innerhalb der Tragödie angesehen werden und somit als *retardierendes Moment* im Handlungsablauf; auch in dieser Funktion geht der «Walpurgisnachtstraum» konform mit der «Walpurgisnacht». Während der ganzen Szene stehen Faust und Mephisto betrachtend abseits und fügen sich in den allgemein retardierenden Charakter dieses Dramenteils ein.


## 11. Stundeneinheit:
## Das Ende der Gretchentragödie: Katastrophe und Rettung

*Der Rettungsgedanke und seine Fortwirkung*

Die Katastrophe war schon vor dem Zerstreuungsversuch Fausts in der «Walpurgisnacht» eingeleitet: Gretchens Verführung, der Giftmord an der Mutter und der Meuchelmord an Valentin. Nun geht es in den letzten Szenen steil abfallend dem Ende der Katastrophe entgegen.

*1. Phase:*
*Gretchens Schicksal und Fausts Schuld*

Die letzten Szenen sollen lesend erarbeitet, einmal wenigstens soll der Text durch Schüler selbst laut realisiert werden. Diese Szene ist besonders dafür geeignet, da sie in Prosa gehalten ist und wegen ihrer sprachlichen Kraft auch nicht von Goethe verändert wurde wie die anderen ursprünglichen Prosaszenen.

1. Welches Schicksal hat Gretchen inzwischen erlitten?
Gretchen ist als Missetäterin im Kerker gefangen. «Sie ist die erste nicht» ist ein wörtliches Zitat aus den Prozeßakten der Kindsmörderin Margaretha Brandt; der Grund der Einkerkerung ist sofort klar: Gretchen hat einen Kindsmord begangen. Die Strafe dafür wird sogleich angedeutet: sie reiten vorbei am «Rabenstein», der Stätte des Hochgerichts mit dem Galgen, die von Hexen umgeben ist. Nun wird auch die Länge der Zeit der «abgeschmackten Zerstreuungen» deutlich: Faust hatte sich fast ein Jahr darin verloren.

2. Worin erkennt Faust seine Schuld? Wie reagiert er?
a) Faust fühlt sein schuldhaftes Verhalten; Mephisto sagt ihm, daß er sie ins Verderben gestürzt hat: «Wer war's, der sie ins Verderben stürzte? Ich oder du?» (Z. 47); dann hat er Gretchen «hülflos verderben» (Z. 14) lassen. Er hat sich der Verantwortung für das schwangere Mädchen entzogen.
b) Faust erkennt, daß er sich selbst an den Schandgesellen geschmiedet hat, und Mephisto kann höhnisch fragen: «Drangen wir uns dir auf, oder du dich uns?» (Z. 35)

*2. Phase:*
*Gretchens Seelen- und Geisteszustand*

Einleitend wird der Text wieder laut gelesen. Danach fügt sich eine Stillarbeitsphase ein; die Ergebnisse werden am Ende gesammelt.
In welchem seelisch-geistigen Zustand befindet sich Gretchen, und an welchen Stellen zeigt sich das im Text?
Gretchen ist wahnsinnig geworden: a) Sie singt das Volkslied vom Wacholderbaum, in dem eine böse Stiefmutter das getötete Kind dem Vater zum Essen vorsetzt. b) Sie erkennt zunächst ihren Geliebten nicht mehr; sie ist verrückt vor Angst vor dem Henker: «Hab' ich dich doch mein Tage nicht gesehen!» (4400) c) Sie verwechselt die Realitätsebenen: «Laß mich

nur erst das Kind tränken» (4443) . . . «Sie nahmen mir's, um mich zu kränken, / Und sagen nun, ich hätt' es umgebracht.» (4445/6) d) Fausts Kniefall vor ihr wird als Aufforderung zum Gebet mißverstanden (4451 ff.). e) Bruchartig durchlebt sie Gefühlsschwankungen in kürzester Zeit: «Hab' ich dich doch mein Tage nicht gesehen!» (4440) und kurz darauf: «Du bist's. O sag' es noch einmal.» (4470) f) Sie hat Visionen: Sie sieht die Mutter auf einem Stein sitzen; dann erblickt sie Blut an der Hand Fausts: «Stecke den Degen ein» (4516), und sie glaubt: «Das Kind zappelt» noch (4563 ff.).

Die Folgerung aus diesem Verhalten für die Bewertung der Tat ist evident: Gretchens Tat ist im Wahnsinn geschehen.

### 3. Phase:
*Die Katastrophe der Gretchentragödie inhaltlich und formal*

1. Worin liegt die Katastrophe der Gretchentragödie?

Die Wende hatte sich schon vor der Walpurgisnacht bei der Gretchenfrage angebahnt, in der Schlußszene wird die irreparable Situation, die endgültige Wende deutlich: Faust kann nicht mehr küssen: «O weh! deine Lippen sind kalt» (4494); an seinem Hals wird es ihr bang (4487); ihr graut's vor ihm (4610). Gretchens Opfer, die Hingabe an Faust, war umsonst, die Liebe ist zerbrochen; eine Rettung ist menschlich sinnlos geworden, aber auch gesellschaftlich unmöglich: «Es ist so elend, betteln zu müssen, / ... Und sie werden mich doch ergreifen!» (4546 + 4549) Für sie bleibt nur der Tod; er bleibt es aber auch deswegen, weil sie bewußt den Tod als Sühne auf sich nimmt: «Ich darf nicht fort.» (4544) Ihre Rettung sucht sie auf anderer Ebene.

2. Wie zeigt sich die Katastrophe formal?

Der Spannungsbezug zwischen Faust und Gretchen, der im erregenden Moment begann, rasant zum Höhepunkt führte, findet nun in der *Bezugslosigkeit* (die Liebe ist zerbrochen) der beiden Personen ein Ende; Gretchens bewußtes Annehmen des Todes macht dieses Ende absolut. Damit läßt sich die dramatische Struktur der Gretchentragödie abschließend in einer Gesamtgraphik darstellen.

### 4. Phase:
*Die Rettung Gretchens*

In einer vertiefenden Diskussion führen wir die Stunde in die Abstraktionsphase: als Rahmenfrage dient: Wie und warum kann Gretchen gerettet werden?

1. Gretchen und die Gesellschaft: Gretchen nennt in ihren Wahnäußerungen hellsichtig die eigentlich Schuldigen für ihre Mordtat: «Sie nahmen mir's ... Sie singen Lieder auf mich! Es ist bös von den Leuten!» Goethe nimmt hier das Wissen um die eigentlich Schuldigen aus den realen Prozeßakten einer Kindsmörderin: «Um der Schande und des Vorwurfs der Leute zu entgehen.» Die Moralvorstellungen, die die Schuld für ein uneheliches Kind ausschließlich dem Mädchen zuweisen, treiben die jungen Mütter zu der Wahnsinnstat. Gretchens Errettung ist Goethes gesellschaftlicher Protest dagegen.

2. Anerkennung der eigenen Schuld: Gretchen erkennt an, daß sie sich gegen kirchliche und weltliche Normen durch die voreheliche Hingabe an einen Mann sowie durch den Kindsmord vergangen hat; deshalb will sie bewußt dafür büßen: «Ich darf nicht fort ... Und noch dazu mit bösem Gewissen!» (4544 + 4547) Das Schuldbekenntnis ist Voraussetzung für die Begnadigung.

3. Gretchens Liebesopfer: Gretchen hat mit Mut und vollem Bewußtsein aus Liebe zu Faust, mit der Sicherheit des natürli-

chen Gefühls, die bestehenden Normen gebrochen; sie hat alles aus tiefer Liebe zu Faust getan: «Sonst hab' ich dir ja alles zu Lieb' getan.» (4578) Diese altruistische Hingabe ohne jede Eigenrücksicht macht ihre Errettung möglich.

4. Gretchens Bußfertigkeit: Gretchen könnte sich durch Flucht retten; sie erkennt aber, daß der Mann, dem sie folgen soll, ihr nur noch Mitleid, das aus seinem eigenen Schuldgefühl erwachsen ist, entgegenbringt. Da ihre Beziehung nicht mehr von gegenseitiger Liebe getragen ist, bewahrt sie sich selbst vor dem Verfall ihres Wesenskernes; sie bewahrt sich für die reine Liebe zu dem Mann, dem sie einst galt; damit ist sie nicht nur im Sinne Goethes moralisch gerettet, sondern auch auf transzendenter Ebene: «Gericht Gottes! dir hab' ich mich übergeben? – Stimme von oben: Ist gerettet!» (4605 + 4611)

## 5. Phase:
### Weiterwirkung des Rettungsgedankens

Auf einer letzten Abstraktionsstufe soll der Rettungsgedanke von Beginn des Dramas in einer Zusammenschau gesehen werden und mit seiner Konsequenz am Ende überdacht werden:
Wo beginnt der Rettungsgedanke im Drama? Hat Gretchens Rettung weiterführende Wirkung?
Zum erstenmal wird Faust sehr menschlich in einer psychisch schwierigen Situation nach der Erdgeistszene von Wagner erlöst; in der späteren Selbstmordszene retten ihn die im richtigen Moment einsetzenden Ostergesänge. Am Ende der Liebestragödie rettet die reine altruistische Liebe das Gretchen. Damit erreicht sie aber noch ein weiteres. Am Ende wird sie zur Gegenspielerin Mephistos: «Schick' ihn fort! / Was will der an dem heiligen Ort?» (4602/3) Sie ringt mit ihm um Faust: Mephisto schreit ihm zu: «Her zu

mir!» (4611) Gretchen aber ruft ihn zu sich; sie hat das letzte Wort: «Heinrich! Heinrich!» (4612) Deutet sich hier schon der Ausgang der Wette zwischen Mephisto und Faust an?

## 6. Phase:
### Gretchens Ende: Abschluß der Liebestragödie – nicht des Dramas

Mit einer Formfrage, die den abschließenden und fortführenden Charakter von «Faust I» aufzeigen helfen soll, endet die III. Sequenz:
Ist der Abschluß der Gretchentragödie auch das Ende des Dramas?
Fausts Erkalten in der Liebe zu Gretchen zeigt: Gretchen ist für ihn nur eine Episode auf seinem Weg, der bestimmt wird von seinem Erkenntnistrieb und seinem Drang nach Lebensgenuß. Die Gretchenhandlung, die in sich ein abgeschlossenes Drama ist, bildet aufs ganze gesehen nur den Einstieg in Fausts spätere Verwicklungen und sein erstes Schuldigwerden. So gesehen nimmt nach dem erregenden Moment der Wette im Prolog mit seiner Vervollkommnung im Vertrag von Faust und Mephisto als Exposition (oder quasi als erster Akt des Gesamtdramas) die Gretchentragödie die Position eines zweiten Aktes (die Schürzung des Knotens) ein: Faust gerät in Verwicklungen mit der kleinen Welt und wird in ihr schuldig. In einer Gesamtgraphik (siehe Stundenblatt) läßt sich das verdeutlichen.

## 7. Phase:
### Der Wechsel in der Sprachform: Vers- und Sprachgestaltung der Schlußszenen

In einer lehrergelenkten Betrachtung der Sprachform wird der besonders geglückte Wechsel von Prosa und verschiedenen Versgestaltungen herausgearbeitet:
Als einzige Szene erscheint «Trüber Tag.

Feld» in Prosa-Sprache. Die Szene wird bestimmt von innerer Zerrissenheit. Diese läßt sich metrisch nicht mehr fassen: in unruhigem Rhythmus, geradezu in einem «Zickzacklauf der Sprache» (Erich Trunz) äußert sich hier Fausts Entsetzen über Gretchens hilflose Lage im Kerker; jede Mäßigung in Versform wird unmöglich. Ebenso paßt für das nüchterne, unverbrämte Feststellen des Ist-Zustandes von Gretchen und Faust nur die schmucklose Sprache Mephistos.

Auf einer ganz anderen Ebene spielt sich das Sprechen Gretchens im Kerker ab: ihr Zustand äußert sich nur noch in Symbolen, die ihre Bezugspunkte in der Märchenwelt und im schicksalhaften Volkslied haben: Sie spricht in volksliedhaftem Ton mit kurzen zweigipfligen Versen, die sich zunehmend auflösen in der Rhythmik, um wieder sprunghaft zu Kurzversen zu werden: besser ließe sich sprachlich der Zustand von Gretchens seelischer Verwirrung und Auflösung nicht darstellen: das reicht von «Meine Mutter, die Hur» (4412) über «Sie singen auf mich! Es ist bös von den Leuten!» (4448) bis zum Schlußgebet «Dein bin ich, Vater! Rette mich!» (4607)

## Exkurs:
## Schauspiel und Film als Interpretationsformen

*Die Aufführung des Weimarer Nationaltheaters*

Das Erlebnis einer Aufführung des Dramas sollte die Behandlung von «Faust I» abschließen. Einmal könnte damit nach der analytischen Betrachtungsweise im Detail eine *Gesamtschau* des ersten Teiles erreicht werden; zum anderen vermittelt jede Aufführung eine eigene *Interpreta-*

*tionssicht*; sie könnte somit die spezifische, im Klassenzimmer erarbeitete Schau des Werkes sinnvoll erweitern oder vertiefen. Dafür eignet sich der Besuch einer Theateraufführung – wenn der Glücksfall des Theaterprogramms gerade in der Zeit der Behandlung des «Faust» einen Theaterbesuch möglich macht – mit einem anschließenden Gespräch im Unterricht, ähnlich dem vorliegenden Modell. Alternativ empfiehlt sich der Besuch des Gründgens-Filmes, der auf Wunsch von Schülerklassen immer wieder von Kinobesitzern in fast allen Städten vorgeführt wird. Besonders günstig wäre der Einsatz eines Videofilmes von «Faust I»; Videobänder sind heute leicht zugänglich und können zeitlich unabhängig an der günstigsten Stelle im Unterrichtsplan eingebracht werden. In unserem Fall ist die Verfilmung der DDR-Aufführung des Deutschen Nationaltheaters in Weimar gewählt worden, da sie ein interessantes Beispiel für die marxistische Rezeption liefert, die in der Oberstufe keineswegs unerwähnt bleiben darf, da sie zum Wissen über die Möglichkeiten des Faustverständnisses gehört und eine wichtige Interpretationsdimension eröffnet.

*1. Phase:*
*Die Entwicklung der Aufführungsformen des «Faust»*

In einem einführenden kurzen Lehrerreferat werden einige Fakten zur Aufführungsgeschichte* von «Faust» eingebracht. Obwohl Goethe seit 1810 selbst Anstrengungen unternommen hat, «Faust I» mit «einiger Musik» auf die Bühne zu bringen, gebührt dem polnischen Fürsten Radziwill das Verdienst, die erste Auffüh-

---

* Max von Boehm, Faust und die Kunst, in: Goethe «Faust», Hundertjahrsausgabe, Berlin 1938

82

rung von «Faust I» 1820 – allerdings nur für ein erlesenes Publikum in privatem Kreis auf Schloß Monbijou – in Berlin zustandegebracht zu haben. Der damals berühmte, aus Weimar kommende Schauspieler Pius Alexander Wolff spielte den Faust; er hatte schon in Weimar mit Goethe an der Vorbereitung einer Bühnenaufführung gearbeitet; die Schauspielerin Clara Stich spielte das Gretchen; und Prinz Karl von Mecklenburg, eine persönlich höchst problematische Natur, soll den Mephisto glänzend dargestellt haben. Am 19. Januar 1829 ist Goethes Dichtung zum ersten Mal auf einer öffentlichen Bühne in Braunschweig in Szene gegangen. Danach erst folgte die Aufführung in Weimar anläßlich des 80. Geburtstages des Dichters. Goethe selbst studierte mit dem Schauspieler Laroche die Rolle des Mephisto ein, die er ironisch kavaliersmäßig gespielt haben wollte. Bei allen Aufführungen ging es nur um «Faust I». In Dresden wurde unter Gutzkow anläßlich des hundertsten Geburtstages von Goethe zum ersten Male der II. Teil partiell, und zwar die Helena-Geschichte, im Jahre 1849 aufgeführt. Es dauerte bis 1875, als Devrient in einer Pioniertat den Gesamtfaust in Weimar aufführte, und zwar brachte er 1875 Teil I und 1876 Teil II heraus. Damit brach die ganze Problematik der Spiel- und Aufführbarkeit des «Faust» von neuem auf. Der Film* bemächtigte sich schon in seinen Anfängen des Faustthemas (Frankreich 1897). Auf deutscher Seite ragen zwei Filmwerke hervor: einmal der frühere legendäre Stummfilm «Faust. Eine deutsche Volkssage» von Murnau (als Videokassette erhältlich) aus dem Jahre 1926 im expressionistischen Stil, allerdings in einer stofflich von Goethe sehr abweichenden, eigenwilligen Aufbereitung;

Murnau beschrieb es so: «Wir haben uns das alte Volksbuch vom Doktor Faust als Grundlage genommen und suchen aus der alten Sage und aus der Goetheschen Dichtung jene sagenhafte Gestalt des deutschen Mittelalters wieder auferstehen zu lassen.»

Die bisher bedeutendste Verfilmung des «Faust» stammt von Gustaf Gründgens aus dem Jahre 1960. Diese Filmversion lehnt sich eng an Goethes Text an.

Bühnenaufführungen und Verfilmungen werfen immer wieder das Problem auf, ob die beiden «Faust»-Teile – schon wegen ihrer Länge – eher ein *Lesedrama* als ein *Bühnendrama* seien. Goethe selbst mag dazu in einer Bemerkung an seinen Freund Knebel Anlaß gegeben haben: «Die rechte Art, ihm (dem Werk) beizukommen, es zu beschauen und zu genießen, ist die, welche Du erwählt hast: es nämlich in Gesellschaft mit einem Freunde zu betrachten...» Andererseits berichtet aber Eckermann eine Bemerkung Goethes zum II. Teil: «Alles ist sinnlich und wird auf dem Theater gedacht, jedem gut in die Augen fallen.»

*2. Phase:*
*Die Aufführung des Weimarer Nationaltheaters (als Videofilm)*

Der Vorzug dieser Aufführung – eine echte Theateraufzeichnung, die so gut wie keine Kürzungen aufweist – wird in der Schulrealität zum Problem: die mehr als dreistündige Aufführung läßt sich kaum in den normalen Unterricht einbauen. Es wäre jedoch möglich, wie bei einem Theater- oder Filmbesuch, die Aufführung am Abend in der Schule auf einem Videorekorder zu zeigen; das Videoband ist leicht erreichbar über Buchhandlungen mit Videoabteilungen (Toppic-Verlag Nr. 96701 und 96710).

---

* Ernest Prodolliet, Faust im Kino, Freiburg (Schweiz), 1978

Anhören und Betrachten der Video-Aufzeichnung*

Während des Zuschauens soll nun das Erlebnis der Aufführung im Mittelpunkt stehen; die analytische, intellektuelle unterrichtsmäßige Vorarbeit für das Verständnis der großen Dichtung kann nun die Aufführung für die Schüler zu einem Evidenzerlebnis werden lassen. Daher soll auch nur eine allgemeine Frage das Anschauen des Films begleiten: Wie sieht die Bühnengestaltung aus und wie die Personengestaltung?

Besprechung des Films:

Sie soll keineswegs nochmal die ganze Faustthematik rekapitulieren, sondern nur die spezifischen Akzente und die Interpretationsperspektive erarbeiten. Zunächst werden ganz spontane Eindrücke und Äußerungen gesammelt:

1. Wie sieht die Bühnengestaltung aus, welche Wirkung hat sie auf die Zuschauer?

Auffallend ist die stilisierte Bühne: ein schmuckloses Stahlgerüst mit rein funktionalen Aufgaben. Keine Dekoration lenkt vom Text selbst und der Darstellungsweise ab. Und doch stellt sich die Assoziation ein: dies ist nicht die gotische, mittelalterliche Welt; das ist unsere von der schmucklosen Technik beherrschte Welt. Nur wenige Requisiten, etwa ein Globus und ein Studierpult, deuten die Stube des Gelehrten an. Die dichte Atmosphäre, die sich sehr bald einstellt, wird allein durch das Wort heraufbeschworen. Die Phantasie des Zuschauers wird aktiviert; ohne Dekorationshinweis muß er sich z. B. das

___

\* In der Faust-Inszenierung des Deutschen Nationaltheaters der DDR in Weimar spielt Wolfgang Dehler den Faust und Fred Diesko den Mephisto. Die weiblichen Hauptrollen werden von Gudrun Volkmar als Gretchen und Linde Sommer als Marthe dargestellt.

Pentagramm, den Pudel oder den Erdgeist selbst vorstellen, der nur durch Lichtreflexe angedeutet wird.

2. Wie werden die Hauptcharaktere äußerlich gestaltet?

Am auffallendsten ist die Gretchenfigur in proletarischer Tendenz als Magd gestaltet; ihr Charme wirkt durch die bäuerliche Tracht und den Haarknoten – bei der sonst nüchternen Kulisse besonders auffällig – kantig; sie ist mit ihrem rechteckig wirkenden Gesicht und den leicht vorstehenden Zähnen absichtlich keine liebliche Schönheit. Die Akzentsetzung liegt auf den Textstellen: die Hand «ist so rauh? Was hab ich nicht schon alles schaffen müssen!»; dabei ist sie eine heitere Seele geblieben; ihr Lachen ist unkompliziert, glücklich und natürlich.

Faust tritt zuerst in der bäuerlichen Volkstracht auf. Er wirkt abgerissen, eher wie ein Handwerker; die äußere Erscheinung erinnert mehr an einen Proletarier als an einen Intellektuellen; sein Auftreten ist grob schwerfällig und kraftvoll bei seiner gedrungenen Statur. Er ist nicht von Verzweiflung gekennzeichnet; sein Selbstmordansinnen klingt eher wie das Wagnis eines kraftvollen Experimentators, der die Gottheit zwingen will. Die Schwierigkeit der Rollengestaltung des Faust zeigt sich auch hier nach der Verwandlung in der Hexenküche. In fast modischer, glatter Lederjacke mit kurzgeschnittener Frisur, jedoch mit der alten Körperfülle, wirkt Faust eher wie ein altgewordener Rocker: sicher ist die Anspielung auf den gewaltsamen, rücksichtslosen Mädchenverführer modernen Rockerzuschnitts gewollt.

Mephisto ist fast eine Imitation des Gründgens-Mephistos; das teuflisch Ironische ist stark ausgeprägt; bei ihm wird das aktive Element (z. B. ritzt er dem Faust die Ader auf und drängt ihm die Feder zur

Paktunterschrift auf) stark betont. Als Professor verkleidet zeigt er eine sadistische Freude an der Verführung, ja Verhöhnung des jungen Studenten. Als Junker (Vertreter des besitzenden Bürgertums) mit der Federkappe wirkt er hinterlistig und bösartig.

3. Zeigt die Theaterversion aus Weimar spezifische Tendenzen?

Erstmal ist eine erstaunliche Texttreue festzustellen, die auch keine verändernden Schnitte zuläßt (außer daß der Walpurgisnachtstraum ganz fehlt); das zeigt die Absicht an, eine möglichst werk- und textgetreue Aufführung vorzustellen.

Die Inszenierungstechnik zeigt jedoch eindeutig die Tendenz, die Gestalt Faust zeitlich und räumlich aus der spätmittelalterlichen oder Goetheschen Zeitgebundenheit herauszunehmen und sie für unsere moderne, durch Stahlkonstruktionen bestimmte Zeit zu verallgemeinern. So orientiert sich auch der Hexentanz der Walpurgisnacht an den modernen Tanzrhythmen und der Choreographie der Westside-Story.

Eine gesellschaftlich-ideologische Tendenz wird in der Personengestaltung erkennbar. Faust und Gretchen werden als proletarische Vertreter des Volkes dargestellt; Gretchen kommt aus dem arbeitenden Kleinbürgertum, und Faust wird als bäuerlicher Typ in seiner Volksverbundenheit, als Mann der Massen, besonders beim Osterspaziergang gezeigt; hier wird der Eindruck durch ein ausgesprochenes Massenaufgebot der Szene verstärkt. Das Gegenbild dazu ist der großbürgerliche Junker Mephisto.

Kirchenkritische Elemente werden optisch besonders herausgearbeitet: in der Dom-Szene wird der «Böse Geist» von den frömmelnden Kirchgängern, den Weibern mit heuchlerisch gefalteten Händen gesprochen; unter ihnen befindet sich

Marthe, die schon vorher eine nonnenartige Tracht getragen hat und dabei eine damenhaft gerissene Kupplerin darstellte. Schon als Valentin stirbt, beten dieselben Weiber fast gotteslästerlich geschäftig in einem Litaneiton das Vaterunser und Ave Maria – ohne daß es dafür im Goethetext einen Anhaltspunkt gäbe.

Der Schluß deutet einen Wechsel in der Führung des Duos Faust–Mephisto an: quasi im Nachspann faßt Faust kameradschaftlich den Mephisto an der Schulter, macht ihn mit dieser Geste zu seinem Genossen und nimmt ihn auf seinen Weg mit: damit wird die veränderte Situation und die Weiterführung im II. Teil angezeigt.

3. Phase:
*Die marxistische Perspektive in der Rezeptionsgeschichte*

Vom DDR-Faustfilm führt der Weg direkt zu der Frage, ob es denn zu verschiedenen Zeiten und in verschiedenen politischen Systemen auch eine unterschiedliche Rezeption* des Goethewerkes, ein unterschiedliches Verständnis des «Faust» gibt.

Zur Antwortfindung nutzen wir eine aktuelle Quelle: es ist Horst Hartmanns Buch «Faustgestalt – Faustsage – Faustdichtung» (s. S. 87–91) aus dem Jahre 1982, eine der neuesten Gesamtwürdigungen des «Faust» aus der DDR.

---

* Hans Schwerte, Faust und das Faustische, Stuttgart 1962
Dieses Werk enthält die Geschichte der Rezeption des Faust von der Zeit der historischen Gestalt bis zu Bearbeitungen der jüngsten Literatur, jedoch ohne die DDR-Rezeption.
Bei der Darstellung der Rezeption im Unterricht kann nur am Einzelfall das Exemplarische gezeigt werden.

Quellenanalyse in Gruppenarbeit
In drei Gruppen erarbeiten die Schüler die Texte mit Hilfe von Leitfragen:

1. Lassen sich besondere Sichtweisen beim Verständnis von Mephisto und vom Herrn erkennen? (54–58)
2. Was wird als Handlungsmotiv von Faust verstanden? (59–75)
3. In welchem gesellschaftlichen Bezug wird Gretchen gesehen? (78–89)

Ergebnisberichte der Gruppenarbeit
Zu den gestellten Fragen werden nun von einem Sprecher der jeweiligen Gruppe die Antworten als Ergebnisbericht vorgetragen:

1. In der Gestaltung Mephistos zeigt sich Goethes dialektisch strukturiertes Weltbild: Mephisto ist einer der Geister «die verneinen», aber genauso einer der «reizt» und «wirkt», also produktiv ist. In ihm wird das dialektische Prinzip des Vergehens und Werdens deutlich; er ist dem Naturgesetz unterstellt. Mephisto erhält bei dieser Sichtweise die Funktionen, den ausbeuterischen Menschen der feudalistischen Gesellschaft zu repräsentieren und damit in seiner Person zu brandmarken. Mephisto braucht gar keine übernatürlichen Kräfte; er verfügt über unbegrenzte Geldmittel (S. 74), mit denen er Faust zu seinen Zwecken gewinnen kann.
Das ist eine ausgesprochen parteilich marxistische Interpretation.
Der Herr paßt in Goethes pantheistisches Gottesbild, das den materialistischen Aspekt der Weltdeutung nicht leugnen kann: die Idee Gott löst sich in reale Einzelerscheinungen auf. Goethes Weltanschauung enthält materialistische und idealistische Elemente. Goethes Gott-Weltbild wird aus marxistischer Sicht in den «dialektischen Idealismus» eingebettet.

2. Faust steht als Individuum für die ganze Menschheit; das Hauptmotiv seines Handelns ist pädagogischer, altruistischer Art: die Menschen zu bessern und zu bekehren; «verändern» – und zwar die Menschen und ihre Umwelt – ist sein Losungswort; nur aus diesem Grunde ist er vom Wissensdrang – «was die Welt / Im Innersten zusammenhält» – beseelt. Dieses Ziel, den Erkenntnisgewinn den Menschen zu vermitteln, kann durch den Selbstmord nicht erreicht werden: daher muß der Selbstmord, der individuelles Erkenntnisstreben zum Ziel hatte, als unmoralisch abgelehnt werden. Faust erfährt seine Veränderung durch die Einbeziehung ins Volk.
Hier wird zweifellos eine Umpolung Fausts, zumindest eine starke Akzentverschiebung vorgenommen. Faust handelt – aus dieser Sicht – nicht vorrangig für seine Person in seinem Wissens- und Erkenntnistrieb; dieser Trieb ist nur Mittel zum Zweck, der die gesellschaftliche Veränderung zum Ziel seines Handelns hat. Das ist eindeutig das ideale marxistische Verständnis von der Bestimmung des Menschen.

3. Gretchen, die zur Schicht der Armen zählt, wird ein Opfer ihrer ökonomischen Situation; sie ist materiell verführbar. Im Verhältnis zu Faust zeigen sich soziale und ökonomische Gegensätze: die von der Bildung ausgeschlossene Kleinbürgerin steht gegen den Bildungsbürger, die Kleinstädterin gegen den Welterfahrenen, die Unbemittelte gegen den Vermögenden (mit Mephistos Hilfe).
An Gretchen wird im gesellschaftswissenschaftlichen Verständnis des Marxismus die soziale Rolle der Frau aus dem Kleinbürgertum gezeigt.

## 4. Phase:
### Das Faust-Verständnis in seiner gesellschaftlichen Abhängigkeit

Auf der Abstraktionsebene soll aus den Ergebnissen die Erkenntnis gewonnen werden, daß die literarische Wertung in einem Abhängigkeitsverhältnis zum Gesellschaftssystem steht; dazu soll die Leitfrage führen: Welche Abhängigkeit zeigt sich beim vorliegenden «Faust»-Verständnis zwischen Gesellschaftssystem und Literaturrezeption?

Faust und Gretchen werden als Handelnde der Gesellschaft gesehen: Faust in seinem positiven Bemühen, sein Wissen für die Veränderung der Gesellschaft einzusetzen, wird von Mephisto, dem Vertreter unbegrenzten Kapitals, seine Bahn geführt. Das sind Klassengegensätze. Gretchen ist in doppeltem Sinn Opfer dieser Gesellschaft: einmal steht sie als bildungsbenachteiligte Kleinbürgerin dem Bildungsbürger Faust chancenlos gegenüber, dann fällt sie als verarmte Kleinbürgerin den Verführungen der Vermögenden zum Opfer: ein Produkt der Gesellschaft. Das materialistische Weltbild wird in den Aussagen der Tragödie gesucht: übernatürliche Kräfte eines Mephisto sind überflüssig, da unbegrenzte materielle Mittel Wunder vollbringen können; der Herr paßt in das pantheistische Gottesbild, das seinen materialistischen Aspekt hat. Die Kirche erhält dabei in der Dom-Szene das Gesicht des Erschreckenden, und Goethe wird mit seinem Ausruf «Sie ist gerettet» zum Anwalt einer neuen Praxis der Justiz.

Das sind – wohl verstanden – alles Vorzüge des Werkes. Im marxistischen Verständnis wird so der «Faust» zu einem fortschrittlichen Werk, das seiner historischen Zeit weit vorgreift und maßgeblich mit seinem Menschen- und Gesellschaftsbild in unsere Zeit einwirkt. Man wird zugeben müssen, daß auch diese Sichtweise im Werk selbst Anhaltspunkte findet und daß der «Faust» eine gesellschaftsrelevante Interpretation zuläßt.

---

**Horst Hartmann:**
**Faustgestalt – Faustsage – Faustdichtung**

54 Mephistopheles (Mephisto) ist gemäß christlicher Tradition, die Goethe zur Vergegenständlichung seiner Aussage nutzt, ein Geist der Hölle und gehört somit zu den Gefährten Luzifers, die sich unter dessen Führung gegen Gott aufgelehnt haben und darum in die Finsternis verbannt worden sind. Er wird deshalb im «Prolog» auch ausdrücklich durch den Herrn von den «echten Göttersöhnen» (V. 344) abgehoben. Goethe bietet dieser Mythos Gelegenheit, seinem wesentlich dialektisch strukturierten Weltbild künstlerische Gestalt zu verleihen. Im «Prolog» wird Mephisto als einer von den Geistern charakterisiert, «die verneinen» und ihm wird durch den Herrn direkt die Funktion übertragen, den Menschen, der «sich bald die unbedingte Ruh» liebt (V. 341), zu immer neuer Tätigkeit voranzutreiben, und es ist wichtig für die Funktionsbestimmung Mephistos, daß er nicht nur als «Teufel» gedeutet wird, sondern daß Goethe auf ihn die Verben «reizen» und «wirken» anwenden läßt (vgl. V. 343), so die Produktivität des Bösen betonend.

55 So wird also deutlich, daß Mephisto im Bereich des natürlichen Lebens auf der Erde – später werden wir sehen, daß das nicht nur für die naturgebundene Sphäre gilt – die Negation, den Widerspruch verkörpert, daß dieser aber entgegen seinem erklärten Willen «das Gute schafft», also das Wirken der Naturgesetze im Sinne des dialektischen Prinzips von Werden und Vergehen nicht außer Kraft setzen kann.

56 Andererseits wird schon an dieser Stelle deutlich, daß die Aussagen des Höllengeistes partielle Wahrheiten enthalten. «Tierischer als jedes Tier zu sein» bedeutet doch – und wir beschränken uns hier nur auf wenige Aspekte –, eben auch zu töten, wenn keine Selbsterhaltungs- und Verteidigungsnotwendigkeit besteht, oder andere Menschen auszubeuten und zu unterdrücken, alles Erscheinungsformen, die zum alltäglichen Leben der feudalistischen Gesellschaft wie auch jeder anderen Gesellschaftsformation mit antagonistischen Klassen gehören und Mephistos Charakteristik des Mißbrauchs der menschlichen Venunft als berechtigt erscheinen lassen.

Der Herr, der selbst auf «Das Werdende, das ewig wirkt und lebt» (V. 346), hinweist, wird damit zu einer Verkörperung der alles bewegenden und bewirkenen Kraft der Naturgesetzmäßigkeiten und beweist so seine Nähe zu Goethes pantheistischem Gottesbild, das zwar das Moment des Geistprinzips nicht aufgibt, aber in der Gleichsetzung von Gott und Naturgesetzmäßigkeit – deus sive natura – den materialistischen Aspekt der Weltdeutung nicht leugnen kann. Trotzdem muß einschränkend vermerkt werden, daß dieser materialistische Aspekt für Goethe ähnlich wie für Hegel nur ein Element seiner Weltanschauung ist. Das Allgemeine, das Gesetzmäßige ist eine am Anfang der Existenz stehende Zweckbestimmtheit und damit eine Idee, die sich freilich nach seiner Auffassung in die Einzelerscheinungen aufgelöst hat, in ihnen also wirksam wird. So mischen sich bei Goethe materialistische und idealistische Elemente zu einer Weltanschauung, die in der neuesten marxistischen Forschung als «dialektischer Idealismus» bezeichnet wird und als Spielart des objektiven Idealismus aufzufassen ist. Auch der Gedanke der Selbstzeugung an der Stelle, wo Mephisto im Zusammenhang mit seiner Selbstvorstellung sich als «Ein Teil der Finsternis, die sich das Licht gebar» (V. 1350), bezeichnet, schließt das Vorhandensein einer Uridee bei Goethe keinesfalls aus, so daß das Festhalten am pantheistischen Gottesbegriff auch hier eine atheistisch-materialistische Deutung ausschließt. Trotzdem müssen wir den Hinweis des Herrn, daß er Faust «bald in die Klarheit führen» werde (V. 309), so verstehen, daß dieser durch seine zunehmende Naturerkenntnis und Welterfahrung selbst zur «Klarheit» gelangen wird.

59 Es geht also am Beispiel Fausts um nichts anderes als um die Frage, ob der Mensch entwicklungsfähig und voller Schöpferkraft ist oder ob er sinnlos auf der Stelle tritt und sich ins Chaos zurückführen läßt. Ist dieser Streitfall um Sinn oder Un-Sinn menschlicher Existenz ein «Fall Faust», oder wird hier die Menschheit in die Schranken gerufen? Der Text, in dem Faust aufgerufen wird, als Mephisto von den Menschen, den armen redet und in dem der Herr immer nur vom Menschen spricht, wenn er den menschenfeindlichen Thesen des Höllengeistes seine unerschütterliche Überzeugung vom Wert des menschli-

chen Geschlechts entgegenstellt, nicht aber vom Individuum Faust, zeigt die Richtung. Der Streitfall wird am Individuum Faust ausgetragen, aber es ist der Streit um die Perspektive oder die Perspektivlosigkeit der Menschheit.

62 Das Ziel seines Lebens und Strebens ist, «Die Menschen zu bessern und zu bekehren» (V. 373), das heißt, sie und ihre Umwelt zu verändern, und für sich selbst einen Zustand zu beenden, den er mit den Worten charakterisiert: «Es möchte kein Hund so länger leben!» (V. 376) Um diese Aufgaben lösen zu können, muß er erkennen, «was die Welt / Im Innersten zusammenhält» (V. 382f.), also in deren Gesetzmäßigkeiten eindringen. Es ist wichtig, daß das Verhältnis dieser beiden Ziele zueinander richtig bestimmt wird. Faust möchte etwas Praktisches bewirken, indem er sich selbst und seine Mitmenschen verändert, und die Erkenntnis der Triebkräfte der Welt ist ihm dazu ein – freilich unerläßliches – Mittel zum Zweck.

64 Damit befindet sich Goethes Faust in Übereinstimmung mit der frühbürgerlichen Praxisauffassung, die mangels realer politischer Möglichkeiten den gesellschaftlichen Bereich zunächst ausgeklammert hat. Fausts rhetorischer Appell an sich selbst: «Flieh! Auf! Hinaus ins weite Land!» (V. 418) ist allerdings durchaus nicht gleich als tatsächlicher Aufbruch gemeint, sondern als rein geistige «Tat».

Zwar ist der geplante Freitod Fausts in keiner Weise ein Ausdruck resignativen Aufgebens, aber dieser Drang nach Erkenntnis im Jenseits bleibt ein prinzipiell falscher Weg. Das gilt einmal, weil er selbst dann, wenn sich seine Hoffnungen erfüllen sollten, sein Ziel, «die Menschen zu bessern und zu bekehren», nicht realisieren könnte, weil er die gewonnenen Erkenntnisse den Menschen nicht mehr zu ihrem Nutzen zu vermitteln vermag. Und das gilt zum anderen, weil er sich mit diesem Weg weiter denn je von der diesseitsbezogenen natürlichen und gesellschaftlichen Praxis entfernen würde. So wird gerade durch diesen Irrweg Fausts individuelles, von der Praxis wie von den Menschen isoliertes Erkenntnisstreben ad absurdum geführt.

68 Am Ostermorgen verläßt Faust nämlich tatsächlich seinen «Kerker» und tritt in eine konkret-sinnliche Beziehung zur Natur. Er beobachtet ihre Befreiung vom Winter und den Aufbruch der Menschen aus der Enge der mittelalterlichen Stadt[27], und in Wechselwirkung mit diesen Vorgängen vollzieht sich seine eigene Veränderung, die ihn zur Einbeziehung in das «Volk» führt: «Hier bin ich Mensch, hier darf ich's sein!» (V. 940) Auch hier zeigt sich wieder der prinzipielle Unterschied zwischen Faust und Wagner, der «ein Feind von allem Rohen» ist (V. 944) und von dem Gefühl der Selbstbefreiung nicht berührt wird. Freilich hält auch Fausts zeitweiliges Aufbruchsgefühl einer direkten Begegnung mit den Bauern nicht stand.

71 Sein «Gott, der (ihm) im Busen wohnt» (V. 1566), ist der unstillbare Drang nach Erkenntnis des Wesens der Erscheinungen als Voraussetzung für ihre Veränderung, und nur die Erfahrung seines langen Lebens, daß er mit diesem Streben «nach außen nichts bewegen» kann (V. 1569), führt ihn zu dem verzweifelten Resümee, daß ihm «das Dasein eine Last, / Der Tod erwünscht, das Leben (ihm) verhaßt» ist (V. 1570f.). Erinnern wir uns an Fausts Situation bis zu diesem Augenblick. Er hat Jahrzehnte wissenschaftlicher Arbeit hinter

sich, um erkennen zu müssen, daß sie ihn nicht einen Schritt auf dem Wege zur Verwirklichung seiner Ziele, seine eigene Existenz, die Menschen und ihre Welt zu verändern, vorangebracht hat.

74 Aber schon zu einem früheren Zeitpunkt, bei der Disputation zwischen beiden Partnern, hat Goethe ihn den sehr realen Hintergrund seiner «übernatürlichen» Kräfte enthüllen lassen, als er Faust die alles ermöglichende und alle Werte verkehrende Macht des Geldes in einer Weise erläutert hat (vgl. V. 1816 ff.), die Karl Marx in seinen «Ökonomisch-philosophischen Manuskripten» veranlaßt hat, an dieser Textstelle den Schein eines allmächtigen Zaubers, hervorgerufen durch die Macht des Geldes, zu demonstrieren. Mephisto – so darf man seine Zauberkräfte auch verstehen – verfügt also über unbegrenzte Geldmittel, und auch dadurch ist er Faust haushoch überlegen, der zeit seines Lebens «weder Gut noch Geld» (V. 374) erlangen konnte. Es bedarf also nicht einmal teuflischer Zauberkräfte, um Faust zunächst ins Schlepptau nehmen zu können, obgleich die Grenzen zwischen den übernatürlichen Möglichkeiten des Höllengeistes und den realen materiellen Mitteln des Junkers vom Dichter bewußt fließend gehalten werden.

75 Trotzdem ist der handfeste ökonomische Hebel Mephistos bei dessen Handlungen immer mitzudenken, wird doch die Gestalt mit ihren Möglichkeiten – wir wir später noch sehen werden – von Goethe auch dazu benutzt, um die zerstörende und gesellschaftsverändernde Kraft des Kapitals im Hinblick auf die Feudalordnung zu versinnbildlichen.

78 Der Ablauf der Gretchenhandlung entspricht der zeitlichen Abfolge in den Beziehungen zwischen Faust und Margarete.
Aber sobald er nur in ihren «Dunstkreis» (V. 2671) tritt, vollzieht sich eine qualitative Wandlung seiner Haltung zu wirklicher, Achtung und Verantwortungsgefühl für den anderen einschließender Liebe, was ihn freilich nicht hindert, mit Hilfe der unbegrenzten ökonomischen Mittel seines Begleiters Geschenke zu machen, deren Wert eindeutig die Funktion ausweist, das Mädchen durch materielle Verlockungen zu verführen. Und da sie als Tochter aus kleinbürgerlichem Milieu durchaus zu den Armen (vgl. V. 2805) zu zählen ist, gelingt der Einbruch in ihre moralische Integrität auch in gewissem Grade.

79 Andererseits wird aber schon auf dieser Stufe der Abstand zwischen den beiden Partnern deutlich. Er ist einerseits sozialer Art, freilich nicht im Sinne eines Klassenkonfliktes, wie er vielfach in Dichtungen der zweiten Hälfte des 18. Jahrhunderts gestaltet worden ist. Es ist vielmehr der soziale Unterschied zwischen der Kleinbürgerin und dem Bildungsbürger, der allerdings jetzt durch das Bündnis mit Mephisto auch über unbegrenzte Mittel verfügt. Dieser Abstand ist aber nicht in erster Linie ökonomischer Art, sondern ergibt sich aus dem unterschiedlichen Wissen und der unterschiedlichen Welterfahrung. Was Margarete über ihre Jugend und Familie zu sagen weiß (vgl. V. 3109 ff.) zeigt, daß sie aus dem engen Kreis des Elternhauses und der Stadt bisher nicht herausgekommen und daß sie zudem über keinerlei Ausbildung, und das bedeutet hier besonders auch: über keinerlei geistige Bildung, verfügt. Das entspricht vollauf der gesellschaftlichen Praxis auch noch des ausgehenden 18.

Jahrhunderts, die für Mädchen aus dem Volk, einschließlich des Kleinbürgertums, keine schulische Ausbildung vorgesehen hat. Ihre «Herzensbildung», die sie zweifellos über viele «Damen von Stand» deutlich erhebt und die die Grundlage der weiteren Vertiefung ihrer Liebesbeziehungen zu Faust darstellt, kann den geistigen Abstand nur zeitweise überspielen.

81 Es geht damit um ein objektives, historisch bedingtes Problem, das in ähnlicher Weise im 18. Jahrhundert die Beziehungen zwischen männlichen Intellektuellen und ungebildeten Mädchen aus den unteren Schichten des Volkes überhaupt belastet hat. Beim jungen Goethe stellt es sich erstmalig bei seiner Liebe zu Katharina Schönkopf, der Gastwirtstochter aus seiner Leipziger Studienzeit.

84 Auf Grund ihrer sozialen Herkunft und ihrer Stellung als Frau ist die Geistesbildung des Mädchens so unentwickelt, daß für sie die Lehren des Christentums absolut gültig sind und daß sie den Anspruch ihrer katholischen Kirche, die alleinseligmachende zu sein, voll akzeptiert. Deshalb sind auch Fausts Bemühungen, trotz ihrer unterschiedlichen ideologischen Positionen wenigstens sprachlich eine Annäherung zu erreichen, letztlich vergeblich und scheitern an Margaretes unerbittlichem Urteil ...

86 In der «Dom»-Szene aber wird die christliche Kirche als unerbittlich und ihr Gott als unbarmherziger Gott der Rache dargestellt; eine scharfe Kritik Goethes. Der «Böse Geist», die Verkörperung des schlechten Gewissens, rechnet Gretchen ihre wachsende Schuld auf: die Mutter ist von dem Schlaftrunk, den sie ihr von Faust gegeben hat, nicht mehr erwacht; der Bruder ist ihretwegen ermordet worden; sie selbst fühlt sich schwanger von der Liebesnacht mit Faust (vgl. V. 3785 ff.). In dieser Situation erhält der Gedanke an das Jüngste Gericht (vgl. V. 3800 ff.) etwas Erschreckendes, und die Wirkung der düster-erhabenen Sequenz des Requiems, das im «Urfaust» zudem noch als Totenmesse für die verstorbene Mutter ausgewiesen ist, tut ein übriges: Gretchen bricht unter der Last der Anklage und der Drohungen zusammen (vgl. V. 3834).

89 Goethes Gegenmeinung, von der «Stimme von oben» ausgesprochen, «Ist gerettet!» (V. 4611), ist Ausdruck seines Protestes gegen die Praxis der Justiz, gegen Kindesmörderinnen die Todesstrafe zu verhängen. Die Basis dieses Protestes ist seine Einsicht, die er in der «Faust»-Dichtung auch andeutungsweise gestaltet, daß die Gesellschaft, die ein Mädchen zu einem solchen Verbrechen treibt, weit schuldiger ist als die Täterin selbst.

Aus: Horst Hartmann, Faustgestalt – Faustsage – Faustdichtung
Verlag Volk und Wissen, Berlin 1982 S. 54–89

## IV. Sequenz:
## Fausts Einführung in den Bereich der gesellschaftlichen Macht

*Fausts neues Erkenntnisbewußtsein und Platons Ideen*
*Verführungsversuch durch neue ökonomische Macht*
*Erweckung Helenas und das «Reich der Mütter»*
*Beginn der Helena-Tragödie / Künstlertragödie*

*Methodisch-didaktische Vorbemerkung zu «Faust II»*

Vor dem Einstieg in «Faust II» braucht der Schüler eine besondere Einführung: beim zweiten Teil gilt für den Schüler in erhöhtem Maße das Überwinden der Schwellenangst. Die Schüler müssen behutsam in die veränderte Welt des Spätwerkes eingeführt werden. Daher sollte auf keinen Fall das Lesen des I. Aktes von «Faust II» als Hausaufgabenvorbereitung aufgegeben werden; bei einer Anhäufung von Unverstandenem könnte der Zugang von vornherein blockiert werden. Methodisch muß der Einstieg in «Faust II» davon bestimmt sein, an Bekanntem anzuknüpfen, etwa an den Vorgaben des Volksbuches und den daraus entstehenden Erwartungen für den weiteren Verlauf der Faustgeschichte. Es sollte der reine Erzählstrang mit den inhaltlichen Fakten vor dem Einstieg in «Faust II» für den Schüler im Umriß dastehen; die Inhaltslinie sollte als roter Faden durch die Fülle der Symbolik und des miteingebrachten Kulturgutes als Orientierung dienen. Auch bei der Behandlung von «Faust II» werden die Bildwerke, die Goethe nach-

weislich inspiriert haben, dem Schüler im Materialienheft zugänglich gemacht. Das Bildmaterial bietet dem Schüler eine notwendige Erklärungshilfe für die in den Text eingeflossenen Ideen.

*Gliederungsprinzip*

Da der I. Akt einen Schwerpunkt in der Behandlung von «Faust II» bilden soll, werden in dieser Sequenz drei Stundeneinheiten für ihn vorgesehen. Die erste Einheit wird sich mit der Einleitungsszene beschäftigen, die ihre besondere formale Gewichtigkeit als Naht- und Übergangsstelle vom I. zum II. Teil hat; an diesem Neueinsatz soll Fausts verändertes erkenntnistheoretisches Verhalten nach dem Vorbild der antiken Denkweise Platons erarbeitet werden. Die zweite und dritte Einheit behandelt jeweils eine Dreiergruppe von Szenen (4728–6172 und 6173–6565), die in sich eine thematische Einheit bilden und nach der neuen Leerstellentechnik Goethes (die besonders zu erörtern sein wird) angeordnet sind. Beide Dreiergruppen enthalten die Versuchung Fausts durch jeweils eine andere Variante der Macht. Die zweite Einheit wird so das neue monetäre Wirtschaftssystem als erste Verführung Fausts durch die Macht zum Gegenstand haben, die dritte Einheit thematisiert das Helena-Geschehen mit dem Verführungsversuch im ästhetischen Bereich.

## 12. Stundeneinheit:
## Fausts neues Erkenntnisbewußtsein und Platons Ideen

*Grundsätzliche Unterschiede zwischen I. und II. Teil*

Zur besseren Orientierung für den ganzen II. Teil sollte ein inhaltlicher Überblick aufgebaut werden, der an Bekanntem anknüpft. Goethes eigene Inhaltsangaben in den Paralipomena zeigen übrigens, daß eine inhaltliche Vorinformation vor dem Kennenlernen der dramatischen Gestaltung ganz im Sinne Goethes geschieht: «Dieses kurze Schema sollte freilich mit allen Vorteilen ... dem Publikum übergeben werden; wie es aber daliegt, diene es einstweilen, die Antezedenzien bekannt zu machen, welche ... genau bekannt und gründlich überdacht werden sollten.» (Paralipomenon 75)

*1. Phase:*
*Vorgaben zu Fausts Taten und Handlungen im II. Teil nach Pfitzers Faustbuch*

Aus der Beschäftigung mit dem Volksbuch in der I. Sequenz kennen die Schüler eine Reihe inhaltlicher Details, die nun im brain-storming einleitend rekapituliert werden, wobei gleichzeitig ein Spannungsbogen der Erwartung auf künftige Ereignisse im II. Teil aufgebaut wird. Ein kurzes Überlesen der Kapitelüberschriften der Quellenblätter (Mat. II.2) reicht zur Rückerinnerung.
Welche Ereignisse und Taten Fausts werden im Volksbuch noch erwähnt (über die in Teil I verarbeiteten hinaus)?
1. In Pfitzers Faustbuch kommt Kaiser Maximilian mit seiner ganzen Hofhaltung nach Innsbruck. Dort hält sich auch Faust auf, der wegen seiner Künste in der Gunst des Kaisers steht. Der Kaiser erbittet von Faust, den Geist Alexanders des Großen und seiner Gemahlin erscheinen zu lassen: Alexander tritt in würdigem Ansehen mit köstlichem Harnisch auf, seine Gemahlin präsentiert sich als eine über alle Maßen schöne Person (Kapitel II, 10).
2. Den jungen Schüler Christoff Wagner macht Faust zu seinem ganz persönlichen Vertrauten. Auch von einer großen Fastnachtsfeier mit den Studenten wird noch berichtet (Kapitel II, 4 und 20).

3. Mephostophiles verschafft dem Faust die schöne Helena als Beischläferin, sozusagen als Ersatz, da er das geliebte Dienstmädchen aus der Nachbarschaft laut Pakt nicht ehelichen darf. Diese Helena nimmt Fausts Herz und entzündet eine heftige Liebe in ihm. Sie wird von ihm schwanger und schenkt ihm einen Sohn, Justum Faustum geheißen. Nach Fausts Tod verschwinden beide (II, 22).
4. Nach 24 Jahren erscheint der Teufel und fordert Fausts Leib und Seele; Mephostophiles tröstet ihn, daß er als Verdammter sterben muß. Vorher aber lädt Faust noch einmal seine Studenten in ein Wirtshaus zum Abschied ein, wo ihn dann auch der Teufel holt (Kapitel III, 14 und 17).

*2. Phase:*
*Goethes Planübersicht zu «Faust II»*

Zur Vervollständigung der inhaltlichen Übersicht des II. Teiles nehmen wir Goethes eigene Planübersicht aus den Paralipomena. In drei Gruppen lassen wir die Schüler in kurzer Stillarbeit – aus Zeitgründen unabhängig – die Paralipomena 70 und 74 sowie 86 zusammen mit 105 (Mat. V.5) erarbeiten; die Arbeitsfrage lautet: Welche Ereignisse sieht Goethe für «Faust II» vor? Das spätere Abrufen der Ergebnisse dient der gegenseitigen Information der Gruppen und wird nach den Gesichtspunkten geordnet, welche inhaltlichen Schwerpunkte im II. Teil zu erwarten sind und ob wir schon etwas von Fausts Ende erfahren.
1. Faust erwacht nach einem Schlaf gereinigt von Sinnlichkeit und Leidenschaft; sein Handlungsmotiv bleibt: «nach dem Höchsten streben».
Mephisto führt Faust nach Augsburg zu Kaiser Maximilian. Faust gebietet nun Mephisto, wie er sich zu verhalten habe. Der Kaiser verlangt Erscheinungen: He-

lena und Paris werden von der Hofgesellschaft mit eifersüchtigen Kommentaren bedacht. Ein spielerischer Gestaltentausch Mephistos und Fausts zeigt sich.

Faust wird von der Sehnsucht nach dem Genuß der schönsten Güter getrieben, nun aber in höheren Regionen. Goethe will ein Zwischenspiel von Helena in den Gesamtverlauf «einpassen»; Faust begehrt den Besitz der schönen Helena von Griechenland. Goethe will aber noch nicht verraten, wie das geschieht.

Das fragmentarische Schema verrät, daß auch eine Begegnung in Wagners Laboratorium stattfindet, wo Fausts ehemaliger Schüler versucht, ein «chemisch Menschlein» hervorzubringen. Außerdem wird uns noch eine Walpurgisnacht angekündigt, diesmal im klassischen Sinne mit einer Menge antiker Ungeheuer und Mißgestalten.

In einem IV. Akt wird von Fausts Umwendung zum Besitz gesprochen, von einer möglichen großen Belehnung und einem Chor der Tat. Fausts Triumph wird im «Gewinn gegen das Meer» (105) angekündigt.

2. Die Angaben reichen alle nur von Akt I bis IV des zweiten Teiles; worüber wir noch nichts erfahren, ist der Schlußakt mit der Gestaltung des Endes von Faust. Das wollte Goethe als Geheimnis bis zu seinem Tode gewahrt wissen.

Insofern ist auch in den gegebenen Punkten der Inhaltsübersicht immer noch der Spannungsbogen auf den Schluß hin erhalten. Selbst die Daten in den Plänen lassen noch genügend Raum für Überraschungen und kreative Veränderungen im Schaffensprozeß.

*3. Phase:*
*Erwartete Unterschiede von Teil I und II*

Unverständnis für Literatur entsteht oft aus einer unerfüllten Erwartungshaltung;

das könnte beim Übergang von «Faust I» zu «Faust II» eklatant werden. Um dies zu vermeiden soll das Verständnis für die Andersartigkeit von «Faust II» vorbereitet werden; dies geschieht in zwei Schritten: einmal in einer Quellenauswertung und dann in einem brain-storming.

Die Quellenauswertung im Klassendialog fragt danach, wie Goethe in seinen Vorankündigungen und Schemata die Verschiedenartigkeit der Welten und der Person Faust angedeutet hat:

1. In der Pakt-Wette hatte Mephisto dem Faust versprochen: «Wir sehen die kleine, dann die große Welt» (2052); das deutet andere Bereiche des Erlebens für Faust im II. Teil an. Im Überblick über die ganze Dichtung (Paralipomenon 5) hatte Goethe die beiden Teile konfrontierend beschrieben: «Lebensgenuß der Person von außen gesucht: in der Dumpfheit der Leidenschaft: Erster Teil». Dagegen hatte er den nun zu erwartenden Teil II abgesetzt: «Tatengenuß nach außen und Genuß mit Bewußtsein, Schönheit: Zweiter Teil». Fast vorwurfsvoll spricht Goethe über seine Nachahmer, die nicht merken, daß im II. Teil eine andere Welt geboten wird: «. . . es müsse die Bearbeitung eines zweiten Teils sich notwendig aus der bisherigen kümmerlichen Sphäre ganz erheben und einen solchen Mann in höhere Regionen durch würdigere Verhältnisse durchführen» (Paralipomenon 74).

Faust wird nun «gereinigt» von der «vorhergehenden Abhängigkeit von Sinnlichkeit und Leidenschaft» auftreten (Paralipomenon 70). Im Verhältnis zu Mephisto hat sich etwas geändert: Es heißt (in Paralipomenon 70): «Mephisto gibt nach», die Dominanz Fausts wird spürbar.

2. brain-storming
Wie sieht die persönliche und zeitgeschichtliche Entwicklung zwischen Teil I und Teil II aus?

Veränderungen in «Faust II» sind durch den Einfluß der menschlichen Entwicklung Goethes und seines zunehmenden Bildungsstandes in der langen Entstehungszeit des Werkes zu erwarten; der Prozeß deckt zeitlich zwei Generationen ab. Als Goethe die ersten Szenen des «Faust» niederschrieb (vor 1775), war er ein aufbrausender junger Mann mit kaum 25 Jahren; mehr als eine Generation später, als reifer Mann, konzipiert er den II. Teil (1816), und wiederum fast eine Generation später, dem Tod entgegengehend, vollendet und versiegelt er das Werk (1831).

In dieser Zeit haben sich die Stilrichtungen grundlegend gewandelt: Goethe beginnt mit dem «Faust» in der Sturm-und-Drang-Periode, die Hauptschaffenszeit fällt in die klassizistische Epoche, und das Ende wird in der Zeit der Romantik geschrieben. In dieser großen Zeitspanne von drei Stilepochen ändern sich die Aussageweisen, die poetischen Bilder, aber auch die philosophischen Anschauungen. Auch die politische Welt hat sich verändert; die Französische Revolution und die Unabhängigkeitserklärung der USA hatten die junge Goethe-Generation aufgeweckt; die Napoleonischen Feldzüge bewegten danach ganz Europa, und schließlich mündete die geschichtliche Bewegung in der Restauration. Gleichzeitig entwickeln sich Wirtschaft und Industrie rasant zu Goethes Lebzeiten: das erste Maschinenzeitalter bricht an.

## 4. Phase:
### Das veränderte Erkenntnisbewußtsein Fausts

Als akustischer Aufhänger wird die Gründgens-Schallplatte verwendet: der Schüler lernt den Text «Anmutige Gegend» in einer vollendet gesprochenen Form kennen. In drei Schritten wird die Szene erarbeitet: Zunächst wird nach der Funktion der Szene gefragt; anschließend wird dieser Beginn mit dem Einstieg Fausts im I. Teil verglichen; später wird die Aussage über das Erkenntnisproblem mit Quellenblättern (Mat. IV.1) vertieft.

### 1. Die Funktion der Szene «Anmutige Gegend»

In welchem Zustand haben wir Faust am Ende von Teil I erlebt? – Was geschieht psychologisch mit Faust in der Eröffnungsszene von Teil II und warum? Faust ist am Ende der Gretchentragödie innerlich zerrüttet und von Schuldgefühlen gequält: «Oh wär ich nie geboren!» (4596) Ein Weiterleben ist für ihn nur in einer psychisch veränderten Situation möglich. Wie schon früher nach existentiell erschütternden Ereignissen (Selbstmordversuch – Osterspaziergang; Liebesschwur – Wald und Höhle) führt sein Weg in die Natur: nach der Gretchenkatastrophe finden wir Faust in einer «anmutigen Gegend» wieder. Hier erfährt er einen Heilschlaf. Er muß das Grausame des Erlebten vergessen; er hat die Katastrophe innerlich zu verkraften, damit er frei wird für das Vorwärtsschreiten, der seelische Druck muß von ihm genommen werden; im Schlaf badet er «im Tau aus Lethes Flut» (4629). Fausts neuer Lebensweg beginnt geradezu mit einem Gnadenakt des Vergessens: der menschenfreundliche Luftgeist (aus Shakespeares «Sturm» entliehen) und kleine Elfen besänftigen sein Herz, reinigen es «von erlebtem Graus» (4625). An Swedenborgs Einfluß auf Goethe, der an den realen Zugang der Geister für den Menschen glaubt, sollte noch einmal zurückverwiesen werden. Der Lehrer sollte noch Goethes Erklärung an Eckermann (Mai 1827) hinzufügen: «Wenn man bedenkt, welche Gräuel beim Schluß des ersten Akts (= Teils) auf Gretchen einstürmen und rückwärts Fausts ganze Seele erschüttern mußten, so konnt' ich mir nicht anders helfen, als den Helden, wie ich's getan, zu paralysieren und als vernichtet zu betrachten, und aus solchem scheinbaren Tode ein neues Leben anzuzünden. Ich mußte hierbei eine Zuflucht zu wohltätigen mächtigen Geistern nehmen, wie sie uns in der Gestalt und im Wesen von Elfen überliefert sind. Es ist alles Mitleid und das tiefste Erbarmen. Da wird kein Gericht gehalten und da ist keine Frage, ob er es verdient oder nicht verdient habe, wie es etwa von Menschen-Richtern geschehen könnte.» Damit ist das Thema der rettenden Gnade von Anfang an im II. Teil angeschlagen.

## 2. Vergleich der Eingangsszenen von «Faust I» und «Faust II»

Methodisch wird beim Vergleich an Bekanntem angeknüpft und auf diesem Hintergrund das Neuartige der veränderten Sichtweise Fausts transparent gemacht. Die Interpretation läuft in drei Etappen ab: Verglichen werden soll zu Beginn einfach nur die jeweilige Ausgangssituation Fausts, wie die räumliche Umgebung, die Begleitumstände und Fausts Handlungsmotive. Dabei sollen gleiche oder ähnliche Details in ihrer Veränderung wahrgenommen werden. Die neue Erkenntnissicht Goethes (= Fausts) soll dann in einem zweiten Schritt mit einer Quelle aus Platons philosophischem Werk (Mat. IV.1) unterbaut werden. Vertiefend kann dann schließlich auf dieser Basis die Eingangsstelle des II. Teiles («Anmutige Gegend») weiterinterpretiert werden.

Zu Beginn von Teil I erleben wir Faust in einer verzweifelten Lage in der Enge des Studierzimmers, aus dem er sich heraussehnt. Er möchte auf Bergeshöhen im Lichte des Mondscheins «in deinem Tau gesund mich baden» (397). Im II. Teil befindet sich Faust nach einer verzweifelten Situation in einer «anmutigen Ge-

gend»; die Elfen «baden ihn im Tau aus Lethes Flut» (4629).

Im I. Teil ruft Faust in seiner Verzweiflung den Erdgeist zu Hilfe. Der «Geist erscheint in der Flamme» (481 f.), doch Faust muß bei seinem direkten Anblick sagen: «Weh! ich ertrag' dich nicht!» (485) Diese Erkenntnis mündet in eine trotzige Reaktion Fausts: «Soll ich dir, Flammenbildung weichen? / Ich bin's, bin Faust, bin deinesgleichen.» (499/500) Auch zu Beginn von Teil II gibt es eine Flammenerscheinung: «Ungeheures Getöse verkündet das Herannahen der Sonne» (4665 f.); doch nun kann Faust das Licht ertragen, denn er hat eine andere Position eingenommen, die – gereift durch Erfahrung und Alter – auch eine andere Sehweise und damit andere Erkenntnisse ermöglicht: «So bleibt denn die Sonne mir im Rücken», denn auch «Am farbigen Abglanz haben wir das Leben» (4715/4727). Entscheidend ist in beiden Eingangsszenen für Fausts Handlung jeweils das Motiv des Erkennenwollens. Im I. Teil spricht Faust *vor* der Geistererscheinung und seinem trotzigen Aufbäumen gleichsam als Postulat seines Strebens den Satz: «Daß ich erkenne, was die Welt / im Innersten zusammenhält.» (382/3) Das gleiche Motiv spricht Faust auch in der Eingangsszene zum II. Teil aus, jedoch nun erst *nach* der Flammenerscheinung aus einer anderen Position heraus, und deshalb optimistisch: «Du, Erde . . . / Beginnest schon, mit Lust mich zu umgeben . . . / Zum höchsten Dasein immerfort zu streben.» (4680–4685) Trotz ähnlicher Elemente stellt sich der Beginn des II. Teiles gleichsam mit umgekehrten Vorzeichen vor oder – wie Goethe schon im Paralipomenon 74 ankündigte – wird Faust «aus der bisherigen kümmerlichen Sphäre» erhoben und in «würdigere Verhältnisse» geführt. Dies verdeutlicht der Lehrer in einem vorläufigen antithetischen Tafelanschrieb (s. Stundenblatt).

### 3. Platons Erkenntnistheorie – Goethes Erkenntnissicht

Mit Hilfe einer Quelle (Mat. IV.5 – Platons Höhlengleichnis) soll die Grundlage geschaffen werden für das Verstehen von Goethes neuer Erkenntnissicht. Nach einer kurzen Stillarbeitsphase liefern die Schüler die Beiträge zu der Frage: Welche Möglichkeit der wahren Erkenntnis der Dinge sieht Platon? Die Situation des Menschen auf der Erde wird mit der eines Gefangenen in einer Höhle verglichen. Hinter den Gefangenen brennt ein lichtspendendes Feuer; die Menschen haben ihren Blick immer zur Höhlenwand gerichtet. Zwischen Mensch und Feuer, also im Rücken der Menschen, aber vor dem Feuer, werden nun Gegenstände vorbeigetragen; ihre Schatten, die Abbildungen der Gegenstände oder Menschen, erscheinen nun auf der Felswand; da auch die Stimmen mit übertragen werden und sich mit den Bewegungen der Abbilder verbinden, glauben die Höhlenbewohner, diese Abbildungen könnten sprechen. Die Gefangenen halten nun das für das Wahre, was im Grunde nur die «Schatten jener Kunstwerke» sind. Wenn nun einer der Gefangenen herumgedreht würde, hätte er immer Schmerzen, gegen das Licht zu sehen, und könnte daher gar nicht die Dinge an sich erkennen, von denen er vorher die Schatten wahrnahm.

Das ist die erkenntnistheoretische Situation des Menschen nach Platon: der Mensch erkennt die wahren Ideen nicht, sondern nur ihre abbildhaften Erscheinungsformen.

Wie sieht nun Fausts erkenntnistheoretische Einsicht aus? Als Faust der aufgehenden Sonne entgegenblickt, muß er sofort erfahren: «leider schon geblendet, / Kehr' ich mich weg, von Augenschmerz durchdrungen.» (4702/3) «Ein Flammenübermaß, wir stehn betroffen» (4709), «So daß wir wieder nach der Erde blicken» (4713). Daraus folgert Faust: so ist es mit jedem Wunsch nach Erkenntnis. Daraus zieht er die Konsequenz: «So bleibe denn die Sonne mir im Rücken!», denn auch «Am farbigen Abglanz haben wir das Leben» (4715/4727). Diese Sichtweise bestärkend kann der Lehrer noch aus Goethes Gedicht «Prooemion» zitieren: «Und deines Geistes höchster Feuerflug / Hat schon am Gleichnis, hat am Bild genug». Schon im Jahre 1825 finden wir in dem Aufsatz «Versuch einer Witterungslehre» die Erkenntnis: «Das Wahre, mit dem Göttlichen identisch, läßt sich niemals von uns direkt erkennen: wir schauen es nur im Abglanz, im Beispiel, Symbol, in einzelnen und verwandten Erscheinungen: wir werden es gewahr als unbegreifliches Leben und können dem Wunsch nicht entsagen, es dennoch zu begreifen.» Das ist exakt die erkenntnistheoretische Position Platons nach dem Höhlengleichnis. Faust ist reifer geworden; er begehrt nicht mehr trotzig auf wie bei der Blendung durch den Erdgeist im I. Teil; in einer neuen Erkenntnisstufe beschränkt er sich weise und wendet sich nun der Erde zu, wo er den Abglanz der Sonne erkennen kann. Abstraktionsebene: Was bedeutet das für das Erkennen der Wahrheit? Ein Erkennen der absoluten Wahrheit ist für den Menschen nicht möglich; aber die Erscheinungsformen verweisen auf diese Wahrheit. Damit wird der relative Wert der Erkenntnis sichtbar. Und dennoch – so formuliert Goethe das Verlangen des Menschen – «können wir dem Wunsch nicht entsagen, es dennoch zu begreifen» (Witterungslehre). Hier zeigt sich die Grundposition des Naturwissenschaftlers Goethe in der Erkenntnisfrage und sein ethisches ‹Dennoch-Verhalten›. Anders jedoch als im I. Teil begehrt er nicht mehr, Gott gleich zu sein. Er nimmt das menschliche Los auf sich. «Er anerkennt die Endlichkeit, die menschenmögliche

Erkenntnis, die nur im Spiegel des Vergänglichen Ewiges anzuschauen vermag. Damit ist er verwandelt, gereinigt.» (Emil Staiger) Faust hat eine neue Weltsicht, erfahren durch die heilenden Kräfte der organischen Natur (vgl. Goethes Naturbild).

*5. Phase:*
*Bildersprache und Versgestaltung*
*(Vers 4679 ff.)*

Der Beginn des II. Teiles ist günstig, die nun ganz andere Sprache und Sprechweise Goethes die Schüler erleben zu lassen. Wir führen den Schüler – mit Hilfe der Schallplatte – zu einem der großartigsten symbolischen Bilder der gesamten Dichtung Goethes: Faust erwartet den Aufgang der Sonne. Sie läßt ihn in leuchtenden Farben die ganze Landschaft um ihn her als Sinnbild des Unendlichen erleben: «Am farbigen Abglanz haben wir das Leben» (4727). Elemente dieser Bildersprache sind einmal der Regenbogen («wie herrlich ... wölbt sich des bunten Bogens Wechseldauer» [4721/2]) und eine Fülle von Farben: «Auch Farb' an Farbe klärt sich los vom Grunde» (4692); «Ätherische Dämmerung» (4680); «Dämmerschein» (4686). Ein dominantes Element ist das Licht: «Ein Flammenübermaß, wir stehn betroffen; / Des Lebens Fackel wollten wir entzünden, / Ein Feuermeer umschlingt uns, welch ein Feuer!» (4708–10) «Sie dürfen früh des ewigen Lichts genießen» (4697). Dazu gesellt sich die Klangmalerei: «Der Wassersturz, das Felsenriff durchbrausend / ... Von Sturz zu Sturzen wälzt er jetzt in tausend, / Dann abertausend Strömen sich ergießend» (4716–19). Das Tönen (»Der Wald ertönt von tausendstimmigem Leben» [4687]) erinnert wieder an den Sphärengesang des Prologs: «Die Sonne tönt nach alter Weise» (243). Bild- und Klangsymbole bilden hier eine Einheit und verdeutlichen Fausts Genesung in einer neuen Harmonie der Natur. Faust spricht in fünffüßigen gereimten Jamben; das Ebenmaß des fünffüßigen, würdigen, getragenen Blankverses wird hier noch durch den Endreim vervollkommnet, ja sogar zu einem Dreireim gesteigert. Diese Verskombinationen sind in ihrer Reimstellung *Terzinen*, die eine innere Bewegung im äußerlich gezähmten Ebenmaß bewirken: aba/bcb/cdc... Das ist die Versform der italienischen Klassik; sie steht im Gegensatz zu dem ungebändigten nordischen Knüttelvers am Beginn des I. Teiles – die seelische Lage Fausts ist durch die jeweilige Sprechform definiert.

## 13. Stundeneinheit: Fausts Einführung in den Bereich der gesellschaftlichen Macht

*Das neue monetäre Wirtschaftssystem*
*Die Leerstellentechnik als Gestaltungsprinzip*

Genau in dieser Situation, wo Faust sich mit neuer Sichtweise der Erde zuwendet, sieht Mephisto erneut seine Chance zu einer irdischen Verführung. Er kann ihm nicht mehr mit einem Abenteuer wie in Auerbachs Keller kommen, er muß ihn «in höhere Regionen durch würdigere Verhältnisse» führen; und gleichzeitig muß Mephisto es mit Fausts eigenem Schlüsselwort versuchen. Bei Mephistos erster Berührung mit Faust, als er ihn noch unbemerkt belauschte, hatte dieser als Höhepunkt seiner metaphysischen Überlegung das Bibelwort «Im Anfang war das Wort» durch den Begriff *Tat* ersetzt. Jetzt kommt Mephisto darauf zurück. Er führt Faust zur Tat; denn diese Einstellung

Fausts erkennt er als Angriffsfläche für seine Verführungen. Von jetzt an wird der Begriff «Tat» zum Leitwort durch den II. Teil. Mephisto muß Faust ins tätige Leben der höheren Regionen einführen; dafür wählt Mephisto gleich die höchste Möglichkeit, den Hof des Kaisers.

Die nächsten drei Szenen – Kaiserliche Pfalz, Mummenschanz, Lustgarten – bilden eine thematische Einheit (das neue monetäre Wirtschaftssystem) und sind der textliche Hintergrund dieser Stundeneinheit.

*1. Phase:*
*Der Zustand des Reiches als Voraussetzung für Fausts Tätigwerden*

1. Einführung durch den Lehrer
Ab jetzt beginnen die Schwierigkeiten schon beim Verständnis des fortlaufenden Inhaltsfadens; das liegt zum Teil an der besonderen Szenenkomposition, bei der Goethe drei Szenen nach einer ‹Leerstellentechnik›, einer Art Auslassungsprinzip, zusammenstellt. Da es didaktisch sinnvoll ist, die Beschaffenheit dieser Technik die Schüler am Ende der Szenenfolge, wo das Prinzip offenkundig wird, selbst entdecken zu lassen, beschränkt sich der Lehrer nur auf vorbereitende Angaben, um ein aufkommendes Unverständnis bewußt einzukalkulieren (und damit schon vieles von der Schwellenangst abzubauen), aber auch gleichzeitig neugierig zu machen, wie sich der Spannungsbogen am Ende löst. Folgende Angaben etwa genügen: Goethe faßt drei Szenen oder drei Ereignisse in einer besonderen Kompositionstechnik zusammen, bei der der Leser/Zuschauer erst am Ende den Zusammenhang erkennt, er wird in die Position des enträtselnden Mitdenkers gestellt. Die Technik soll am Ende selbst aufgespürt und ihr Reiz und die Funktion erörtert werden.

2. Akustischer Einstieg in «Kaiserliche Pfalz»
Die Schüler werden wiederum mit der Schallplatte in den Text eingeführt. Dabei werden sie zunehmend die Andersartigkeit der Sprache des II. Teiles aufnehmen. Schrittweise bereiten wir damit auch die Diskussion über die Fülle der sprachlichen Gestaltungsformen gegenüber dem I. Teil vor. Nach der Textrealisierung werden die Ergebnisse fragend entwickelt:
In welcher Rolle und wo finden wir Mephisto; was hat er vor?
Wir finden Mephisto am Hofe des Kaisers wieder, wo alles zu einer Staatsratssitzung zusammengekommen ist. Wir erleben nicht wie im Volksbuch Kaiser Maximilian, sondern ohne Namensnennung den Kaiser schlechthin. Mephisto ist in die Rolle des Hofnarren geschlüpft, dessen Position kurz vorher – man merkt, nicht ohne Mephistos Zutun – vakant geworden ist. Mit diesem Rollentausch beginnt ein verwirrendes Rollenspiel Mephistos; schon im I. Teil war aus dem Pudel der fahrende Scholast, dann der Junker und in der Schülerszene der gespielte Professor Faust geworden. Nun geht es auf anderer Ebene weiter, und wir werden Mühe haben, ihn jedesmal sofort in seiner neuen Maskerade zu erkennen. In seiner Rolle als Hofnarr hat er sich sofort mit seinem Rat unentbehrlich gemacht und wir merken, er bereitet nur das Feld vor, auch Faust in einer wichtigen Position an den Hof zu bekommen.
Wie sieht die Situation am Hofe und im Reich aus? Welche Rolle spielt der Kaiser?
In der Staatsratsszene berichten die vier wichtigsten Hofbeamten über die Situation: Der Kanzler klagt über den Verfall des Rechtes; die Richter sind zu bestechlichen Verbrechern geworden. Der Heermeister sieht die Schutzlosigkeit des Reiches, da das Heer wegen mangelnden Sol-

des außer Kontrolle geraten ist. Der Schatzmeister berichtet, daß das Reich seine Rechte an die kleinen Herren verloren hat, und schließlich klagt der Marschalk, daß die Hofhaltungskosten nur noch mit Schulden bestritten werden können. Das Fazit heißt: die feudale Naturalwirtschaft ist am Ende.

Der Kaiser ist in seiner Geisteshaltung rückständig «christlich»: nach seiner Meinung verderben Ketzer und Hexenmeister das Land. Naiv instinktiv (ähnlich wie Gretchen) spürt er die Gegenwart Satans. Ironischerweise weiß statt des Kaisers der Narr Rat. Anstelle der Naturalwirtschaft schlägt er eine moderne Finanzwirtschaft vor: zur Deckung der Währung dienen die Landesschätze (Gold in Bergadern, verstecktes Geld). Gleichzeitig aber treibt er zum *Tätigsein* an, zur Hebung der Schätze; Glück wird nur durch Verdienst erreicht (5061). Das ist just der Augenblick, in dem man «begabten Manns Natur- und Geisteskraft» braucht.

3. Lehreranmerkung zur Biographie* Goethes:

Goethe wird 1775 an den Hof des jungen Fürsten von Weimar, Karl August, gerufen, wo chronische Finanznot herrscht. Goethe entwickelt einen faustisch-phantastischen Plan. Im nahen Ilmenau gibt es ein altes stillgelegtes Silberbergwerk. Dieses will Goethe wieder in Gang setzen, um unendliche Schätze zu heben und die Finanznot des Landes zu beheben. Es wird Goethes größter praktischer Plan; mit höchster Begeisterung nimmt er viele Mühen auf sich; es wird sein erstes tätiges Eingreifen in die Landesgeschichte. Er wird Leiter einer Bergwerkskommission und Minister für den Bergbau. Er entwickelt sich zum Geologieexperten und kann

nach acht Jahren Arbeit den neuen Johannisschacht eröffnen. Leider kann wegen Wassereinbrüchen, ungenügender Gelder, mangelnder Fachkräfte und juristischer Streitigkeiten das Ilmenauer Bergwerk nicht am Leben erhalten werden.

*2. Phase:*
*Bildwerke als Vorbilder zur Mummenschanz*

Zur Szene mit der aufgezeigten Not im Reich und am Hof kommt nun das Kontrastprogramm: der Karnevalszug, der Mummenschanz. Da hier nicht nur im wörtlichen Sinne die Verkleidungen vorherrschen, sondern auch in übertragener Bedeutung die Aussagen als Allegorien verkleidet oder im mythologischen Gewande einhergehen, gilt es, vor der Lektüre des Textes Aufklärung durch Vorinformation zu schaffen. Dazu eignet sich hervorragend im Sinne der wechselseitigen Erhellung die Betrachtung der Bildwerke, die Goethe als Vorbild für seinen Karnevalszug dienten (Mat. III.4/6).

*1. Lehrereinleitung*

Nachweislich** verwendete Goethe für seinen Zug Mantegnas «Triumphzug des Julius Caesar» – dessen Holzschnitte Goethe selbst besaß und über den er 1823 eine Abhandlung geschrieben hatte*** – und Dürers «Triumphzug Kaiser Maximilians». Außerdem waren Goethe aus dem höfischen Leben in Weimar Maskenzüge vertraut, zu denen er wiederholt Texte

---

* Richard Friedenthal, Goethe, Frankfurt, 1978

** Willy P. Storck, Goethes Faust und die bildende Kunst, Leipzig, 1912
*** Es wäre auch eine reizvolle Aufgabe für ein Schülerreferat, die Bildwerke mit Goethes Betrachtung zu vergleichen und den Niederschlag im «Faust»-Text aufzusuchen.
J. W. Goethe, Julius Cäsars Triumphzug, in: «Kunst und Altertum», IV. D., 1823

schreiben und die er auch inszenieren mußte.

## 2. Optischer Einstieg – Bildbetrachtung

Aus Mantegnas Zyklus von neun Bildern werden zwei ausgewählt. Die Schüler teilen spontan ihre Beobachtungen mit:
Bei Bild VII fällt am rechten Bildrand eine gnomenhafte, mißgestaltete Figur auf, die eine Gruppe von leidenden Frauen und Kindern zu verspotten scheint; im Zentrum ziehen Mutter und Tochter, die sich suchend umschaut, die Blicke des Betrachters auf sich.
Das Schlußbild des Zyklus stellt einen Höhepunkt dar: majestätisch, mit einem Palmzweig in der Hand, sitzt der Herrscher auf einem Streitwagen, hinter ihm ein knabenhaftes Wesen in Mädchengewändern mit Flügeln, den Lorbeerkranz haltend.
Dieses Bild erinnert stark in Pose und Attributen an Dürers knabenhaften Wagenlenker des letzten Bildes seines Zyklus. Insgesamt fällt das gruppenhafte Auftreten und die Fülle an mitgeführten Gegenständen und Instrumenten auf.

## 3. Vergleich: Text – Bildwerke «Mummenschanzszene»

Nach der Anregung durch das Bildmaterial dürfte der sonst vielfach befremdende Text für die Schüler einige Erhellung erfahren. Die Schüler lesen nun vergleichend zu den Bildwerken Goethes Text in Stillarbeit, sammeln ihre Erkenntnisse und tragen sie dann vor. Arbeitsfrage ist dabei: Wie finden sich die Bildwerke in ihren Details im Text wieder? Der Lehrer führt dabei die Schüler.
a) Die Doppelzwerggestalt Zoilo-Thersites (hinter der sich Mephisto verbirgt), die sich «zum eklen Lumpen ballt» (5475), ist in den «mißgestalteten Narren und Possenreißern» des VII. Bildes zu sehen; Mutter und Tochter des gleichen Bildes finden sich in (5178ff.) wieder:

«Mädchen, als du kamst ans Licht, / Schmückt' ich dich im Häubchen; / Warst so lieblich von Gesicht / Und so zart am Leibchen. / ... Ach! Nun ist schon manches Jahr / ... Der Sponsierer bunte Schar / Schnell vorbeigezogen.»
Auf dem Prunkwagen scheint Plutus zu thronen, und auch seine Beziehung zum Knaben Wagenlenker wird deutlich; auf ihn scheinen die Verse geschrieben zu sein (5545ff.) «Und welch ein zierliches Gewand / Fließt dir von Schultern zu den Socken, / Mit Purpursaum und Glitzerstand! / Man könnte dich ein Mädchen schelten». Selbst die Details Palme und Lorbeer kehren im Text wieder (5617/20). Eine fast identische knabenhafte Figur mit gleichen Attributen sitzt auf dem Prunkwagen von Dürers «Triumphzug»; hier hat sie eindeutig die Funktion des Wagenlenkers; der vierspännige Wagen findet sich in (5511ff.) wieder: «Seht ihr's durch die Menge schweifen? / Vierbespannt ein prächtiger Wagen / Wird durch alles durchgetragen; / Doch er teilet nicht die Menge». Der Knabe Wagenlenker scheint zu rufen (5520): «Halt! / Rosse, hemmet eure Flügel, / Fühlet den gewohnten Zügel».
b) Beobachtungen zur «Mummenschanz»
Vom Bild-Text-Vergleich ausgehend lassen sich weitere Beobachtungen zur «Mummenschanz» durch die Schüler einbringen. Der Lehrer wird hierbei mit lenkenden Fragen weiterhelfen und auch interpretierend eingreifen. Interessieren wird dabei die Funktion des Herolds im Maskenzug, in welchen Masken Mephisto auftritt, um ein charakteristisches Phänomen der Gestalt besonders im II. Teil festzuhalten, dann die Frage nach den Bezügen zwischen Plutus und Knabe Wagenlenker und dem Tätigwerden Fausts sowie abschließend die Formfrage, wie der Maskenzug in den gesamten Handlungsablauf eingebunden wird.

Modern ausgedrückt übernimmt der Herold die Aufgabe des Conférenciers; er stellt mit seinen erklärenden Kommentaren zum Karnevalszug die Verbindung zwischen Bühnengeschehen und Publikum her. Dann ist er das verbindende Element zwischen den einzelnen, thematisch sehr verschiedenen Gruppen und übt gleichzeitig die Funktion des Ordners und des Unterhalters aus.

Der Verwandlungskünstler Mephisto ist in seinem Element: er erscheint in der Maske der beiden antiken Kritiker Zoilo-–Thersites, sozusagen als Kritiker in Potenz; hier kann er seine aus dem I. Teil bekannte Wesensart demonstrieren; er ist das zersetzende, zerstörende Element! «Wo was Rühmliches gelingt, / Es mich sogleich in Harnisch bringt... / Das Schiefe grad, das Grade schief, / ... So will ich's auf dem Erdenrund.» (5465–70) Er treibt sogleich sein Verwandlungswesen (hier erinnert er an die Pudelgestalt in Teil I): «Das bläht sich auf und platzt entzwei... / Die Otter und die Fledermaus» (5477–9). Dann erscheint er als der Abgemagerte in der Maske des Geizes: «Wir sollen seine Fratze scheun!» (5672); er zeigt die Gier nach Geld und wird so zum Objekt von Goethes Kritik. Mephisto zeigt sich also in den Masken als Störenfried und Ängstiger.

Faust tritt in der Maske des Plutus, des Reichtums auf; er soll ja am Hof den neuen Reichtum schaffen; der Knabe Wagenlenker verkörpert die Poesie, deshalb auch die Flügel auf dem Bild. Beide thematisieren das Problem «Kunst und Leben», Ästhetik und Ethik; die Poesie wird als Überfluß gezeigt; sie ist in ihrer Verschwendung unermeßlich reich (5573 ff.), insofern dem Plutus gleich; die gespendeten Flämmchen sind gleichsam Inspirationsfunken. Die Poesie gehört dorthin – so meint Plutus-Faust – wo «Schönes, Gutes nur gefällt» (5695). Hier wird das ästhetische mit dem ethischen Element verbunden: das ist das antike klassische Ideal der Kalokagathia (kalos = schön, k[ai] = und, agathos = gut).

Vorausdeutend wird hier auch auf einen personenverwandtschaftlichen Bezug angespielt: Plutus-Faust sagt zum Knaben Lenker: «Bist Geist von meinem Geiste» (5623); «Mein lieber Sohn, an dir hab' ich Gefallen» (5629), und später entgegnet der Knabe Lenker bedeutungsvoll: «So lieb' ich dich als nächsten Anverwandten.» (5698) Dazu hat Goethe zu Eckermann vermerkt (20. 12. 1829): «Wer aber ist der Knabe Lenker? Es ist Euphorion (Fausts späterer Sohn mit Helena) ... Derselbige Geist, dem es später beliebt, Euphorion zu sein, erscheint jetzt als Knabe Lenker.»

Faust handelt erstaunlich unabhängig von Mephisto; er beginnt mit dem magischen Zauber: «Nun ist es Zeit, die Schätze zu entfesseln!» (5709), und er beendet auch ohne Mephistos Hilfe, als der Kaiser in Flammen gerät, mit einem magischen Regen das Gaukelspiel: «Schrecken ist genug verbreitet, / Hilfe sei nun eingeleitet!» (5870/1) Dem Tätigsein wird eine hohe Qualität beigemessen: nicht umsonst spricht es gerade die Klugheit aus: «Und sie nennet sich Viktoria, / Göttin aller Tätigkeiten» (5455/6); im Kontrast dazu stehen die Menschenfeinde Furcht und Hoffnung(slosigkeit), die alle Tätigkeiten hemmen. Die Holzhauer stehen als arbeitende, das Land erhaltende Gruppe (5207–10) den Parasiten gegenüber.

Wie wird der Maskenzug in den Handlungsablauf eingebunden?

Die für die Wirtschaft des Reiches entscheidenden Personen Kaiser, Faust und Mephisto, erscheinen auch im Maskenzug als Pan, Plutus, Geiz. Auf dieser Ebene wird auch das Thema über die neue Geldwirtschaft weitergeführt und dem Kaiser (wie wir später erfahren) listenreich die

Unterschrift zur Entscheidung für die neue Geldwirtschaft abgeschwatzt. So wird im Maskenzug der gesellschaftsrelevante Wechsel von der Natural- zur Papiergeldwirtschaft vollzogen. Der Kaiser selbst wird für diesen Plan beim Maskenzug «entflammt». Er darf in die große Goldtruhe schauen, wobei sich (ähnlich wie in Auerbachs Keller) an Phantasiegebilden das Verlangen entfaltet: «Der große Pan steht wohlgemut, / Freut sich des wundersamen Dings» (5926/7), wird vom zauberischen Schein verführt und entflammt symbolisch.

### 3. Phase:
*Gesellschaftliche Reaktionen auf Reichtum: «Lustgarten»*

Nach einer kurzen Stillarbeitsphase unter der Fragestellung ‹Welche Reaktionen zeigen sich auf den Reichtum in der Lustgarten-Szene?› werden die Ergebnisse gesammelt. Dabei lassen wir uns von den Gesichtspunkten leiten, was Reichtum im Staat und bei Hofe bewirkt, auf welches historische Faktum sich Goethe bei dem neuen Geld bezieht (dies wird als Lehrerinformation eingeflochten), und ob sich Fausts Reaktion auf diese Haltung des Hofes erahnen läßt. Mit dieser Spekulation wird die Diskussion um einen neuen tragischen Abschnitt eröffnet, der oft als die Künstler-Tragödie bezeichnet wird oder – nach der darin vorkommenden Leitgestalt – die Helena-Tragödie.
Die Berichterstattung der vier Hofbeamten – quasi ein Gegenstück zur Staatsratsszene vor der Mummenschanz – zeigt ein verändertes Wirtschaftsleben. Ein allgemeines Florieren der Wirtschaft bricht an: die Geschäfte laufen, der Handel blüht, und auch die Schwierigkeiten der Hofhaltung und des Heeres scheinen behoben zu sein. Die Pläne der Hofleute über die Verwendung des Geldes kündigen jedoch eine

wirtschaftliche Katastrophe an. Sie wollen mit dem Geld lustig leben (6145), es vertrinken (6147), fürs Würfelspiel verwenden (6148), Schätze aufhäufen (6150). Nicht aber wollen sie das Geld für gesellschaftsfördernde Taten verwenden: sie verändern gesellschaftlich nichts. So muß der Kaiser feststellen: «Ich hoffte Lust und Mut zu neuen Taten; / . . . Wie ihr gewesen, bleibt ihr nach wie vor» (6151/54) Die Hofleute zeigen keinerlei Altruismus.
Die Erfindung des Papiergeldes stammt von dem Schotten John Law (1671–1729). Goethe hatte 1792 im Zusammenhang mit der Französischen Revolution falsche Geldscheine kennengelernt und einen Widerwillen gegen das Papiergeld entwikkelt. Deshalb läßt er es auch von Mephisto als Teufelswerk erfinden, denn die Deckung liegt nur im Bereich der Möglichkeit, nicht der Realität.
Faust wird sich – wie sich schon jetzt erahnen läß – enttäuscht (wie Goethe) über die ausbleibende gesellschaftliche Veränderung von diesem Bereich der Macht abwenden: es ist undenkbar, daß er in diesen Bereichen verführt werden könnte, diese Situation als höchsten Augenblick, bei dem er verweilen möchte, zu begehren; denn die Tat hat nichts bewirkt.

### 4. Phase:
*Goethes Leerstellentechnik*

Dem Schüler wird es beim Einstieg in «Faust II» aufgefallen sein, daß er oftmals gar nicht in der Lage war, den einfachen Erzählstrang sukzessiv zu begreifen: dies wird ihm den Zugang zum Werk zumindest teilweise blockiert haben; denn jedes Verstehen des Sinns geht über das Begreifen einfacher inhaltlicher Vorgänge. Diese Erfahrung des Schülers machen wir uns zunutze, um in die besondere Ästhetik der Goetheschen Szenenkomposition einzudringen.

In einer Vorüberlegung werden die spontanen Eindrücke der Schüler gesammelt mit der Frage, welche Erfahrung sie gemacht haben, als sie sich mit ihrer Neugierde über die Vorgänge des Dramas am inhaltlichen Ablauf orientieren wollten. Nachdem das Interesse des Lesers geweckt worden ist (z. B. für die neue Geldbeschaffung), muß er irritiert feststellen, daß er nun in einen ganz anderen, scheinbar heterogenen Erzählteil geführt wird (die Mummenschanz); er wird sich desinformiert fühlen. Erst im Nachtragsverfahren erfährt er in Andeutungen (Unterschrift des Kaisers), was inzwischen mit dem angefangenen Erzählteil geschehen ist.

Was bewirkt diese Erzählweise beim Leser?

Er wird in eine Fragestellung (vielleicht sogar Irritation) versetzt, und eine Spannung wird auf eine Lösung hin aufgebaut. Durch die nachträgliche Information muß der Leser rückwirkend selbst konstruktiv mitdenken, und er entdeckt dabei Zusammengehörigkeiten, die im sukzessiven Ablauf nicht evident werden.

*Der Dreischritt in der Leerstellentechnik:*
In welcher Technik wird der inhaltliche Ablauf vermittelt?
1. Goethe bereitet ein Ereignis vor: konkret ist es in unserer Dreiersequenz von Szenen die Einführung der neuen Finanzwirtschaft, die auf Bodenschätzen basieren soll.
2. Das Geschehnis selbst wird nicht vorgeführt – dies ist also die *Leerstelle* in der Inhaltsvermittlung: wir erfahren also nicht an dieser Stelle die praktische Umsetzung des aufgezeigten Plans, den Trick mit der Einführung des Papiergeldes.
3. In einem dritten Schritt wird die Wirkung des Planes gezeigt: wir erfahren nur die Reaktionen auf die Einführung des Papiergeldes oder im Nachtrag, wie es mit

der Überlistung des Kaisers dazu gekommen ist.

Diese Technik erschwert zunächst das spontane Verständnis, wenn der Leser in seiner Erwartungshaltung die natürliche Sukzession voraussetzt. Goethes Leerstellentechnik bewirkt jedoch eine gedankliche Spannung: es ist die Ästhetik der Spannung zwischen Gesagtem und Nichtgesagtem.

*Hausaufgabe*

Lesen Sie die nächsten drei Szenen («Finstere Galerie», «Hell erleuchtete Säle», «Rittersaal») unter dem Aspekt der Leerstellentechnik: inwiefern bilden sie eine Einheit?

## 14. Stundeneinheit: Die Helena-Tragödie – Die Erweckung Helenas und das Reich der Mütter

*Goethe und Plotins Lehre vom Urgrund*

Da Faust kein Bewährungsfeld auf dem ökonomischen Sektor im Bereich der Macht sieht, wendet er sich dem ideologisch-künstlerischen Bereich zu. Die Künstler- oder Helena-Tragödie nimmt ihren Lauf. Die Schüler haben den Text unter einer gezielten Fragestellung zu Hause vorbereitet; so starten wir mit dem Hausaufgabenergebnis den Stundeneinstieg. Die Dreistufigkeit der Leerstellentechnik ist als besondere Gestaltungsform in der letzten Stunde erarbeitet worden; wir beginnen daher mit einer formalen Frage, da die Einheit der drei Szenen – «Finstere Galerie», «Hell erleuchtete Säle», «Rittersaal» – von Anfang an bewußt sein soll und Verständnishilfe bieten kann.

*1. Phase:*
*Leerstellen-Technik der drei Helena-Szenen*

Die erste Phase soll einen roten inhaltlichen Faden des zweiten Schwerpunktes im I. Akt aufzeigen und die Schwierigkeit des Verständnisses durch die Kenntnis der Technik erleichtern. Dazu die Frage: Inwiefern entsprechen die drei Helena-Szenen der Gestaltung nach der Leerstellentechnik?

Im ersten Schritt der Szenensequenz – «Finstere Galerie» – wird der Wunsch des Kaisers nach dem Erscheinen von Helena und Paris deutlich: nachdem Faust den Kaiser reich gemacht hat, soll er ihn nun amüsieren (6192). Im zweiten Schritt – «Hell erleuchtete Säle» – wird das Geschehnis selbst, wie Faust die Möglichkeiten zur Erscheinung schafft, nicht gezeigt; die Wartezeit wird durch eine Art Zwischenszene (= Leerstelle) überbrückt, in der Mephisto dem Hofstaat die Zeit vertreibt, indem er ihre Bagatelleiden vertreibt. Im dritten Schritt – «Rittersaal» – schließlich erleben wir die Reaktion des Hofes, kontrastiert zu der Fausts, auf das Erscheinen Helenas: die Hofleute, ohne jedes Verständnis für antike Schönheit, kritisieren nur eifersüchtelnd an den beiden Gestalten herum, während Faust von der Schönheit existentiell getroffen wird.

Parallel dazu läuft in der gleichen Gestaltungstechnik Fausts Weg ins Reich der Mütter, über die allein Helenas Erscheinen erwirkt werden kann. In einem ersten Schritt verweist Mephisto den Faust mit nur vagen Angaben in das geheimnisvolle Reich, wo er einen Dreifuß holen soll, mit dessen Hilfe dann Helena erreicht werden kann. Im zweiten Schritt – «Hell erleuchtete Säle» – bleibt uns das Reich selbst wieder durch den Leerstelleneinschub verborgen; wir erfahren nicht, wie der Dreifuß errungen werden kann. Im drit-

ten Schritt – ‹Rittersaal› – erleben wir dann nur das Ergebnis von Fausts Gang zu den Müttern und die Wirkung des Dreifußes: das Erscheinen Helenas und Paris’.

*2. Phase:*
*Das Reich der Mütter*

Die wohl am schwersten verständliche Idee verbirgt sich in der Vorstellung vom Reich der Mütter; sie soll in drei Schritten erarbeitet werden: einmal sollen die Aussagen des Textes im Klassenverband systematisiert werden; dann stellt der Lehrer in einem Kurzreferat Goethes eigenen Kommentar und andere Interpretationen von Literaturwissenschaftlern zur Vertiefung vor; schließlich wird mit Hilfe einer Quelle (Mat. IV.2) Plotins Lehre vom Urgrund des Seins als Basis für Goethes Idee erarbeitet. Dabei interessiert, wer die Mütter sind, wo ihr Reich zu denken ist, was sie vermögen und über welche Grenzen man zu ihnen gelangen kann. Zuerst interpretieren wir den Text; dabei fassen wir die Erkenntnisse szenenübergreifend zusammen:

*1. Das Reich der Mütter in der Darstellung*
*von «Faust II»*
Allgemein wird das Reich der Mütter als höheres Geheimnis (6212) dargestellt; Mephisto spricht darüber wie ein Mystagoge (6249). Die Mütter sind Göttinnen (6213), und zwar «Göttinnen, ungekannt Euch Sterblichen» (6218/9); Faust ergänzt später: ihr «Haupt umschweben / Des Lebens Bilder» (6429/30); ihr Wesen wird erfaßt in der Aussage: «Was einmal war, in allem Glanz und Schein, / Es regt sich dort; denn es will ewig sein.» (6431/2) Mit dem Begriff der Mutter stellen sich bei Faust sofort Assoziationen zu Gretchen ein, für die Ihre Mutterschaft zur Katastrophe führte, und zu ihrer vergifteten Mutter: «Den Müttern! Trifft's mich im-

mer wie ein Schlag! / Was ist das Wort, das ich nicht hören mag?» (6265/6)

Ihr Reich ist außerhalb der natürlichen Ort- und Zeitkategorie, sie «thronen in Einsamkeit» (6213); nach ihrer Wohnung muß man «ins Tiefste schürfen» (6220), sie «thronen im Grenzenlosen» (6428); es gibt keinen normalen Weg dorthin; Faust beschreibt ihn rückblickend als «Schreckensgang» (6489); es ist ein Weg «Ins Unbetretene, / Nicht zu Betretende; ein Weg ans Unerbetene, / Nicht zu Erbittende» (6222–24); es ist ein Ort, wo man den Schritt nicht hört, den man tut (6247). Faust fühlt sich dabei an die Hexenküche (6229) erinnert, an jenen magischen Ort, der für ihn nur mit Hilfe Mephistos erreichbar war, und wo er zum ersten Male erotisiert und mit ungeheurem sexuellen Verlangen erfüllt wurde. Das Reich der Mütter scheint in grenzenlose Weiten gerückt (6239), und Faust fühlt sich «ins Leere» geschickt (6251), man kann dorthin versinken oder steigen (6275); es ist der Ort «im tiefsten, allertiefsten Grund» (6284), wo die Mütter um einen Dreifuß sitzen (6283). Das ist eine Anspielung auf das antike Orakel in Delphi, wo die Pythia auf einem Dreifuß über einem Erdspalt den schicksalhaften Urgrund erforschen konnte.

Dieses Reich kann Faust mit einem magischen Schlüssel erreichen: er «wächst ... er leuchtet, blitzt!» (6261); er verleiht «neue Stärke» (6281) und «erweitert die Brust» (6282) zu großen Taten; aber seine Handhabung bedarf auch der «Magie der Weisen» (6316).

Das Vermögen der Mütter wird mit zwei Leitwörtern der Goetheschen Denkweise beschrieben: «Gestaltung, Umgestaltung» (6287); bei den Müttern befinden sich im Platonschen Sinne die «Bilder aller Kreatur», sie sind das Urbecken allen Seins.

Dieser Ort reizt geradezu das faustische Verlangen heraus. Er spürt, daß es hier um die höchsten erfahrbaren Dinge geht: «In diesem Nichts hoff' ich das All zu finden.» (6256) Er scheint das gleiche Wagnis einzugehen – «denn die Gefahr ist groß» (6291) – wie in der Osternacht; jetzt aber kalkuliert er bewußt eine Rückkehr ein: «Doch im Erstarren such' ich nicht mein Heil, / Das Schaudern ist der Menschheit bestes Teil; / ... Ergriffen, fühlt er tief das Ungeheure» (6271/2/4); das ist der griechische Weg des Philosophierens, das Thaumazein (= Staunen), um ins All zu dringen; dorthin muß Faust mit seinem «Wesen niederstreben» (6303), «stampfend versinken» (6304), um dann «wieder stampfend zu steigen» (6304). Er wird Grenzüberschreiter.

## 2. Deutungen des «Reiches der Mütter» (Lehrervortrag)

Es geht hier um eine Idee, die in drei Bild-Symbolen ausgedrückt wird: in den Begriffen des Schlüssels, des Dreifußes und des Reichs der Mütter. Wo – wie schon in Platons Höhlengleichnis zu sehen war – die Bilder aller Kreatur (6289) sind, ist das Reich der Ideen, der Urgrund des Seins, das produktiv Mütterliche, das – auch künstlerisch gesehen – Kreative. Der Schlüssel ist der Faustische Mut, ins «Innerste der Welt» zu dringen; er fühlt mit dem Schlüssel «neue Stärke, die Brust erweitert» (6282); der Dreifuß symbolisiert das bei den Müttern gewonnene Vermögen, kreativ – auch magisch kreativ – zu wirken, Welten heraufzubeschwören.

Goethe hatte am 10. 1. 1830 zu Eckermann gesagt: «Ich kann Ihnen weiter nichts verraten, als daß ich beim Plutarch gefunden, daß im griechischen Altertum von Müttern als Gottheiten die Rede gewesen ... das Übrige ist meine eigene Erfindung». Bei Plutarch aber hatte er über den Dreifuß und die Mütter gelesen; im 22. Kap. «Über die Orakel» steht: Die Fläche innerhalb des Dreiecks ist als ein für alle Welten gemeinschaftlicher Herd anzusehen. In demselben liegen die Gründe, Gestalten und Urbilder aller der Dinge, die je existiert haben und noch existieren werden, unbeweglich. Und im 20. Kap. vom «Leben des Marcellus» konnte Goethe lesen: «Engymium ist eine zwar nicht große, aber uralte Stadt in Sizilien und wegen der Erscheinungen der Göttinnen, welche die Mütter heißen, berühmt.» Franz Koch* erläutert in seinem Buch: «Unendlich weit zurück, in den Uranfang alles Seins, ist die Gegenwart in der Mütterszene versetzt, ins Herz der Welt, in den Schoß der Mutter Natur, aus dem alles Leben seinen Ursprung nimmt, ins zeit- und raumlose Gebiet, wo Denken und Sein, Ideen und Leben noch ungeschieden nebeneinander liegen» (S. 519). Dort bekommt Faust «Einblick in das geheimnisvolle Werk alles Lebendigen... Um das Erlebnis des Idealschönen handelt es sich in der Mütterszene. Das Reich der Mütter ist das Symbol für das ungeschiedene Ineinander von geistigem und materiellem Sein, von Möglichkeit und Wirklichkeit.» Das ergänzt Robert Petsch (* ebenda): «War Faust durch alles Vorausgegangene auf den Weg des Geistes zurückgeführt worden, so bedeutet der Gang zu den Müttern seinen Durchbruch zur Selbstbesinnung auf die schöpferischen Kräfte in seinem Innern, auf ihre Verwandtschaft mit den kosmischen Gewalten selbst... die Szene entspricht also, nach ihrer Stellung im Gesamtgefüge des Dramas, genau jener von der Welt sich abwendenden Verinnerlichung Fausts in der Osternacht, sie ist aber der älteren Szene an tiefem Wahrheitsgehalt und menschlicher Bedeutsamkeit bei weitem überlegen. Hier gibt es keine Flucht aus dem Leben, sondern die letzte Durchdringung der Erscheinung, die über den Schein hinaus das Wesen anschauend erfaßt» (S. 510). Das ist Teil der Künstler-Tragödie.

### 3. Plotins ‹Urgrund aller Dinge› als Vorbild für Goethes ‹Mütter›

Das gesamte angeschnittene Problem ist schon bei Plotin zu finden: Hier ist die Basis für Goethes Gedanken zu sehen. In einer Stillarbeitsphase lassen wir die Schüler den Text unter der gleichen Fragestellung lesen, mit der wir dann gemeinsam den Gehalt erarbeiten: Auf welchen Vorstellungen Plotins baut Goethe auf?

a) Plotin sagt: Wir suchen den Urgrund aller Dinge, das Gute, das Eine, den Uranfang im eigenen Selbst. Dieser Urgrund ist nicht Etwas, sondern noch ohne geistige Geformtheit, kein Bewegtes und kein Ruhendes, nicht im Raum, nicht in der Zeit, ohne Gestalt. – Dem entspricht bei Goethe eine Reihe von Aussagen: Das Reich ist das «Unbetretene» (6222), wo die «Bilder aller Kreatur» (6289) sind. Mephisto erklärt es Faust: «Nach ihrer Wohnung magst ins Tiefste schürfen» (6220); «Nichts wirst du sehn in ewig leerer Ferne» (6246), «Nichts Festes finden» (6248), «Um sie (ist) kein Ort, noch weniger eine Zeit» (6214). Korrespondierend ergänzt Faust: «In deinem Nichts hoff ich das All zu finden.» (6256)

b) Bei Plotin ist in diesem Urgrund die Wesenheit des Einen die Erzeugerin aller Dinge. – Bei Goethe entsprechen dieser Wesenheit die Mütter, die «Gestaltung und Umgestaltung» (6287) bewirken. Ihr «Haupt umschweben / Des Lebens Bilder» (6249/30).

c) Der Weg dorthin setzt nach Plotin voraus, daß das Ich dabei von Sinnendingen, dem Schlechten, losgelöst sein muß; das Ich muß dem Geist die Seele anvertrauen;

---

* Franz Koch, Fausts Gang zu den Müttern, Wien 1926; S. 509–28, in: Festschrift der Nationalbibliothek in Wien

die Seele muß, was der Geist sieht, aufnehmen, um das Eine zu schauen; es kann nicht auf dem Wege des wissenschaftlichen Erkennens, sondern nur durch Gegenwärtigkeit des Einen verinnerlicht werden. Der Weg kann einem von einem anderen nur gewiesen werden, die Schau muß selbst vollbringen, wer etwas zu sehen gewillt ist. – Dem entspricht Mephistos Wegweisung an Faust: «Hier diesen Schlüssel nimm» (6259), «Folg ihm hinab». (6263) «Dein Wesen strebe nieder, versinke stampfend.» (6303/4) Begleiten aber kann er ihn nicht; die Schau muß Faust durch seine Gegenwart selbst vornehmen: «In deinem Nichts hoff' ich das All zu finden.» (6256)

d) Das Ergebnis des Schauens in den Urgrund ist bei Plotin die Erkenntnis: Das Schöne kommt von dem Einen, dem Guten; das Ästhetische steigt also aus dem Ethischen auf; dabei ereignet sich für den Schauenden eine erotische Erschütterung. Diese Erkenntnis wird aber nur für die gegenwärtig, bei denen das Schöne auf Wesensähnlichkeit trifft. – Genau das zeigt Goethe in der Reaktion des Hofes und in der Fausts auf das Erscheinen Helenas als Urgrund des Schönen aus dem Einen. Die Hofleute vermögen nicht, die Schönheit an Helena und Paris zu erkennen; sie mäkeln nur; sie sind nicht den Weg über den Urgrund gegangen, sind nicht losgelöst vom Schlechten und vermögen nicht, ohne ein eigenes Gutsein auf das Schöne zu schließen. Faust dagegen ist erotisiert für das Schöne aus dem Reich der Mütter zurückgekehrt; für ihn wird das Schauen der Helena zu einem erschütternden Ereignis, das in der Explosion symbolisch angedeutet ist. Hier zeigt sich die Grundstimmung der Künstler-Tragödie.

## 3. Phase:
### Die Bedeutung des «Reichs der Mütter» für die Struktur von Faust II

In einer Abstraktionsphase wird das Verständnis für die Struktur überprüft; dabei erheben wir den Blick über das gesamte Drama. Dazu orten wir die Position Fausts und Mephistos für den II. Teil. Das geschieht in der Form der gelenkten Diskussion unter dem Gesichtspunkt, welche Funktion für den Fortgang der Handlung das Erlebnis Fausts im «Reich der Mütter» hat. Wir vergleichen dabei Faust in der Hexenküche.

1. Im I. Teil war Faust in die magische Hexenküche hinabgeführt worden, wo sich eine körperliche Veränderung vollzog. Mit dem Blick in den Spiegel, in dem er Helena/Gretchen sieht, ereignet sich in der sexuellen Erregung auch das dramatisch erregende Moment, mit dem die Gretchentragödie beginnt.

Fast parallel dazu läuft Fausts Weg in das «Reich der Mütter» ab: In diesem naturmagischen Bereich erlebt er eine psychische Veränderung – gleich zu Beginn angedeutet: «fühl ich . . . die Brust erweitert» (6281/2) –, die ihm die Sicht für das Schöne eröffnet; er erweckt das Bild Helenas (ursprünglich für den Hof bestimmt) und erlebt – nach Plotin – die erotische ästhetische Erschütterung. Dies ist für die Helena-Handlung das erregende Moment; er wird so erregt, daß sein Verlangen nach der antiken Schönheit «explodiert» (6563f.); allerdings kann Faust diese Helena noch nicht festhalten. Von diesem Augenblick an ist es klar, daß der Weg Fausts durch das Drama von Helena bestimmt sein wird; der Spannungsbogen ist markiert: im «Reich der Mütter» ereignet sich das erregende Moment für die Helena-Faust-Handlung, die zum inhaltlich orientierenden Erzählstrang wird; Fausts Helena-Tragödie beginnt.

2. Welche Bedeutung zeigt die Mütter-Szene für das Faust-Mephisto-Verhältnis an?

Schon in der Maskenzug-Szene hatte Faust eigentätig ohne Hilfe Mephistos den Kaiser durch die Vorführung des magischen Reichtums für die neue Wirtschaftsidee entzückt; er beendet auch wieder selbständig den Spuk. Nun muß er den Gang zu den Müttern allein gehen; dieser Bereich ist dem christlich-mittelalterlichen Teufel verwehrt; dort gewinnt Faust seine ästhetische Kraft, und wiederum ist er es, der nun über die magische Kraft verfügt, ohne Mephisto jetzt Helena erscheinen zu lassen. Er wird das aktive Element. Der Auftritt Fausts im Reich der Mütter ist der *Wendepunkt* in Fausts Weltfahrt mit Mephisto; bisher ist er mit Mephisto in der (Ver-)Führerrolle alle Wege der Verneinung gegangen. Bisher «war die Welt mir nichtig, unerschlossen» (6490); nach dem Gang erst ist sie ihm «wünschenswert, dauerhaft» (6492). Nach dem Erlebnis im Reich der Mütter hebt sein Streben ihn hinweg von Mephisto: Er kommt mit der «Priesterschaft» zurück (6491), sozusagen mit höheren Weihen: Er hat den Plotinischen Weg zum Erkennen des wahren Urgrunds beschritten; hier klingt die Verheißung des Herrn mit dem Rettungsmotiv aus dem Prolog an: «Ein guter Mensch in seinem dunklen Drange / Ist sich des rechten Weges wohl bewußt.» (328/9)

## 4. Phase:
### Die Versform der Mummenschanz und die Hofsprache

Dem Schüler sollte nahegebracht werden, wie Goethe Sprachstil und Versgestaltung in verschiedenen Grundsituationen ändert, oder besser gesagt, wie für inhaltliche Aussagen eine adäquate Sprachform gefunden wird. Dabei soll der Schüler auch etwas von der Vielfalt des Sprachkunstwerkes gerade des II. Teiles mitentdecken. Die Fragestellung des Lehrers soll ihm dafür der Schlüssel sein: Inwiefern weicht die Sprache der Mummenschanz von der des «Lustgarten» ab? Die Mummenschanz ist ein Fastnachtszug; obwohl der Herold betont, daß es nicht um «deutsche» (5065), sondern um «Römerzüge» (5068) geht, ist es doch im Urgrund das germanische Fastnachtstreiben, das den alten deutschen Knüttelvers evoziert, der hier typisch vierhebig und als Paarreim verwendet wird. Die politische Allegorie ist in diesem Vers gut eingebettet, der sich auch für witzige Pointen eignet. Im Unterschied zu dieser Wirklichkeit hebt sich das Zeremoniell des hohen Hofes sprachlich ab. Die Dialoge zwischen Faust, Kaiser und Hofbeamten sind in den gediegenen, getragenen fünfhebigen Blankvers gefaßt, der hier in eleganter Form sogar zum Paarreim wird als Zeichen der verbindlichen Hofsprache: hier drückt die Versform die Sprache des Gemachten, des Künstlichen aus.

## 5. *Abschlußphase der IV. Sequenz:*
### *Verfehlte Verführungsversuche Mephistos – Gesamtstruktur*

Am Ende des I. Aktes soll nach der Detailanalyse noch einmal eine Gesamtschau ermöglicht werden. Dies geschieht in einer Plenumsdiskussion unter einer zweifachen Fragestellung: die Schüler sollen darüber reflektieren, warum Mephisto im Bereich der Macht nicht sein Verführungsziel erreicht und welchen strukturellen Stellenwert der I. Akt von «Faust II» im Gesamtdrama hat.
1. Faust war eigentlich schon vom I. Teil an auf die «Tat» programmiert; nun hat ihn Mephisto ins tätige Leben eingeführt, und zwar auf der höchsten Staatsebene; dennoch mißlingt die Verführung aus

zweifachem Grund:

Die Tat einer gesellschaftlichen Veränderung durch eine monetäre Neuordnung kann nicht zum Erfolg führen, da die verfallene feudale Gesellschaft kein humanes Interesse kennt: Faust kann so nicht befriedigt sein. Dies ist auch Goethes erzieherische Kritik für die Fürstenhöfe.

Der Versuch, auf Staatsebene ein neues ästhetisches Verständnis für antike Schönheitswerte zu schaffen – was eine Großtat ersten Ranges für Faust wäre – scheitert, symbolisch am Mißverständnis Helenas aufgezeigt. Faust muß enttäuscht sein. Auch hier zeigt sich wieder Goethes Kritik am ästhetischen Mißverständnis seiner Zeit, wie er es den Architekten ausdrücken läßt: «Das wär antik! Ich wüßt' es nicht zu preisen, / ... Roh nennt man edel, unbehülflich groß. / Schmalpfeiler lieb' ich, strebend, grenzenlos; / spitzbögiger Zenit...» (6409–13); hier steht der Verständnislosigkeit die Vorliebe für die Romantik gegenüber; künstlerisches Verständnis ist relativ zur Gesellschaft und kann durch einen einzelnen nicht verändert werden. Mephisto kann so dem Faust auf dieser staatlichen Machtebene nicht die Lösungsformel für die Pakt-Wette entlocken. Dafür entspringt aber gerade diesem Mißerfolgserlebnis für Faust ein neues erstrebenswertes Ziel: Helena als Inbegriff des Begehrens zu erreichen, was die tragisch doppeldeutige Gefahr für Faust enthält: gewinnen und verloren sein.

2. Im I. Teil war in der Hexenküche das auslösende Moment für die Suche nach Helena durch den Blick in den Spiegel gegeben worden; daß die nächstbeste – «Du siehst... bald Helenen in jedem Weibe» (2603/4) – das Gretchen ist, die dieses Verlangen nach Helena vorübergehend vergessen machen konnte, ist sozusagen eine Verlegenheitslösung.

Jetzt erwacht durch das Erlebnis im Reich der Mütter und die darin erworbene Fähig-keit, das Bild Helenas erscheinen zu lassen, sein Verlangen erneut; Helena wird so zum dramatischen Angelpunkt für den Fortgang der Handlung: «Du bist's, der ich die Regung aller Kraft, / den Inbegriff der Leidenschaft, / Dir Neigung, Lieb', Anbetung, Wahnsinn zolle» (6497–6500) So gesehen ist nach dem expositionellen Charakter des I. Teiles mit seiner ersten dramatischen Verstrickung in der Gretchen-Tragödie nun eine weitere Verstrickung in der Helena-Entzückung angezeigt; der dramatische Knoten des Gesamtablaufs wird dichter geschürzt; das läßt sich graphisch in einer Kurve (siehe Stundenblatt) darstellen.

*Hausaufgabe:*

Lesen Sie vergleichend die Studierzimmerszene im I. Teil und die parallele Szene im II. Teil (II. Akt).

Kurzreferat: Homunculus in der Wissenschaftsgeschichte. (Dargestellt an Paracelsus' «De generatione rerum naturalium», und: Johannes Praetorius' «Homunculis und chimische Menschen».)

## V. Sequenz:
## Faust in der Welt der Wissenschaft und Antike

*Das Problem des entstehenden Lebens und der Inkarnation*
*Helena als Leitmotiv des Übergangsaktes: Strukturelement*

*Vorbemerkung zum Inhalt*

Faust befindet sich mit Mephisto auf dem Weg in die Welt der Taten. Nach Mephistos Versuch, Faust in den gesellschaftspolitischen Bereich einzuführen, stellt nun der Weg ins Laboratorium eine Steigerung dar: hier in der Welt der Wissenschaft entstand und wuchs einst Fausts Sehnsucht nach Erkenntnis der innersten Zusammenhänge der Welt und des Lebens. Diese Station muß Faust in «höheren Regionen» mit Mephisto durchstreifen: denn sein Ziel – Helena wieder ins Leben zu rufen – impliziert die wissenschaftliche Frage nach der Entstehung und Wiederholbarkeit des Lebens schlechthin.

*Didaktische Anmerkung:*

Der II. Akt gliedert sich nach den zwei verschiedenen Handlungsorten: Laboratorium in Fausts Heimat – Walpurgisnacht im klassischen Griechenland. Das wissenschaftliche Thema umspannt beide Handlungsorte mit den sich steigernden Schwerpunkten in der Fragestellung: Schöpfungsakt geistigen Lebens – Gestaltwerdung des körperlichen Lebens. Danach gliedern sich auch die zwei Stundeneinheiten dieser V. Sequenz.

Die Schüler wären – auch im Leistungskurs – überfordert (besonders wegen der schwierigen Walpurgismythologie), das Wissenschaftsproblem sogleich übergreifend über beide geographischen Bereiche in der Behandlung anzugehen; sie brauchen besonders für die zweite Hälfte des II. Aktes die Lesehilfe des Lehrers. Daher die Zweigliederung der Sequenz in einer sukzessiven Szenenbehandlung; die ersten beiden Szenen können in häuslicher Lektüre vorbereitet und in der ersten Stunde erarbeitet werden. Die folgenden Szenen werden lesend und diskutierend in der zweiten Stundeneinheit behandelt. Abschließend kann dann die Frage nach der Struktur mit dem Helena-Motiv und nach den komplementären Teilen der Wissenschaftsdiskussion beide Szenenkomplexe übergreifend zusammenfassen.

Da dieser II. Akt eine Zwischenstation in der Helena-Handlung, eine Überleitung

vom I. zum III. Akt, darstellt, könnte er für den Grundkurs ausgespart werden; eine kurze Berichterstattung durch den Lehrer oder ein Kurzrefert eines Schülers unter Anleitung des Lehrers – sollte dann als Einleitungsphase der nächsten Sequenz dienen.


## 15. Stundeneinheit: Der Menschheitstraum vom Schöpfertum des Menschen

*Goethes Homunculus und Leibniz' Entelechie*

In der ersten Einheit soll die «Welt der Wissenschaft» in «höheren Regionen» erarbeitet werden, in die nun Faust eingeführt wird. Gezeigt werden soll einmal die durch den Zeitfortgang veränderte Gelehrtenwelt in der kritischen Sicht Goethes; dann wird in einer Aktualisierung bis in unsere Zeit die Allgemeingültigkeit des faustischen Strebens im Homunculusproblem gezeigt, das schließlich in einer Vertiefungsphase den philosophischen Hintergrund in der Monadologie von Leibniz aufsucht, die vom Lehrer dargestellt wird.


*1. Phase:*
*Die veränderte Gelehrtenwelt*

Als Hausaufgabe war das vergleichende Lesen der Studierzimmerszenen im I. Teil mit der parallelen Szene des II. Teiles aufgegeben; daher kann sofort mit dem Ergebnisbericht der Besonderheiten begonnen werden. Zuerst sollen die Schüler sich örtlich orientieren (wo ist Faust nach der Explosion des Helenabildes zu finden?); dann wird interessieren, ob sich die Menschen an diesem Ort verändert haben, um einschätzen zu können, welche

Position Faust in dieser Welt einnehmen kann.

1. Wir kennen schon ähnliche Situationen, etwa nach der Gretchenkatastrophe, wo er «paralysiert» (Goethe zu Eckermann, Mai 1827) einen Heilschlaf erfährt; wie damals finden wir Faust wieder in einem Schlafzustand, da ihn das Bild der «Helena paralysiert» (6568) hat. Mephisto hat Faust wieder an seine alte Wirkungsstätte zurückgebracht; dort scheint alles so stehengeblieben zu sein, wie es Faust verlassen hatte; es entsteht sofort die Frage, was Mephisto mit ihm dort vorhat; es kann ja nicht die gleiche Situation sein, aus der er ihn früher herausgeholt hat, um ihn durch die kleine und große Welt zu führen.

2. Veränderungen lassen sich am besten an den Menschen ablesen. Methodisch beleuchten wir Wagner aus verschiedenen Positionen. Das Tafelbild (siehe Stundenblatt) weist dementsprechend drei Rubriken auf.

Mephisto bezeichnet Wagner als einen beschlagenen Meister (6642), einen edlen Doktor; er ist in Fausts Position avanciert (ohne jedoch dessen Genialität zu besitzen, wie wir aus dem I. Teil wissen); er ist der «Erste jetzt in der gelehrten Welt!» (6644); sein Fleiß wird ausgedrückt in dem Satz: «Der Weisheit täglicher Vermehrer» (6646); er ist eine Art «Wissenschaftspapst» (6650); dabei genießt er einen ruhmreichen Ruf (6653). Das alles klingt aus dem Munde Mephistos nicht ohne abwertende Ironie.

Dieser Charakterisierung stehen die Aussagen des Famulus verteidigend entgegen: Der Famulus nennt Wagners «Bescheidenheit» an erster Stelle (6659), die ja jedem Wissenschaftler als Diener an der Sache wohl ansteht; Wagner ist ein Mann der Ehrfurcht seinem alten Meister gegenüber (6663–5); er ist ein stiller Gelehrter, der nur dem «großen Werke» dient

(6675), und zwar mit der Aufopferung der eigenen Gesundheit: er ist der «zarteste gelehrter Männer» (6677), die «Augen rot» (6680).

Wagner bangt bei seinem Experiment um das Gelingen: «O daß ich's diesmal nicht verliere!» (6829) Er hält es für ein «herrlich Werk» (6834). Er zeigt sich als ein intellektueller, lebensfeindlicher Aufgeklärter, dem das menschlich Gefühl verlorengegangen ist; «Wie sonst das Zeugen Mode war, / Erklären wir für eitel Possen» (6838/9). Mit seinem Anspruch, daß der Mensch «höhern Ursprung» haben muß, vergeistet er den Menschen und beraubt ihn seines natürlichen Ursprungs. Darin zeigt Wagner seine intellektuelle Naturfeindlichkeit; er entmythologisiert den Schöpfungsvorgang (6857) und macht ihn zum chemischen Prozeß: Er ist der Typ des modernen «Machers», der den Zufall ausschalten kann (6868).

3. Der Schüler des I. Teiles ist nun Baccalaureus; seit dem ersten Zusammentreffen mit Mephisto (damals als Faust verkleidet) sind Jahre vergangen: «War's nicht hier, vor so viel Jahren» (6702). Der Baccalaureus ist in der Welt der Wissenschaft ein anderer geworden; er sieht sich selbst in seiner Veränderung: «Ein anderer bin ich wieder da» (6726); er ist «resolut und wacker» (6735): «Frisch an ihn (Mephisto) herangegangen!» (6720) Er geht mit der Mode und trägt einen «Schwedenkopf» (6734). Besonders erschreckend zeigt sich seine Anmaßung gegenüber Älteren und seine Radikalität: «Hat einer dreißig Jahr vorüber, / Am besten wär's, euch zeitig totzuschlagen.» (6787–9) Die Überheblichkeit vollends zeigt sich in der Denkweise: «Dies ist der Jugend edelster Beruf! / Die Welt, sie war nicht, eh' ich sie erschuf.» (6793/4) Er demonstriert die Umkehrung der Goetheschen Erkenntnistheorie, die der gereifte Faust vertritt: «Ich wandle rasch, im

eigensten Entzücken, / Das Helle vor mir, Finsternis im Rücken» (6805/6); er ist sozusagen ein Antiplatoniker.

In diesem Bild der Überheblichkeit kritisiert Goethe die Jugend seiner Zeit. Daß er ausgerechnet Mephisto diese moralisch ausgewogenen Sätze sprechen läßt («Dann dünkeln sie, es käm' aus eignem Schopf; / Da heißt es denn: der Meister war ein Tropf.» (6748/9) – «In wenig Jahren wird es anders sein: / Wenn sich der Most auch ganz absurd gebärdet» (6912/3) – deutet erneut auf die Möglichkeit der Interpretation, in Mephisto die zweite Faust-Goethe-Seele zu erkennen.

## 2. Phase:
## Homunculus – Der Menschheitstraum vom Schöpfertum des Menschen

In der zweiten Phase soll die zeitlose Gültigkeit ‹faustischen Strebens› gezeigt werden. In einem Schülerreferat soll zuerst die historische Dimension des Problems wissenschaftlicher Grenzüberschreitung am Homunculusgedanken aufgezeigt werden. Gemeinsame Überlegungen mit den Schülern sollen aber auch die Aktualisierung des menschlichen Strebens über alle gegebenen Grenzen hinweg besonders in unseren Tagen markieren.

### 1. Homunculus in der Wissenschaftsgeschichte (Schülerreferat)
Dem Schüler haben wir Anregungen gegeben, sein Kurzreferat mit Fakten besonders aus zwei kürzeren Werken zu belegen: Paracelsus und Praetorius.
Homunculus ist die Verkleinerungsform des lateinischen Grundwortes homo = Mensch, Homunculus heißt also Menschlein. Die Alchimisten versuchten schon im 16. Jahrhundert, im Zeitalter des ersten Aufbruchs säkularisierter Wissenschaft, Leben künstlich zu erzeugen. Der berühmte Arzt Paracelsus, geistesver-

wandter Zeitgenosse von Faust (wie wir aus der I. Sequenz wissen) schrieb darüber eine Abhandlung «De generatione rerum naturalium» (1616). Er läßt darin «homunculi» entstehen, die durchsichtig, körperlos sind, mit besonderen Kenntnissen begabt und tätig wie Elementargeister. Johannes Praetorius, dessen Werk Goethe gut kannte, schrieb 1666 über «Homunculis und chimische Menschen».

Wir kommen noch einmal auf einen Detailausschnitt aus Michael Herrs Kupferstich vom «Zauberfest» von 1743 (Mat. III.2) zurück, wo in einer Phiole oder Fruchtblase ein Menschenfötus zu sehen ist; dazu zitieren wir die Verse, die unter einer Version des Kupferstiches angebracht sind: «Hie sicht man alte Weiber stahn / Die tod Kinder in Körben han / Mißbrauchen unzeitig Geburt. / Ein ander mit dem Teuffel huhrt...» Die unzeitige Geburt bringt uns wieder auf Goethe zurück.

### 2. Fausts und Mephistos Homunculus
Die Schüler können nun Goethes Homunculus eingebettet in eine geschichtliche Entwicklung des Motives sehen. In gemeinsamer Arbeit im Plenum suchen wir nun nach den Qualitäten und Funktionen des Goetheschen Homunculus im Text und fragen nach der Rolle Mephistos bei der Entstehung des Kunstgeschöpfes.
a) Homunculus entsteht in zwei Phasen: im Labor wird nur die Idee des Lebens kreiert, noch nicht die Gestaltwerdung; an der Stätte der Wissenschaft ist er als «Denkprodukt» (6870) nur ein geistiges Wesen. Homunculus entsteht «in der innersten Phiole» (6824); er erscheint als «helles weißes Licht» (6828), bei dem immer noch die Gefahr besteht, daß es sich «verlieren» (6829) könnte. Der «Natur Geheimnisvolles» (6857) «kristallisiert» (6860) sich hier. Schließlich zeigt sich, «in zierlicher Gestalt / Ein artig Männlein sich

gebärden» (6873/4); es hat «Stimme» (6878); man kann also mit ihm kommunizieren; Homunculus verlangt aber, weil er künstlich ist, «geschlossenen Raum» (6884). Er muß in die klassische Welt – wie Werner Schüpbach nachgewiesen hat (siehe Literatur III,13) –, um dort Gestalt werden zu können: «Entdeck' ich wohl das Tüpfelchen auf das i. / Dann ist der große Zweck erreicht.» (6994/5) Später sagt er: «Ich schwebe so von Stell' zu Stelle / Und möchte gern im besten Sinn entstehen.» (7830/1) Die Zweiteiligkeit des Entstehungsprozesses deutet Wagner als Erzeuger selbst an: «Die holde Kraft, ... bestimmt sich selbst zu zeichnen, / Erst Nächstes, dann, sich Fremdes anzueignen.» (6841–43)

b) Homunculus erhält sofort mehrere Aufgaben. Er selbst führt sich so ein: «Dieweil ich bin, muß ich auch tätig sein. / Ich möchte mich sogleich zur Arbeit schürzen.» (6888/9) Er tritt sofort als *Interpret* von Fausts Seelenleben, als Traumdeuter auf, wobei er Fausts gedankliches Kreisen um Helena erkennt (6903–20). In zweiter Funktion zeigt Homunculus sich als *Führer* zur Klassischen Walpurgisnacht «Südöstlich diesmal aber segeln wir . . .» / (6950), «Vermagst du's nicht, so überlaß es mir» (6969); «Ich leuchte vor» (6987). Später wird er sich noch als *Kommentator* von Ereignissen in der antiken Welt erweisen.

c) Homunculus bezeichnet Wagner als «Väterchen» (6879), den Mephisto aber als «Vetter» (6885); hier muß man noch den etymologischen Wortstamm durchhören, der mit Vater zusammenhängt. Er gibt Mephisto zu verstehen, daß er seine Mit-Vaterschaft sehr wohl zu würdigen weiß: «. . . bist du hier / Im rechten Augenblick? ich danke dir. / Ein gut Geschick führt dich zu uns herein.» (6885–7) Dazu bemerkte Goethe zu Eckermann (16. 2. 1829): «Ich habe schon gedacht, ob ich nicht dem Mephistopheles, wie er zu

Wagner geht und der Homunculus im Werden ist, einige Verse in den Mund legen solle, wodurch seine Mitwirkung ausgesprochen und dem Leser deutlicher wird.»

*3. Phase:*
*Die Monadologie von Leibniz – Modell für Goethes Homunculus*

Goethes Modell vom Homunculus ist nur auf dem Hintergrund von Leibniz' Monadenlehre zu verstehen. Wegen der Wichtigkeit der philosophischen Begriffe, die besonders im Hinblick auf die Schlußgestaltung des II. Teiles dem Schüler bekannt sein müssen, trägt der Lehrer die Grundzüge der Monadologie von Leibniz vor (Kurzfassung des Textes s. S. 115 ff.). Wegen der Schwierigkeit geht der Lehrer dabei in kleinen Schritten vor und nennt jeweils die Fragestellung:

a) Was sind die Monaden: Entelechien – Seelen?

Monaden sind einfache Substanzen ohne Ausdehnung und ohne Figur (1): sie können nur anfangen durch Schöpfung (6); sie sind Wesen mit bestimmten Qualitäten und unterliegen der Veränderung (8); man könnte ihnen den Namen «Entelechien» geben (18), da die Veränderungen von einem inneren Prinzip herrühren (11); sie gleichen unkörperlichen Automaten» (18); sie könnten auch Seelen genannt werden (19). In jeder Monade gibt es Regungen und Beziehungen (13). Die Monade hat die Fähigkeit zu tätiger Wirksamkeit nach außen (49).

b) Wie vervollkommnet sich diese unkörperliche Monade?

Jeder Monade ist ein Leib zugewiesen, auf den sie zustrebt; das macht ihre Entelechie (= Zielgerichtetheit) aus (62).

c) Warum strebt die unkörperliche Monade nach Vervollkommnung?

Der Leib, welcher einer Monade zugehört, die seine Entelechie oder Seele ist, bildet mit der Entelechie das, was man ein Lebendiges nennen kann (63). Jeder lebendige Körper hat eine herrschende Entelechie (70).

*4. Phase:*
*Goethes Homunculus und Leibniz' Entelechie*

Auf der Abstraktionsebene soll nun der vergleichende Schluß zwischen Goethe und Leibniz gezogen werden: Hierbei können die Schüler nun mitwirken; ihre Leistung besteht im Transfer.

a) Beide Denker gehen von einer geschaffenen Lebenseinheit aus, die zwar noch keine Körperlichkeit besitzt, aber in der Entelechie zielgerichtete geistige und seelische Qualitäten hat.

Goethes Homunculus ist reine Entelechie *vor* der *Ver*körperung, während Fausts Ende die Entelechie *nach* der *Ent*körperung zeigt.

b) Die unkörperliche Monade, aber auch Homunculus streben nun in ihrer inneren Zielgerichtetheit nach ihrer Vervollkommnung im Körperlichen, um jeweils ein lebendiges Ganzes zu werden. Leibniz zeigt dabei nicht den Endzustand, während Goethe den Gedanken im zweiten Teil des II. Aktes naturwissenschaftlich zu Ende denkt.

---

**Leibniz' Monadenlehre (Kurzfassung)**

1 Die Monaden, von denen meine Schrift handeln wird, sind nichts weiter als einfache Substanzen, welche in dem Zusammengesetzten enthalten sind. Einfach heißt, was ohne Teile ist.

3 Nun ist aber da, wo es keine Teile gibt, weder Ausdehnung, noch Figur, noch Zerlegung möglich. Die Monaden, von denen ich spreche, sind also die wahren Atome der Natur und mit einem Worte die Elemente der Dinge.

6 Man kann also sagen, daß die Monaden nur auf einen Schlag anfangen und aufhören können. Sie können nur anfangen durch Schöpfung und aufhören durch Vernichtung, während das Zusammengesetzte aus Teilen entsteht und in Teile vergeht.

8 Indessen müssen die Monaden gewisse Qualitäten haben; andernfalls würden sie gar keine Wesen sein, die sind. Auch gäbe es, wenn die einfachen Substanzen sich nicht durch ihre Qualitäten unterscheiden würden, gar kein Mittel, irgendeine Veränderung in den Dingen zu bemerken, weil das, was im Zusammengesetzten vorkommt, nur von seinen einfachen Bestandteilen herrühren kann. Wenn nun die Monaden ohne Qualitäten wären, so würden sie nicht voneinander zu unterscheiden sein; denn quantitative Unterschiede gibt es bei ihnen ja ohnehin nicht. Folglich würde – unter der Voraussetzung, daß alles voll ist – jeder Ort bei der Bewegung immer nur das wieder ersetzt erhalten, was er soeben schon gehabt hatte, und der eine Zustand der Dinge würde vom anderen ununterscheidbar sein.

10 Ich nehme ferner als ausgemacht an, daß jedes geschaffene Wesen und folglich auch die geschaffene Monade der Veränderung unterworfen ist, ja daß diese Veränderung sogar stetig in einer jeden stattfindet.

11 Aus dem Gesagten folgt, daß die natürlichen Veränderungen der Monaden von einem inneren Prinzip herrühren, da eine äußere Ursache auf ihr Inneres keinen Einfluß haben kann.

13 Diese Besonderheit faßt notwendig eine Vielheit in der Einheit oder in dem Einfachen in sich. Denn da alle natürliche Veränderung gradweise vor sich geht, so wechselt immer einiges, während anderes bleibt; folglich muß es in der Monade eine Mehrheit von Regungen und Beziehungen geben, obwohl sie keineswegs aus Teilen besteht.

15 Die Tätigkeit des inneren Prinzips, welches den Wechsel oder den Übergang von einer Perzeption zur anderen bewirkt, kann als Begehren bezeichnet werden. Allerdings vermag das Begehren nicht immer vollständig zu der ganzen Vorstellung zu gelangen, nach der es strebt; aber es erreicht doch allzeit etwas davon und kommt zu neuen Vorstellungen.

18 Man könnte allen einfachen Substanzen oder geschaffenen Monaden den Namen «Entelechien» geben; denn sie haben eine gewisse Vollendung in sich (ἔχουσι τὸ ἐντελές). Es gibt in ihnen eine Selbstgenügsamkeit (αὐτάρκεια), welche sie zu Quellen ihrer inneren Tätigkeiten und sozusagen zu unkörperlichen Automaten macht.

19 Wollen wir alles, was in dem soeben entwickelten allgemeinen Sinne perzipiert und begehrt, als Seele bezeichnen, so könnten alle einfachen Substanzen oder geschaffenen Monaden Seelen genannt werden. Da jedoch die bewußte Empfindung etwas mehr ist als eine einfache Perzeption, so mag für die einfachen Substanzen, die nur einfache Perzeptionen haben, der allgemeine Name «Monade» oder «Entelechie» genügen. Die Bezeichung «Seele» dagegen mag jenen Monaden vorbehalten bleiben, deren Perzeption deutlicher und von Gedächtnis begleitet ist.

38 Somit muß der letzte Grund der Dinge in einer notwendigen Substanz liegen, in welcher das Mannigfaltige der Veränderungen lediglich «eminenter», gleichwie in der Quelle enthalten ist. Diese Substanz nennen wir Gott.

39 Da nun diese Substanz ein zureichender Grund des ganzen Mannigfaltigen ist, und dieses allenthalben in Verbindung und Zusammenhang steht, so gibt es nur einen Gott, und dieser Gott ist zureichend.

47 Somit ist Gott allein die Ur-Einheit oder die Ur-Monade. Alle geschaffenen oder abgeleiteten Monaden sind seine Erzeugungen und entstehen sozusagen durch beständige Ausblitzungen der Gottheit von Augenblick zu Augenblick – beschränkt durch die Aufnahmefähigkeit des Geschöpfs, dem es wesentlich ist, begrenzt zu sein.

48 Aber in Gott sind diese Attribute absolut unendlich oder vollkommen, während sie in den geschaffenen Monaden oder den Entelechien (oder den Perfectihabien, wie Hermolaus Barbarus dieses Wort übersetzt hat) nur mehr oder weniger gelungene Nachahmungen davon sind, je nach dem Grad ihrer Vollkommenheit.

49 Man sagt von einem Geschöpf: es wirkt nach außen, insoweit es Vollkommenheit besitzt, und es leidet von einem anderen, insoweit es unvollkommen ist. Ebenso spricht man der Monade tätige Wirksamkeit zu, insoweit sie deutlich perzipiert, und Leiden, insoweit ihre Perzeptionen verworren sind.

60 Es ist also nicht der Gegenstand, sondern die Abstufung der Erkenntnis des Gegenstands, worin die Monaden beschränkt sind. Sie gehen alle in verworrener Weise auf das Unendliche, das Ganze aus. Aber sie sind begrenzt und

voneinander verschieden nach den Graden der deutlichen Perzeptionen.

62 Obgleich also jede geschaffene Monade die ganze Welt vorstellt, so stellt sie doch mit besonderer Deutlichkeit den Leib vor, der ihr speziell angewiesen ist und dessen Entelechie sie ausmacht. Und da dieser Körper infolge des Zusammenhangs der gesamten Materie in dem Erfüllten die ganze Welt ausdrückt, so stellt auch die Seele die ganze Welt vor, indem sie diesen Körper vorstellt, der ihr auf eine eigentümliche Weise zugehört.

63 Der Leib, welcher einer Monade zugehört, die seine Entelechie oder Seele ist, bildet mit der Entelechie das, was man ein Lebendiges nennen kann, und mit der Seele das, was man Tier nennt. Nun ist aber dieser Körper eines Lebendigen oder eines Tieres immer organisch; denn da jede Monade nach ihrer Weise ein Spiegel der Welt und die Welt nach einer vollkommenen Ordnung geregelt ist, so muß es auch eine Ordnung in dem Vorstellenden geben, d. h. in den Perzeptionen der Seele und folglich auch in dem Körper, gemäß welchem die Welt in der Seele vorgestellt wird.

70 Man sieht hieraus, daß jeder lebendige Körper eine herrschende Entelechie hat, welche in dem Tiere die Seele ist. Aber die Glieder dieses lebendigen Körpers sind voll von anderem Lebendigen, von Pflanzen, von Tieren, deren jedes wiederum seine Entelechie oder seine herrschende Seele hat.

Aus: Gottfried Wilhelm Leibniz, Monadologie, Stuttgart 1954 (Reclam)

*5. Abschlußphase:*
*Das Faustische in der naturwissenschaftlichen Denkweise*

Auf einer letzten verallgemeinernden Ebene soll die zeitübergreifende Verbindlichkeit von Goethes Grundgedanken aufgezeigt werden. Bei den Überlegungen kann die Aktualität und zeitlose Gültigkeit von Goethes Menschenbild evident werden.
1. Im typenhaft faustischen Bemühen zeigt sich das zeitlos allgemein menschliche Streben. Seit Paracelsus, dem historischen Zeitgenossen Fausts, wird das Bemühen erkennbar, mit der schöpferischen Kraft das Letzte in einem gottgleichen Akt zu erreichen; das zeigt sich im Retortenbaby, aber auch im Bestreben, ins Weltall vorzustoßen. Schon in Pfitzers Volksbuch war das Bemühen definiert: «Er befleißigte sich zu erforschen den Himmelslauff»; die Linie führt konsequent bis zur modernen Weltraumforschung. Insofern wird hier das typische, dem Menschen inhärente Bemühen deutlich, in seinem Wissensdrang zum Grenzüberschreiter zu werden. In Goethes Faust zeigt sich dieser moderne wissenschaftlich-metaphysische Menschentypus.
2. Zeigt sich hier eine Wirkung der «zweiten Seele»?
Da Faust schläft, agiert bei diesem Schöpfungsakt des Homunculus ein anderer Teil, Mephisto. Es liegt nahe – da dieser Schöpfungsakt ganz im Sinne des faustisch-schöpferischen Erkenntnisdranges ist, hier die «zweite Seele» Fausts tätig werden zu sehen. Mephisto wäre also hier – bei Fausts Schlafzustand – die zweite Seele Fausts, die dunkle Seite, die sich als Grenzüberschreiter in Bezirke wagt, in denen, im Sinne des Erkenntnisdranges, die Grenze in heilige Bezirke freventlich teuflisch durchbrochen wird.

Vorbereitung der «Klassischen Walpurgisnacht» mit einem mythologischen Wörterbuch (nach Möglichkeit).

## 16. Stundeneinheit:
## Die klassische Walpurgisnacht als Drama der Seele

*Inkarnation: drei Wege zur Verkörperung und die Wissenschaftsdiskussion*

Mit Hilfe eines Lexikons (zur Klärung der Begriffe aus der Mythologie) haben die Schüler den Text «Klassische Walpurgisnacht» (die bis zum Ende des II. Aktes reicht) zu Hause vorbereitet. Zuerst sollte nun wegen der verwirrenden Details die Handlungslinie aufgezeigt werden, an der die besonderen Probleme angebunden sind. Zunächst erfolgt eine Gegenüberstellung der beiden Walpurgisnachtszenen in Teil I und II, bei der sich die Frage nach der Realitätsebene des Geschehens stellt. Dann wird bei den drei Gestalten Mephisto, Homunculus und Helena der jeweilige Weg ihrer Metamorphose, Verkörperung oder Inkarnation durch die Szenen verfolgt – dies wird den roten Faden durch das Gewirr der Walpurgisszenerie bilden.

Daran knüpft sich die Diskussion des wissenschaftlichen Problems von der Entstehung des Lebens, die schon in der vorhergehenden 15. Stundeneinheit (mit Homunculus und Leibniz' Entelechiegedanken) begonnen hatte; sie hält die beiden Einheiten dieser Sequenz des II. Aktes klammerartig unter einem großen Thema zusammen.

Leitmotivartig war Helena schon im I. Akt aufgetaucht, erscheint nun in der Diskussion über die Gestaltwerdung im II. Akt wieder; das deutet bereits auf ihr persönliches Erscheinen im III. Akt hin. So erhält der II. Akt eine Brückenfunktion zwischen dem I. und III. Akt. Das Leitmotiv Helena als konstruktives Element für die Gesamtstruktur des zweiten Teiles kann hier schon dabei verdeutlicht werden.

*1. Phase:*
*Der klassische Ort der Walpurgisnacht*

In drei Schritten soll der äußere Rahmen mit dem Handlungsgerüst der Walpurgisnacht erarbeitet werden: in einem kurzen Lehrervortrag werden die Vorbilder für Goethes klassische Walpurgisnacht eingebracht; danach zeichnet ein Lehrer-Schüler-Gespräch Goethes Ortsbeschreibung und die Handlungslinie darin auf; abschließend wird zur Verfestigung des Bildes ein Vergleich der nordischen und der klassischen Walpurgisnacht erarbeitet.

*1. Das Vorbild zu Goethes «Klassischer*
*Walpurgisnacht»*
Lehrervortrag: Wie und warum kommt Goethe auf den klassischen Ort? Goethe läßt Mephistopheles verraten: «Es ist ein altes Buch zu blättern: / Vom Harz bis Hellas immer Vettern!» (7742/3) In der Tat enthält Johannes Praetorius' altes Buch «Blockes-Berges Verrichtung», dessen Kupferstich Goethe schon als Bildquelle für die Walpurgisnacht des I. Teiles verwendet hatte, ein ganzes III. Kapitel mit dem Titel: «In was für einem Lande oder Königreiche die Hexen ihre Gasterey-Fahrt anstellen». Darin werden außer dem Blocksberg und anderen Orten auch der griechische Parnaß in Boeotien genannt: bezugsreich wird darin Apoll – der klassische Gott des künstlerischen Prinzips der Schönheit und Klarheit – erwähnt sowie als Beteiligte die Satyren aus der griechischen Mythologie: Wörtlich sagt die

Quelle*: «Noch ferner folget Boeotien, davon hat solches der Author Magic. oder wunderlichen Histor. von Gespenstern im ersten Theil am 26. Blat. Auff dem Berg Parnasso in Boeotio, welcher dem Apollini consecriret und zugeeignet wird / wird allewege ein Jahr umbs ander das Fest der Bachanalien oder tollen Fastnachten gehalten / und werden auch zum öffteren die Satyri oder Wald-Gespenst in grosser Anzahl daselbst gesehen / und werden gemeiniglich gar vornehmliche Stimmen gehöret / es ist auch offtermahls ein Klang von Cymbeln gehöret worden.» (S. 272–3)

### 2. Der klassische Ort bei Goethe und seine Handlungslinie
Fragend-entwickelnd wird dann im Lehrer-Schüler-Dialog an das Lehrerreferat angeschlossen:
Wo läßt Goethe die Walpurgisnacht stattfinden und warum finden sich die handelnden Personen dort ein?
a) Erichtho, eine antike Hexe, beschreibt wie ein Kommentator Ort und Zeit der klassischen Walpurgisnacht, wo das «Schauderfest» (7005) stattfindet. Zum Gedenken der Entscheidungsschlacht zwischen Pompeius «Magnus» (7022) und «Caesar» (7023) wiederholt sich die «grauenvolle Nacht» (7011) von 48 v. Chr., in der Pompeius bei Pharsalus am Peneios in Thessalien (6955) besiegt wurde. Hier «versammelt sich hellenischer Sage Legion» (7028) bei Halbmond (7031); «Wachfeuer» spenden dazu «rote Flammen» (7025), was «gar gespenstisch anzuschauen» (7043) ist. Es erscheinen dann «Gestalten groß, groß die Erinnerungen» (7190), d. h. Reminiszenzen an die antike Sagen- und Mythenwelt werden lebendig. Das Geschehen breitet sich dann vom «oberen Peneios» (7075) zum

* M. Johannes Praetorius, Blockes-Berges Verrichtung, Leipzig 1668

«unteren Peneios» (7249f.) aus; der Parnaß (7564) als Sitz Apolls (7566) wird einbezogen, und schließlich endet das Geschehen am «Ägäischen Meer» (8033f.).
b) Homunculus und Mephisto haben den schlafenden Faust zur klassischen Walpurgisnacht gebracht: sie vereinbaren nun, hier jeder den eigenen Weg zu gehen: «... jeder möge durch die Feuer / Versuchen sich sein eigen Abenteuer» (7064/5). Jeder der drei Handelnden hat sein eigenes Ziel vor Augen: am ausgeprägtesten ist es bei Faust; sein erster und dann später wiederholter Satz lautet nach dem Erwachen: «Wo ist sie?» (7056). Er will Helena unter der «hellenischen Sage Legion» (7028) finden. Noch einmal wird dabei daran erinnert, daß der Weg über die «Mütter» hierher zur Helena geführt hat (7060). – Mephisto deutet sein Vorhaben nur an: «Auch ich bin hier an meinem Teil» (7062). Homunculus will zu «neuen Wunderdingen» (7069), wobei wir aus der vorherigen Szene wissen, daß der «große Zweck erreicht» (6995) ist, wenn er «das Tüpfchen auf das i» (6994) entdeckt, d. h. eine Möglichkeit zur Vervollkommnung, zur Gestaltwerdung.

### 3. Vergleich zur Walpurgisnacht: Blocksberg – Pharsalische Felder
In einem brain-storming werden wichtige Charakteristika aus der Walpurgisnacht im I. Teil eingebracht, ergänzt durch die vergleichenden Bemerkungen Mephistos im vorliegenden Text; dazu werden die neuen Erkenntnisse der klassischen Walpurgisnacht in Vergleich gesetzt. Dabei soll die Eigenwertigkeit der Dichtung aufleuchten. Aufgabe: Vergleichen Sie Ort, Zeit, Personal in Walpurgis I und II. Ein großer Unterschied liegt im Ort der jeweiligen Walpurgisnacht, in der nordischen und südlichen Atmosphäre, obwohl auch sehr verwandte Details in beiden auftreten: Im I. Teil ist das Harzgebirge, die

Gegend von Schierke und Elend (3834 f.) der Ort des Geschehens; erinnert wird an ein sehr begrenztes geographisches Gebiet: Ilsenstein, Heinrichshöhe, Schnarcher (7680–2); die Tannendüfte bestimmen die heimatliche Atmosphäre: «Auf meinem Harz der harzige Dunst» (7953). Im II. Teil findet die Walpurgisnacht im «Tal und Grunde» (7072) statt. Der Ort des Geschehens ist weit ausgedehnt und schließt auch Berggegenden mit ein: «Die Ebene dehnt sich zu der Berge Schluchten / Und oben liegt Pharsalus.» (6954/5) Es ist ein vulkanisch lebendiges Gebiet: «Der Boden blüht.» (7685) Hier dominiert «der heiligen Eichen Würde» (7962).

Die Bedeutung des Ortes wird im I. Teil vom Naturgeschehen des Jahres bestimmt: immer in der Nacht zum 1. Mai, wenn sich das Wachstum in der Natur explosionsartig entfaltet, findet Walpurgis statt: «Der Frühling webt schon in den Birken.» (3845) – Im II. Teil wird die Bedeutung des Ortes durch ein historisches Ereignis festgelegt: am Jahrestag der Entscheidungsschlacht zwischen Pompeius und Caesar hebt Walpurgis an. Bei beiden gleich ist die Nachtatmosphäre beschrieben; es ist Halbmond: dort leuchtete «die unvollkommne Scheibe des roten Monds» (3851/2); zusätzlich «sprühen Funken in der Nähe» (3928), und Mammon «erleuchtet» das Fest (3932). Im II. Teil leuchtet ebenfalls «der beschnittene Mond» (7127), dazu kommen Leuchtfeuer wie ein «Labyrinth der Flammen» (7079).

Bevölkert wird der Blocksberg von «nordischen Hexen», die «von Herzen unanständig» (7086) sind, ebenso von «romantischen Gespenstern». Die griechische Walpurgisnacht wird von «hellenischer Sage Legion» beherrscht: da sind Mensch-Tierwesen, wie Chiron, der halb Dämon und halb Weiser ist, oder die Sphinxe und die Empuse mit dem Eselskopf (7447);

dazu kommen die Sagentiere: die Greife als Hüter des Goldschatzes, die lernäische Schlange (7227), die stymphalischen Vögel (7220), Abnormitäten, wie die Phorkyaden, Pygmäen, Daktylen; dazu kommt eine Gruppe von griechischen Meerwesen: Telchinen, Hipokampen, Meerdrachen; und schließlich sind auch die antiken Hexen da, wie Erichtho und die Lamien (7724).

Hier findet sich Mephisto «entfremdet», es ist ihm alles nackt, schamlos, zu lebendig; er hat kein Verständnis dafür: «Du aus Norden... / Im Düstern bist du nur zu Hause.» (6923/7) – Ganz anders ist es mit Faust; Homunculus erkennt: «Bringt ihn zu seinem Elemente» (6943); und Faust selbst spürt an diesem Orte: «Vom frischen Geiste fühl' ich mich durchdrungen» (7189); das «freie Sinnenspiel» (6973), das «zu heitern Sünden» verlockt ((974), ist sein Element; in ihm nähert er sich Helena.

## 2. Phase:
### Die Traumebene der klassischen Walpurgisnacht

Im Plenum tragen die Schüler Textstellen zusammen, die den Schlaf- und Traumzustand Fausts beschreiben, und ziehen daraus das Fazit. Gefragt wird dabei, auf welcher Realitätsebene sich das Geschehen abspielt. Zur Ergänzung fügt der Lehrer noch Nietzsches Kunstprinzip des Traumes hinzu, das auf Apoll mit seinem Sitz auf dem Parnaß basiert, in dessen Wirkungsbereich sich die klassische Walpurgisnacht vollzieht.

a) Faust schläft – vom Helenabild paralysiert – zu Beginn des II. Aktes: «Faust hingestreckt auf einem altväterlichen Bette» (6565 f.); auch die Homunculusentstehung erlebt er im Schlaf: «Die Seitentür öffnet sich, man sieht Faust auf dem Lager hingestreckt» (6902 f.); und schließlich wird Faust schlafend von Homunculus zur klassischen Walpurgisnacht gebracht: «... setz ihn nieder, / Deinen Ritter, und sogleich / Kehret ihm das Leben wieder.» (7052–54) Trotzdem bleibt diese irreale Handlungsebene offensichtlich erhalten. So sagt Homunculus über Faust, daß er das Leben «im Fabelreich» (7055) suche; und Faust selbst sagt nach seiner Ankunft auf den Pharsalischen Feldern: «Wie mich, den Schläfer, frisch ein Geist durchglühte, / So steh' ich, ein Antäus an Gemüte» (7076/7) Auch das «Labyrinth der Flammen» (7079), das Faust durchforsten will, erinnert an diesen Irrgang der Träume. Spätere Anspielungen halten die Traumebene beim Leser in Erinnerung: so spricht Peneios: «Lispelt, Pappelzitterzweige, / Unterbrochnen Träumen zu!» (7252/3); und Faust fragt den Fluß: «Sind's Träume? Sind's Erinnerungen?» (7275) Schon in der Laboratoriumsszene hatte Homunculus als Traumdeuter offengelegt, daß sich das Streben nach Helena in Fausts Seele abzeichnet. Faust sieht im Traum die klassische Umgebung der Helena und sie selbst als Leda mit dem Schwan; diese klassische Szenerie wird thematisch einfach in der Walpurgisnacht-Szene fortgesetzt. Hier findet die Seelenhandlung ihre Fortsetzung.

b) Lehrerergänzung:
Die Traumebene darf man sich dabei im klassischen Sinne des apollinischen Ideals vorstellen, wie es Nietzsche* als Kunstprinzip deutet: «Im Traume traten zuerst ... die herrlichen Göttergestalten vor die Seele der Menschen ... Apollo, als der Gott aller bildnerischen Kräfte, ist zugleich der wahrsagende Gott. Er, der seiner Wurzel nach der «Scheinende», die Lichtgottheit ist, beherrscht auch den

schönen Schein der inneren Phantasie-Welt. Die höhere Wahrheit, die Vollkommenheit dieser Zustände im Gegensatz zu der lückenhaft verständlichen Tageswirklichkeit, sodann das tiefe Bewußtsein von der im Schlaf und Traum heilenden und helfenden Natur ist zugleich das symbolische Analogon der wahrsagenden Fähigkeit und überhaupt der Künste, durch die das Leben möglich und lebenswert gemacht wird ... das Traumbild hat ... seine maßvolle Begrenzung, seine Freiheit von den wilderen Regungen, jene weisheitsvolle Ruhe des Bildnergottes.» (S. 23f.) So strukturiert Goethe die Welt, in der Faust Helena erlebt, ganz nach diesem klassisch antiken Kunstideal. In dieser Welt des schönen Scheins, der maßvollen Begrenzung, in dieser klassischen Welt Helenas, gewinnt Faust (Goethe) seine neuen ästhetischen Maßstäbe der klassischen Kunst. Die Metapher ‹Antäus› drückt dabei den Vorgang aus: Faust (Goethe) muß in die hellenische Welt kommen, um wie Antäus hier an Ort und Stelle aus dieser Region seine Kraft einzusaugen und wirksam werden zu können.

3. Phase:
*Drei Wege der Gestaltwerdung*

In der scheinbar verwirrenden Fülle der Erscheinungen im Walpurgisnachtstreiben gibt es ein klares Thema, die Gestaltwerdung; dies wird auf drei verschiedenen Wegen – Metamorphose, Verkörperung, Inkarnation – an den Gestalten Mephisto, Homunculus und Helena realisiert. Eine weitere Schwierigkeit tritt hinzu: die Inkarnation Helenas wird in der – uns schon bekannten – Leerstellentechnik vollzogen. In dieser Fülle sollte die ordnende Hand des Lehrers – in der gelenkten Diskussion – die Feinstrukturen und Erkenntnisse für den Schüler einsichtig machen. Bei allen drei Gestalten wird ge-

---

* Friedrich Nietzsche, Die Geburt der Tragödie, in Werke I. Bd., München 1954

fragt, welchen Weg sie zu ihrer Verwandlung gehen und in welcher Absicht sie geschieht.

### 1. Die Metamorphose Mephistos zu Phorkyas

Mephisto kündigt zu Beginn der Walpurgisnacht seine geheime Absicht für sein Hiersein an: «Auch ich bin hier an meinen Teil» (7062); auch er will sich in «sein eigen Abenteuer» stürzen. Die Lamien ermuntern ihn zum Spiel mit den Metamorphosen (7759f.), das er ja – mehr in der Form von Verkleidungen und Rollentausch – von den ersten Szenen des I. Teiles an mit Vergnügen treibt. Schließlich bringt ihn eine Baumnymphe, Dryas, auf die Phorkyaden (7967ff.); sie stellen selbst für den in Scheußlichkeiten versierten Mephisto noch eine Überraschung dar: es sind drei Töchter des Meeresgottes Phorkyas, die zusammen nur ein Auge und einen Zahn (8014) in wechselseitiger Benutzung haben. Von ihnen will Mephisto den «Segen dreifach» (7985) empfangen. Er ist «entzückt» (7993) von ihrem Anblick, denn hier scheint er zu seinem Ziel zu kommen. Sein Wille zur Verwandlung wird spürbar; er bittet die drei Scheußlichkeiten, «der Dritten Bildnis mir zu überlassen / Auf kurze Zeit» (8017/8); und schließlich erscheint mit Genugtuung «Mephistopheles als Phorkyas im Profil». Er hat sein Ziel in der Walpurgisnacht erreicht. Sogleich erfahren wir auch den Grund und die Absicht für diese Metamorphose: er hat vor, in dieser Gestalt «Im Höllenpfuhl die Teufel zu erschrecken» (8083).

### 2. Die Verkörperung des Homunculus

Aus der Laboratoriumsszene wissen wir, daß Homunculus bisher reine Entelechie, eine geistige Existenz ist und zur Vollkommenheit die leibliche Gestalt benötigt. Er setzt seine Hoffnung auf die klassische Walpurgisnacht: «Ich schwebe so von Stell' zu Stelle / Und möchte gern im besten Sinn entstehn» (7830/1); und später wiederholt er: «Mir selbst gelüstet's, zu entstehn!» (7858) Dazu möchte er zunächst zwei berühmte Philosophen befragen, «Wohin ich mich am allerklügsten wende» (7841). Von Mephisto bekommt er den Rat: «Willst du entstehn, entsteh auf eigne Hand!» (7848); doch Thales, der eine Philosoph, rät ihm: «Nun fort zum heitern Meeresfeste.» (7949) Er bietet ihm an: «Ich führte dich zum alten Nereus gern» (8082) und stellt Homunculus dann mit seinem Anliegen dem Greis des Meeres vor: «Der Knabe da wünscht weislich zu entstehn.» (8133) Nereus verweist ihn an die nächsthöhere Station zu Proteus: «Hinweg zu Proteus! Fragt den Wundermann: / Wie man entstehn und sich verwandeln kann.» (8152/3) Thales stellt dem Proteus dann auch Homunculus, «ein leuchtend Zwerglein» (8245), mit seinem ganzen Problem vor: «Es fragt um Rat und möchte gern entstehn / Er ist . . . / Gar wundersam nur halb zur Welt gekommen. / Ihm fehlt es nicht an geistigen Eigenschaften . . . / Doch wär' er gern zunächst verkörperlicht.» (8246–52) Proteus gibt ihm nun den fundamentalen Rat: «Im weiten Meere mußt du anbeginnen!» (8260) Dahinter steckt die moderne naturwissenschaftliche Erkenntnis, daß alles Dasein im Meer beginnt: auch der Embryo des Menschen durchläuft in seinen frühen Stadien den Zustand der Fische (Kiemenanlage) und spiegelt so den ewigen Aufstieg des Lebens aus dem Meer wider. Proteus bietet sich selbst an, mit Homunculus den Weg ins Meer zu gehen: «Dem Leben frommt die Welle besser; / Dich trägt ins ewige Gewässer / Proteus-Delphin.» (8315–17) Thales rät ihm, nach den «ewigen Normen» (8324) «von vorn die Schöpfung anzufangen» (8322), um so «durch tausend, abertausend Formen» (8325) zum Menschsein zu gelangen. Folgerichtig muß Homunculus zuerst in seinem Glase zerschellen; dies geschieht an Galatees Muschelwagen; sie symbolisiert das stille, glänzende Meer: «Was flammt um die Muschel, um Galatees Füße / Homunculus ist es ... / Er wird sich zerschellen am glänzenden Thron.» (8466–72) Vom Meer aus kann nun seine Gestaltwerdung beginnen.

### 3. Die Inkarnation Helenas – dargestellt in der Leerstellentechnik

Schon aus der Traumdeutung des Homunculus wissen wir, daß Faust mit allen Fasern seiner Seele wünscht, die in einem magischen Bild geschaute Helena leibhaftig zu besitzen. Es erhebt sich die doppelte Frage: wie kann das unendlich tiefe Verlangen Fausts die Inkarnation Helenas erwirken, und wo ist die Ersehnte zu erreichen? Welche Grenzen müssen dabei jeweils überschritten werden? Im Dreischritt der Leerstellentechnik stellt Goethe nun dieses Geschehen dar:

a) Zuerst wird das Ereignis vorbereitet. Um sein Ziel zu erreichen, muß Faust von Homunculus zur klassischen Walpurgisnacht geführt werden: «Denn wo man die Geliebte sucht, / Sind Ungeheuer selbst willkommen.» (7193–4) Faust geht nun auf die Suche: «Ihr Frauenbilder müßt mir Rede stehn: / Hat eins der Euren Helena gesehn?» (7195/6) Die Sphinxe verweisen ihn an Chiron, den Weisen (7199). Chiron kann ihm nur ein Stück weiterhelfen: «Ich bin bereit, dich durch den Fluß zu tragen.» (7335) Von Chiron will Faust zunächst einiges über Helena erfahren. «Nun sprich auch von der schönsten Frau!» (7398) Chiron weiß besonders von ihrer Anmut zu berichten, die an kein Lebensalter gebunden ist: «Die Anmut macht unwiderstehlich, / Wie Helena, da ich sie trug.» (7405) Der Bericht steigert Fausts Verlangen: «Sie ist mein einziges Begehren! / Woher, wohin, ach, trugst du sie?»

(7412/3) Und nun wird Faust in seinem Begehren – «Doch immer weiter strebt mein Sinn» (7291) – zum Grenzüberschreiter; er weiß, daß er Zeit- und Raumgrenzen überspringen muß: «Gnug, den Poeten bindet keine Zeit / So sei auch sie (Helena) durch keine Zeit gebunden!» (7433/4) Faust glaubt, durch die Intensität des Verlangens auch den Raum mit seiner Realität überwinden zu können: «Und sollt' ich nicht, sehnsüchtiger Gewalt, / Ins Leben ziehen die einzigste Gestalt?» (7438/9) Wer die natürlichen Grenzen aufhebt, wird für «verrückt» (7447) erklärt, und so will Chiron den Faust von Äskulaps Tochter Manto heilen lassen: «Helena, mit verrückten Sinnen, / Helena will er sich gewinnen.» (7484/5) Bei Manto jedoch trifft das «Faustische» auf seine Entsprechung: «Den lieb' ich, der Unmögliches begehrt.» (7488) Sie führt Faust zu der entscheidenden Instanz und wird mit ihm zur Grenzüberschreiterin: «Der dunkle Gang führt zu Persephoneien.» (7490) «Sie steigen hinab» (7494f.) zu der Mitbeherrscherin der Unterwelt.

b) Wie dann Fausts Begegnung mit Persephoneien verläuft und wie er Helena aus der Unterwelt freibekommt und wie sie schließlich wieder ins Leben geführt wird, dieser Vorgang der Inkarnation bleibt nach dem Goetheschen Gestaltungsprinzip der Leerstellentechnik ausgespart. Wir wissen aus einer Anmerkung zu Ekkermann vom 15. 1. 1827: «Fausts Rede an Proserpina, um sie zu bewegen, daß sie Helena herausgibt, was muß das nicht für eine Rede sein, da die Proserpina selbst zu Tränen davon gerührt wird.»

c) Wir sehen später nur die Wirkung dieser Begegnung: die Inkarnation hat stattgefunden; zu Beginn des nächsten Aktes ist sie vor dem Palaste des Menelaos zu Sparta und später dann bei Faust auf einer mittelalterlichen Burg, zurück im realen Raum.

## 4. Phase:
### Die Wissenschaftsdiskussion über die Entstehung des Lebens

Das dreifache Problem der Gestaltwerdung löst die Wissenschaftsdiskussion nach dem Uranfang des Lebens, dem Prinzip der Entstehung aus; sie personalisiert zwei widersätzliche Standpunkte in den beiden antiken Gelehrtengestalten Anaxagoras und Thales. Die Schüler sollen in zwei Gruppen unabhängig voneinander die beiden Standpunkte herausarbeiten und dann gegenüberstellen; der Lehrer sammelt die Ereignisse in zwei antithetischen Spalten an der Tafel. Aufgabenstellung: Erarbeiten Sie den Standpunkt des Anaxagoras/Thales zu der Entstehung des Lebens!

1. Nach Anaxagoras ist *Feuer* die bewegende Kraft: «Durch Feuerdunst ist dieser Fels zu Handen» (7855); bei Thales ist das *Wasser* der Urquell des Lebens: «Im Feuchten ist Lebendiges entstanden.» (7856) Hier stehen sich die Vertreter der vulkanistischen und der neptunistischen Naturanschauung gegenüber.

2. Ein Unterschied besteht auch in der zeitlichen Auffassung. Anaxagoras sieht «in *einer* Nacht / Solch einen Berg... hervorgebracht» (7859/60), und zwar durch «Äolischer Dünste Knallkraft» (7866). Dem widerspricht Thales: «Nie war Natur und ihr lebendig Fließen / Auf Tag und Nacht und Stunden angewiesen.» (7861) Die Theorie des «Urknalls» steht hier der Evolutionstheorie gegenüber.

3. Beide Naturauffassungen spiegeln auch die gegensätzlichen Moralvorstellungen wider: Anaxagoras fordert Homunculus auf: «Kannst du zur Herrschaft dich gewöhnen, / So laß' ich dich als König krönen.» (7879/80) Dagegen spricht warnend Thales: «Sieh hin! die schwarze Kranichwolke! / ... Sie stechen nieder auf die Kleinen / ... Doch jener Mordgeschosse

Regen / Schafft grausam-blut'gen Rachesegen.» (7884–93) Die Auffassung von der Gewalt in der Natur und als Ausfluß davon die Beherrschung der Menschen durch Macht und Gewalt steht der Idee einer gewaltlosen Gesellschaftsform, vergleichbar der Evolution in der Natur, gegenüber.

Fazit: Wozu sich Goethe entscheidet, deutet er fast überschriftartig zu Beginn der Diskussion an: «Ohne Wasser ist kein Heil!» (7499); und zum Abschluß läßt er Thales sagen: «Alles ist dem Wasser entsprungen!! / Alles wird durch das Wasser erhalten!» (8435) Goethes Kritik an der Gewalt, die schon zu Beginn der Walpurgisnacht angeschlagen wurde («Denn jeder, der sein inneres Selbst / Nicht zu regieren weiß, regierte gar zu gern / Des Nachbars Willen» [7015/7]) findet in der Warnung vor der Eskalation von Gewalt und Rache ihren Höhepunkt.

## 5. Phase:
### Strukturelemente:
### Klammerfunktion der Wissenschaftsdiskussion
### Helena als Leitmotiv

In einer letzten Abstraktionsphase soll im Plenum mit Hilfe der Strukturelemente die größere Übersicht und der Zusammenhalt der Einzelteile erarbeitet werden. Da die Struktur durch ein Motiv und eine Person bestimmt wird, fragen wir nach der formenden Leistung des Wissenschaftsthemas und nach der Funktion der Helena-Gestalt für den II. Teil.

In der Laboratoriums-Szene der heimischen Atmosphäre wird an der Gestalt des Homunculus die Entstehung geistigen Lebens, der reinen Entelechie, gezeigt (6860 ff.; bestätigend dann 8249–8252 «Ihm fehlt es nicht an geistigen Eigenschaften, / Doch gar zu sehr am greiflich Tüchtighaften. / Bis jetzt gibt ihm das Glas allein Gewicht, / Doch wär' er gern zunächst verkörperlicht.»). Dieser Teil des Lebens wird von vornherein nur als eine unvollkommene Hälfte deklariert, die einer Komplementierung bedarf (6994ff., 7831 «Und möchte gern im besten Sinn entstehn»). Diese geschieht dann in der Suche nach Verkörperlichung während der klassischen Walpurgisnacht (7830ff. bis zum Zerschellen des Glasbehälters an Galatees Muschelwagen im Meer 8472). Parallel dazu folgt der praktischen Experimentierarbeit in der Laboratoriumsszene die theoretische Erörterung über die Entstehung des Lebens in der Diskussion von Anaxagoras und Thales in der Walpurgisnacht-Szene (7851–7950). So werden die beiden großen Szenenkomplexe des II. Aktes durch ein großes Thema klammerartig zusammengehalten.

Der Gedanke an Helena ist seit der Spiegelerscheinung in der «Hexenküche» des I. Teiles lebendig; er kündigt das Geschehen des II. Teiles an. Im zweiten Teil ist Helena dann vom I. Akt an gegenwärtig: zuerst erscheint sie – vom Kaiser gefordert – als Zauberbild am Hofe, sozusagen als Randfigur nur zum Amüsement. Das Helenabild allein reicht jedoch schon aus, um die Hauptfigur des Dramas zu paralysieren. Der ganze II. Akt ist (bei Fausts Traum beginnend – eine einzige Jagd nach der ersehnten Helena, ohne daß dieses Ziel schon erreicht werden kann: insofern ist der II. Akt für die Helena-Handlung nur eine Brücke – jedoch unter Spannung – zu ihrem wirklichen Erscheinen im III. Akt. Helena wird somit zum Leitmotiv durch die ersten drei Akte. Das läßt sich wieder in einer Strukturskizze veranschaulichen: Das Helenabild wird im I. Akt zum Zündfunken (erregendes Moment) für die Wunschvorstellungen Fausts; im II. Akt treiben ihn diese bis zur Grenzüberschreitung in der Walpurgisnacht (dramatischer Knoten); das führt

schließlich weiter zur Vereinigung im III. Akt (Höhepunkt). Helena garantiert die Einheit des Stückes bei der Vielfalt der Details und zeigt den durchgehenden Konstruktionsplan gerade in der Abhängigkeit der zwangsläufig aufeinanderfolgenden Handlungselemente.

*Hausaufgabe:*

Vorbereitung des III. Aktes:
Wird Helena zur Gefährdung für Fausts Pakt-Wette?

## Exkurs:
## Das Helena-Bild im Volksbuch und Goethes Neuwertung der Frau

*Die Frau in Goethes Menschenbild*

Es empfiehlt sich, der Interpretation der Selbsteinführung Helenas eine Rückerinnerung an das Helena-Bild in Pfitzers Volksbuch (Mat. II.2) voranzustellen; zweierlei kann damit didaktisch geleistet werden: die Fakten aus Goethes Quelle über Helena sprechen die Problematik an und stellen den inhaltlichen Zusammenhang zu Goethes Werk her – vor allem aber kann dann auf dem Hintergrund dieser Fakten in der Methode des Vergleichs Goethes neue Sicht der Frau aufleuchten, die einen bedeutenden Teil seines Menschenbildes ausmacht.

In zwei Phasen wird diese Aufgabe bewältigt: in einer Stillarbeitsphase zur Vergegenwärtigung des Quellen-Textes und in einem Klassengespräch, das ein dialektisches Tafelbild erarbeitet.

## 1. Phase:
### Fakten und Probleme zur Helena-Erweckung im Volksbuch

Im Vergleich von Helenas Darstellung in der Quelle (Mat. II.2), die Goethe kannte, mit seiner Version in III. Akt kann der Schüler auf die Problematik der Gestaltung geführt werden und die Eigenleistung des Dichters ermessen. In einer kurzen Stillarbeitsphase vergegenwärtigen sich die Schüler den Quellentext und bringen dann ihre Erkenntnisse ein, zu denen ihnen die Frage helfen soll, welche Fakten und welche Probleme zur Helena-Erweckung in der Quelle angesprochen werden. Helena wird Faust als Ersatz für eine – laut Vertrag nicht geduldete – Verehelichung mit einem schönen armen Mädchen aus der Nachbarschaft angeboten. Sie soll «seines Fleisches bösen Lüsten genugsam Raum geben», und zwar als «Concubin». Ihm «verschafft» der Geist Mephostophiles die schöne Helena. Sie ist «so wunderschön, daß D. Faustus nicht wuste, ob er bey sich selbst wäre oder nicht». Die Gestalt Helenas wird im Detail beschrieben: «ihr Purpurkleid, ihr Haar in Goldfarb, die kolschwartzen Augen»; «kein Tadel» ist an ihr zu finden.
Helena beeindruckt Faust so, daß er «in hefftiger Liebe gegen sie entzündet wurde» und er «schier keinen Augenblick von ihr seyn kunte noch wolte». Sie ist dann «eines Sohnes niederkommen und genesen», den sie «Justum Faustum» nennen. Mutter und Sohn sind nach Fausts Tod «verschwunden».
Zum Problem wird erhoben, daß Helena «ja keine natürliche leibhaffte Person wäre», deshalb auch nicht schwanger werden könne. Dennoch wird sie mit «natürlichen Geburtsschmerzen belegt» und kommt nieder. Eine Erklärung für das scheinbar Unmögliche wird nicht gegeben. Helena muß auch erst entstehen «in eben der

Form und Gestalt, wie sie im Leben gewesen». Auch dieser Prozeß wird nicht thematisiert.

## 2. Phase:
### Die Helena-Gestalt in Faust II – Die Frau in Goethes Menschenbild

Im Klassengespräch und Tafelanschrieb wird die vorhergegangene Hausaufgabenlektüre ausgewertet und den Ergebnissen der 1. Phase gegenübergestellt: Wie verändert Goethe gegenüber der Quelle die Helena-Faust-Beziehung und wie löst er die Problematik der Helena-Gestaltung? Obwohl Goethe sich an wichtigen Vorgaben der Quelle orientiert, interpretiert er Helena in seinem Verständnis und Geist.

1. Für Faust ist Helena nicht Ersatz, sondern schon seit dem Erscheinungsbild im I. Akt sein «*einziges* Begehren» (7412); er verlangt nach ihr mit «sehnsüchtiger Gewalt» (7438); alles ist auf den Höhepunkt des Zusammentreffens mit ihr angelegt; und schließlich erklärt Faust ihr in der schlichten, aber wahrhaftigen Verlobungsformel des Mittelalters: «Ich bin dein, und du bist mein; / Und so stehen wir verbunden, / Dürft' es doch nicht anders sein!» (9704–6) Faust will Helena nicht zur Concubine aus fleischlichen Lüsten; er bietet ihr von Anfang an den Thron: «Zu deinen Füßen laß mich, frei und treu, / Dich Herrin anerkennen, die sogleich / Auftretend sich Besitz und Thron erwarb.» (9270–2) Faust will nur der «Mitregent» (9362) sein; sie soll vor ihm den ersten Platz einnehmen. Hier vollzieht Goethe eine revolutionäre Erhöhung der Frau; in seiner Huldigung redet er sie mit der idealisierten Formel «hohe Frau» der mittelalterlichen Minne an, die in ihrer Idealform die Frau ganz ohne «des Fleisches bösen Lüsten» in Liebe verehrte: «Erst knieend laß die treue Widmung dir / Gefallen, hohe Frau.» (9359/

60) Der Verwirrung der Gefühle in der Quelle, wo «Faustus nicht wuste, ob er bey sich wäre» steht die Klarheit des Bewußtseins und die Heiterkeit des Gefühls gegenüber; wohlorganisiert ist ihr Empfang auf Fausts Burg, der erste Diener des Fürsten Faust – Lynkeus – höfisch für den Empfang präpariert. Faust begegnet ihr «frei und treu» (9270), und er spricht mit ihr «gar leicht, es muß von Herzen gehn» (9378); klar und deutlich sprechen beide den Satz: «Die Gegenwart allein – ist unser Glück.» (9382) Im Gegensatz zur Detailbeschreibung der Person in der Quelle verliert die Äußerlichkeit bei Goethe ganz ihre Bedeutung; hier werden nur der Gesamteindruck und die inneren Qualitäten verbalisiert: «Vor der herrlichen Gestalt / Selbst die Sonne matt und kalt, / Vor dem Reichtum des Gesichts / Alles leer und alles nichts.» (9352–5) Wo sie auftritt, kehrt Friede ein; sie ist die Friedensbringerin: «Schon das ganze Heer ist zahm, / Alle Schwerter stumpf und lahm.» (9350/1) Schon hier treten Attribute auf, wie sie der Gottesmutter in Litaneien zugebilligt werden und dann am Schluß wiedererscheinen: Friedensbringerin, Herrin, Königin. Ohne Schmerzen bekommt sie ihren Sohn in idyllischer Abgesondertheit: «Doch auf einmal ein Gelächter echot in den Höhlenräumen; / Schau' ich hin, da springt ein Knabe von der Frauen Schoß zum Manne... Scherzgeschrei und Lustgejauchze.» (9598–9601) Der Knabe hat den Namen Euphorion und stirbt, seine Mutter mitnehmend, vor Faust: Wo in der Quelle nach Fausts Tod keine Existenzmöglichkeit mehr für Mutter und Sohn da ist, wird hier die Vergänglichkeit in antiker Schicksalhaftigkeit thematisiert: «Ein altes Wort bewährt sich leider auch an mir: / Daß Glück und Schönheit dauerhaft sich nicht vereint.» (9939/40)

2. Im Volksbuch «verschafft» Mephisto dem Faust die Helena in eben der Form und Gestalt, wie sie im Leben gewesen. Bei Goethe muß Faust den Weg zu Helena selbst gehen: erst muß er ins «Reich der Mütter», dann in die Unterwelt zu Persephoneia, um Helenas Inkarnation zu erwirken. Phorkyas-Mephisto führt sie ihm nur von Sparta zu.

Das Volksbuch sieht die Diskrepanz, daß Helena «ja keine natürliche leibhaftige Person» ist und dennoch in «natürlichen Geburtsschmerzen» einen Sohn gebiert; für diese Diskrepanz gibt es keinen Erklärungsversuch, außer dem Hinweis, daß der «Satan», «Lucifer», im Spiel ist. Diese unrealistische Diskrepanz übernimmt Goethe aus der Quelle und stellt das Geschehen auf die poetische Realitätsebene. Auf Helenas Aussage: «Ich fühle mich so fern und doch so nah, / ... Da bin ich! da!» (9411/2) antwortet Faust: «Es ist ein Traum, verschwunden Tag und Ort.» (9414)

Fazit: Bei Goethe gewinnt die Frau in der Gestalt Helenas eine Rangstellung, wie sie ihr bisher kein literarisches Werk eingeräumt hatte. Die Frau tritt heraus aus ihrer Objekt-Rolle; sie ist um ihrer selbst willen liebenswert. Goethe räumt ihr nicht nur eine Gleichrangigkeit als «Mitregentin» des Mannes Faust ein, sondern sie soll sogar den ersten Platz einnehmen. Kulturhistorisch weist Goethe ihr die Funktion der «Friedensbringerin» zu und erhöht sie assoziativ ins Göttliche. Erst dieses Bild der Frau komplettiert Goethes neues *humanes Menschenbild*.

# VI. Sequenz:
## Faust in der Welt der Liebe und Schönheit

*Euphorion: Höhepunkt und Peripetie in der Gesamtstruktur*
*Schönheitsideal: Synthese aus nordischem und griechischem Erbe*

*Zur Problematik*

Im II. Akt hatte Manto versprochen, dem Manne zu helfen, der «Unmögliches begehrt», und Faust zu Persephoneia, der Mitbeherrscherin der Unterwelt, geführt. Im III. Akt nun wird das Unmögliche wahr. Helena kehrt von Troja nach Sparta zurück und wird von Phorkyas-Mephisto Faust zugeführt. Die Frage, wie Vergangenheit und Gegenwart sich zueinander verhalten, wird durch Goethe mit der Einführung der neuen Realitätsebene des antiken Chores so gelöst, daß Schönheit zeitlos ist und die schönste Frau in die Realität der poetischen Kategorie gehoben wird. Im Paralipomenon 74 erklärt Goethe: «Gegenwärtig ist genug, wenn man zugibt, daß die wahre Helena auf antik-tragischem Kothurn vor ihrer Urwohnung zu Sparta auftreten könne.» Emil Staiger* merkt dazu an: «Wir haben uns völlig klar zu machen, daß Goethes Einbildungskraft sich nicht mehr an den erscheinenden Wesen entzündet und auf die Gesetze des wahrnehmbaren Lebens verpflichtet, daß alles Vergängliche nur dazu dient, das Unvergängliche darzustellen und unter kühnster Mißachtung der Kategorien der Objektivität, der Bedingungen gegenständlichen Daseins, höhere Zwecke verdeutlichen hilft.» Diese neue Art der Ästhetik bedingt neue Formen der Äußerung, die bis in die Versgestaltung

---

* Emil Staiger, Goethe, Zürich, 1963; III. Band, S. 364

hineingehen und gewürdigt werden müssen.

*Zur Didaktik*

Die Sequenz umfaßt – der Exkurs kann einleitend vorangestellt werden – zwei Unterrichtseinheiten: die erste soll – entsprechend dem ersten Schwerpunkt des III. Aktes – ganz die Gestalt Helenas in den Mittelpunkt stellen und in der Spiegelung der Häßlichkeit der (weiblichen) Phorkyas-Mephisto die Schönheit herausheben. In der zweiten Einheit, die im Grundkurs ausgespart werden könnte, ist dann die Beziehung Helena–Faust thematisiert und im gemeinsamen Sohn Euphorion zum Höhepunkt geführt. In dieser Einheit sollen besonders die dichterische Form und das neue ästhetische Verständnis transparent werden. Lebendig bleibt auch in dieser Sequenz die durchgehende Frage, welche Bedeutung dieser Weltbereich für Faust im Sinne des Wett-Vertrages hat.

# 17. Stundeneinheit:
## Helena – Fausts einziges Begehren

*Helena und Phorkyas als Antipoden*
*Die antiken Versmaße*

*1. Phase:*
*Helena in der Selbstdarstellung und aus der Sicht Phorkyas'*

In zwei Gruppen erarbeiten die Schüler, die den Text als Ganzes von der Hausaufgabe her schon kennen, jeweils einen Teil der Frage und stellen danach vergleichend ihre Ergebnisse gegenüber; der Lehrer faßt die Ergebnisse in zwei Spalten an der Tafel zusammen (siehe Stundenblatt).

Die Arbeitsfragen für die Gruppen lauten: Wie stellt Helena sich selbst dar (nach Herkunft, Schicksal, Wertung) – und wie sieht Phorkyas-Mephisto Helena?

Im Dreischritt der Leerstellentechnik war Helenas Erscheinen im II. Akt angekündigt worden. Faust war in unendlicher Sehnsucht ins Reich der Unterwelt gegangen, um die Inkarnation Helenas zu erwirken. Das Ergebnis zeigt der III. Akt. Helena stellt sich mit ihrer Genealogie und ihrem Schicksal vor: sie kennt dabei die Bewertung ihrer Person durch die Umwelt. Tyndareos (8497), der König von Sparta, war ihr Vater; sie wuchs mit den Brüdern Kastor und Pollux (8500) und der Schwester Klytämnestra (8499) auf. Schon früh erregt sie das Begehren der Männer; das wird ihr zum Schicksal. Bereits zehnjährig – als früh erblühte Schönheit – wird sie von Theseus entführt und durch ihren Bruder wieder befreit. (8850–52) Dann genießt Patroklus ihre stille Gunst (8854/5); doch nach des Vaters Willen wird sie Menelaos angetraut (8856). Aus dieser Ehe stammt Hermione (8859). Das Problem scheint zu sein, daß Menelaos sich als Eingeheirateter als «Knecht» (8559) fühlt und seine Frau als «Fürstin» (8556) sieht. Bei ihrer Rückkehr nach Sparta hat sie eine ungute Vorahnung; durch die Stygischen (8653), die Götter der Unterwelt, hat sie die Warnung erhalten, sich von der «langersehnten Schwelle» (8655) fernzuhalten. Eine weitere Warnung kommt ihr im Traum zu, wo ihr ein Empfang in «der öden Gänge Schweigsamkeit» (8669) angekündigt wird. Helena soll schließlich den Opferaltar vorbereiten, aber kein Opfertier ist da (8581), und sie erkennt, von Phorkyas darauf hingewiesen, daß sie selbst das Opfer sein soll: «Königin, du bist gemeint» (8924). Sie fühlt sich als «Opfer für des Fürsten bittern Schmerz / Und für der Griechen lang' erduldetes Mißgeschick» (8528/9). Das Rettungsangebot, auf Fausts Burg zu kommen, macht Phorkyas (Mephisto) im rechten Augenblick: die Begegnung mit Faust ist prädestiniert.

Helena bewertet auch ihr eigenes Verhalten und ihr Schicksal. So sieht sie die Ehe mit Menelaos wegen seiner leidenschaftlichen Seefahrertätigkeit als «halbe Witwenschaft» (8862). Ihre Entführung nach «Ilios' umtürmter Stadt» durch Paris wertet sie – anders wohl als ihr Gatte – als «allzuherbes Leid» (8870); sie weiß, daß sie bei ihrer Rückkehr deswegen «Bewundert viel und viel gescholten» (8488) wird; ihrer Meinung nach spann sich die «Sage» zum «Märchen» aus (8515). Schließlich sieht sie sich selbst als Idol: «Ich schwinde hin und her und werde selbst mir ein Idol.» (8881)

Phorkyas übt heftig Kritik an Helenas Lebenswandel, daß «Scham und Schönheit nie zusammen... den Weg verfolgen» (8744/6). Schon bei der ersten Entführung als Kind durch Theseus sieht Phorkyas durchaus ihre eigene Mitwirkung, Theseus sei durch sie «gierig aufgeregt» (8848) worden. Danach werden in ihrer Umgebung alle «Liebesbrünstige / Entzündet rasch zum kühnsten Wagstück jeder Art» (8846/7). So sieht Phorkyas sie auch bei der Entführung durch Paris nicht nur als Opfer: «Manneslustige du, so wie verführt verführende, / Entnervend beide, Kriegers und auch Bürgers Kraft.» (8777/8) Ihr zweiseitig schillerndes Leben bringt Phorkyas in einer kritischen Reminiszenz in Erinnerung: «Doch sagt man, du erschienst ein doppelhaft Gebild, / In Ilios gesehen und in Ägypten auch.» (8872/3) Als Vorwurf, sich sogar mit dem Schattenreich eingelassen zu haben, bringt Phorkyas vor: «... aus hohlem Schattenreich herauf / Gesellte sich inbrünstig noch Achill zu dir! / Dich früher liebend gegen allen Geschicks Beschluß» (8876–8)

## 2. Phase:
### Phorkyas: Wesen und Funktion

Von der wertenden Beschreibung Helenas durch Phorkyas fällt der Blick auf den Widerredenden selbst, und es erhebt sich die Frage, wer sich da dieses Recht herausnimmt und welche Funktion diese Person neben Helena einnimmt. Mit einem Rückblick auf den I. Teil sollen mögliche Parallelen zwischen Gretchentragödie und Helenadrama die Duplizität der Struktur erkennen lassen.

1. Mephisto kann seine Wesenszüge auch in der äußeren Verwandlung als Schaffnerin Phorkyas nicht verbergen: er (sie) ist der *Kritiker,* der «Mißblickende, Mißredende» (8883), dem «ewig nichts recht» ist. In seiner Kritik an Helena, die er – teuflisch pervers – mit Moralvorhaltungen treffen will, geht er soweit, daß sie in Ohnmacht sinkt (8881f.). Die Kritik reicht gegenüber den Choretiden bis zur unflätigen Beschimpfung (8819). Dies erkennt auch Helena als Wesenszug von Phorkyas: «Ist dir denn so das Schelten gänzlich einverleibt, / Daß ohne Tadeln du keine Lippe regen kannst?» (8992/3)

Das *Dämonisch-Pervertierte* sieht Helena durch die äußere Hülle des Phorkyas hindurch: «Ein Widerdämon bist du ... Gutes wendest du zum Bösen um.» (9072/3) Phorkyas ist schlechthin der Häßliche mit «gräßlich einzahnigen Lippen» (8884/5) und in «Magerkeit» (8820); vor seinem Anblick gerät der Chor in «Furcht» (8732): «... daß ich dies / Gräßliche hier mit Augen schau'» (8722/3); von den Choretiden wird er als «ekle Leiche selbst» (8822) gesehen.

2. Phorkyas steht als «Scheusal neben der Schönheit» (8736/7); sie/er ist – auch in seiner/ihrer zwitterhaften Geschlechtlichkeit – der Kontrapunkt zur Schönheit Helenas, die gerade in ihrer Geschlechtlichkeit ganz Frau ist. Im *Kontrast zu Phor-*

*kyas* erstrahlt Helenas Schönheit verstärkt; die Chorführerin spricht es aus: «Wie häßlich neben Schönheit zeigt sich Häßlichkeit.» (8811) In dieser Kontrastierung zum häßlichen Dämon hebt sich *der schöne Mensch* ab. Hinter der Ästhetik steht die ethische Aussage, wie Schiller im 23. Brief über die ästhetische Erziehung des Menschen sagt: «Wo das Gute als Schönheit erscheint, muß das Böse als vollendete Häßlichkeit auftreten.»

3. Die Konstellation Gretchen–Mephisto des I. Teiles scheint sich in Helena–Phorkyas zu wiederholen; einmal sind es die natürlichen Gegensätze: dort war es der instinktiv gespürte Gegensatz von Reinheit und sündiger Verdorbenheit, hier ist es auf einer generalisierenden Ebene das Gute in der Schönheit gegenüber dem Schlechten an sich in der Häßlichkeit. Dort führte Mephisto das Gretchen über den materiellen Anreiz des Schmuckes zu Faust, hier leitet Phorkyas die Helena über das höherrangige Gut der Sicherheit und des Throns zu Faust. Unter Mephistos Mitwirkung endet das Liebeserleben von Faust und Gretchen mit dem tragischen Tod des Kindes, das seine Mutter mit ins Verderben reißt. Später ist Phorkyas wieder als einziger in dem Idylle-Leben von Faust und Helena dabei, das mit der Tragödie des Kindes Euphorion endet, das seine Mutter Helena mit in den Tod nimmt. Hier wie dort kommt das tragische Ende jeweils unter Mitwirkung Mephistos-Phorkyas' zustande.

## 3. Phase:
### Antike Versmaße – Helena als Heldin des klassischen Altertums

Die Kongruenz von Inhalt und Form kann dem Schüler in der Versgestaltung gerade des III. Aktes aufgehen: in antiken Versen wird das klassische Altertum als Lebensraum Helenas gegenwärtig. Der Lehrer gibt dem Schüler über die Versbetrachtung eine Interpretationshilfe: Wie klingt die Sprache Helenas, in welches Versmaß ist ihre Rede gefaßt?

Helenas Rede – als großer Eingangsmonolog gestaltet – klingt feierlich; sie strömt archaisierend und vermittelt «das Fremde mit dem Hauch antiquarischer Echtheit» (Trunz). Diese Versgestaltung entspricht der Sprache der griechischen Tragödie: es ist der *Trimeter*, bestehend aus sechsfüßigen Jamben, wobei dieser Sechstakter auch mit bewegten Daktylen gefüllt sein kann und so ein pathetisches Gleichmaß vermeidet. Eine Zäsur, meist nach der 5. Silbe, gliedert den Vers: «Vom Strande komm' ich, wo wir erst gelandet sind» (8489 v́|v́|v̆||v́|v̆|v́|v̆). Hier zeigt sich Goethes Altersstil.

Das Versmaß ändert sich, als Mephisto mit der Ankündigung, Menelaos wolle Helena opfern, eine Erregung in die Szene bringt; hier benutzt Goethe ein anderes antikes Versmaß: es sind *achttaktige Trochäen;* der Vers wirkt unruhig und aufgeregt: «Alles ist bereit im Hause, Schale, Dreifuß, scharfes Beil» (8921 v́|v̆|v́|v̆|v́|v̆ v́|v̆|v́|v̆|v́|v̆). So richtet sich das Versmaß nach dem Wandel der Stimmung und dem Gang der Handlung.

Überleitend fragen wir dann, wie Goethe in der Sprachform das griechische Altertum (Helena) mit dem deutschen Mittelalter (Faust) zusammenzuführen vermag.

## 18. Stundeneinheit: Fausts und Helenas Erfüllung und Tragik in Euphorion

*Euphorion: Höhepunkt und Peripetie in Gesamtstruktur*
*Das neue ästhetische Ideal: griechisch und nordisch*

Die Dreierbeziehung Faust–Helena–Euphorion rückt inhaltlich und formal in den Mittelpunkt des Interesses in der zweiten Hälfte des III. Aktes, wobei das Augenmerk zentral auf Euphorion gerichtet ist. Übergeordnetes Lernziel ist, die Funktion des Helena-Motivs vom erregenden Moment im I. Teil bis zu diesem Höhepunkt im II. Teil als geplantes Ordnungsprinzip für das Gesamtdrama zu erkennen. Gedanklich wird dabei das neue klassizistische Schönheitsideal kreiert, in dem das antike und das nordische Erbe als Synthese zusammenfinden. Der Schüler wird hier ein Zusammenfließen von Griechenland und Deutschland, Antike und Mittelalter, Klassik und Romantik erkennen. Gezeigt wird das mit Hilfe der Versanalyse.

*1. Phase:*
*Fausts und Helenas Erfüllung und Tragik in Euphorion*

In drei didaktischen Schritten erarbeiten die Schüler mit dem Lehrer fragend-entwickelnd die Thematik der ersten Phase. Beim ersten Schritt stehen Faust und Helena in ihrer Beziehung zu Euphorion im Vordergrund; der zweite Schritt zeigt in drei Punkten die Besonderheiten der Gestalt «Euphorion» auf; der dritte Schritt enthüllt die Tragik in der Dreierbeziehung. Die eröffnenden Fragen zeigen dem Lehrer die allmähliche Entwicklung der Gedankenführung.

## 1. Fausts und Helenas Erfüllung in Euphorion

Wo und wie erfüllt sich Fausts «einziges Begehren» nach Helena?

a) Endlich erfüllt sich Fausts Sehnen nach Helena. Mephisto führt sie, um sie vor der Opferung durch ihren eigenen Gatten zu retten, direkt zu Fausts Burg, wo sie in höchsten Ehren empfangen wird.

Nach der Erhöhung Helenas durch Faust in der höfischen Szenerie der mittelalterlichen Burg und nach ihrer Verteidigung gegen die heranrückenden Heere von Menelaos (9426ff.), die durch «Explosionen» vergegenwärtigt wird, «verwandelt» (9573f.) sich der Schauplatz. Ein «schattiger Hain» mit «rings umgebenden Felsen» und «geschlossenen Lauben» bilden die Szenerie für ein «idyllisches Liebespaar» (9585). Es ist ein von der Realität abgeschirmter, herausgehobener Raum für ein einzigartiges Geschehen, denn es gilt «Glaubhafter Wunder Lösung endlich anzuschauen» (9579). In diesem abgeschirmten Raum gibt es «Höhlen, Grotten, Lauben» (9586), «Wald und Wiese, Bäche, Seen» (9594).

Dies ist Fausts «Arkadien» (9569), der Ort des Urbilds freier Glückseligkeit; hier soll sich Fausts «heiterstes Geschick» (9571) erfüllen: «Arkadisch frei sei unser Glück!» (9573)

b) Nach der Bekundung innerer Harmonie in dem gedanklichen Zusammenspiel der reizvollen Reimverse (Faust: Nun schaut der Geist nicht vorwärts, nicht zurück, / Die Gegenwart allein – Helena: ist unser Glück [9381/2]) gehen Faust und Helena nach Arkadien, und zwar mit dem Gefühl aller Neuverliebten, daß mit ihnen erst die Welt anfängt; «O fühle dich vom höchsten Gott entsprungen, / Der ersten Welt gehörst du einzig an.» (9564/5) In Berichtform erfahren wir, daß in ihrem arkadischen Ort ihr Sohn Euphorion zur Welt kommt: «. . . da springt ein Knabe von der Frauen Schoß zum Manne, / Von dem Vater zu der Mutter» (9599/600). Der Höhepunkt, das vollkomme Glück ist in dieser Erfüllung der Dreiheit von Mutter, Vater und Kind erreicht. Die menschlich wohl bewegendsten Worte sprechen dabei Helena und Faust in ihrem Elternglück: Helena: «Liebe, menschlich zu beglücken, / Nähert sie ein edles Zwei, / Doch zu göttlichem Entzücken / Bildet sie ein köstlich Drei.» (9699–72) Darauf kann Faust nur mit dem schlichten Liebesbekenntnis antworten: «Alles ist sodann gefunden: / Ich bin dein, und du bist mein; / Und so stehen wir verbunden, / Dürft' es doch nicht anders sein!» (9703–6)

## 2. Euphorion: ein Sohn Fausts – Symbol der Poesie

Konsequent schließt sich jetzt eine Interpretation der Euphoriongestalt an, wobei durch einen Lehrervortrag die Ergänzungen erbracht werden müssen, die durch eine immanente Interpretation nicht zu leisten sind, aber für das Verstehen notwendig sind. Fragen, mit denen die Gedanken entwickelt werden können, sind: Welche Wesenszüge weist Euphorion auf? Wie zeigt sich Euphorion als echter Sohn Fausts? Welche reale und symbolische Gestalt verkörpert Goethe in Euphorion?

a) Euphorion wird «als Genius ohne Flügel, faunenartig ohne Tierheit» (9603) beschrieben; er legt sich selbst «blumenstreifige Gewande» (9617) an; «in der Hand die goldne Leier» (9620). Die Eltern erkennen in ihm die «Flamme übermächtiger Geisteskraft» (9624). Er ist stets zu neckischen Scherzen aufgelegt: so stiehlt er dem Neptun den Dreizack (9669), dem Hephästos die Zange (9672), Zyprien den Gürtel vom Busen (9678).

b) Fausts Wesenszug war schon im Volksbuch als Streben ins Weltall beschrieben: «. . . er befleissigte sich zu erforschen den Himmelslauff»; bei Goethe wird dann

Faust zum Grenzüberschreiter in seinem Verlangen: «Daß ich erkenne, was die Welt / Im Innersten zusammenhält.» (382/3) Dasselbe Verlangen, mit ganz ähnlichen Worten, drückt Euphorion aus: «Zu allen Lüften / Hinaufzudringen / Ist mir Begierde / Sie faßt mich schon.» (9713/16) In diesem Verlangen erkennt Faust seinen Sohn, aber auch in seinem irdischen Genußstreben; auch Fausts zweite Seele wohnt in Euphorion: «Zu erzwungenem Genusse; / Mir zur Wonne, mir zur Lust / Drück' ich widerspenstige Brust.» (9795–7) Das gesamte Faustische Streben sieht Euphorion so in sich: «Immer höher muß ich steigen, / Immer weiter muß ich schaun.» (9821/2) Dabei versteigt er sich in «Übermut und Gefahr» (9895), wird zum «Ikarus» (9901) und stürzt wie dieser zu Tode.

c) Lehrervortrag: Euphorion wird zum dichterischen Abbild Byrons, den Goethe als den größten Dichter der neuen Generation schätzte. Byron hatte 1823 am griechischen Freiheitskampf teilgenommen und war kurz darauf in Griechenland gestorben. Wie dieser zeigt auch Euphorion den jugendlichen Kampfeswillen, «frei unbegrenzten Mut» (9845). «Träumt ihr den Friedenstag? / Träume, wer träumen mag. / Krieg! ist das Losungswort. / Sieg! Und so klingt es fort.» (9835–9) So wie Goethe in Byron «das größte Talent (der Poesie) des Jahrhunderts» sieht (zu Eckermann, 5. Juli 1827), wird Euphorion zur Verkörperung der Dichtkunst. Er hält «in der Hand die goldne Leier» (9620) und wird zum «Künftigen Meister alles Schönen, dem die ewigen Melodien / Durch die Glieder sich bewegen» (9626/7). Der Chor verherrlicht ihn: «Heilige Poesie, / Himmelan steige sie! / Glänze, der schönste Stern, / Fern und so weiter fern!» (9863–6) Goethes eigner Kommentar lautet: «Der Euphorion ist kein menschliches, sondern nur ein allegorisches Wesen. Es ist in ihm die Poesie personifiziert, die an keine Zeit, an keinen Ort und an keine Person gebunden ist» (zu Eckermann, 20. Dez. 1829).

### 3. Die Tragik der Dreierbeziehung

Auf der Basis der erarbeiteten Fakten setzt die Reflexion der vertiefenden und abstrahierenden Betrachtung ein: Worin liegt die Tragik für Euphorion? Wie wirkt diese Tragik fort? Das wird im Plenum erörtert:

a) Bedeutungsvoll wird Euphorion als «Genius ohne Flügel» (9603) beschrieben; diese Formel enthält eigentlich in Kurzform seine Tragik. Der Genius strebt als geistige Kraft, als göttliche Verkörperung seiner eigentlichen, idealen Bestimmung zu, weg von der Materialität der irdischen Gebundenheit, und ist dennoch durch seine Körperlichkeit an die Bedingungen der Erde gefesselt, da er – symbolisch gesprochen – keine Flügel hat, sich von ihr zu erheben. Daher warnt ihn auch seine Mutter: «Aber hüte dich, zu fliegen, freier Flug ist dir versagt.» (9608) Sein Vater kennt aus eigener Erfahrung die Kraft der Begierde, die nach oben zieht, und wiederholt die Warnung: «Nur mäßig! mäßig! / Nicht ins Verwegene, / Daß Sturz und Unfall / Dir nicht begegne» (9717–20); und beide rufen ihrem Sohn gemeinsam zu: «Bändige! bändige! / ... Überlebendige, / Heftige Triebe!» (9737–40) Dagegen hat der Sohn nur sein schicksalhaftes «muß» entgegenzusetzen: «Dorthin! Ich muß! ich muß! / Gönnt mir den Flug!» (9899–9900) Die Szenenanmerkung zeigt das tragische Ergebnis: «Ein schöner Jüngling stürzt zu der Eltern Füßen» (9902 f.), die antike Ikarus-Tragödie hat sich wiederholt.

b) Die Eltern erkennen die Verkettung von Euphorions Schicksal mit dem eigenen. In Fausts Warnung an den Sohn steckt die Angst um das eigene Schicksal:

«Daß Sturz und Unfall / Dir nicht begegne, / Zugrund *uns* richte / Der teure Sohn!» (9719–22), und Helena sekundiert: «O denk! o denke, / ... Wie du zerstörest / Das schön errungene / Mein, Dein und Sein.» (9729–34) Der Tod des Sohnes hat auch den Weggang Helenas aus dieser Welt zunächst aus rein emotionalen Gründen zur Folge; Euphorion bittet sie: «Laß mich im düstern Reich, / Mutter, mich nicht allein!» (9905/6) Sodann erkennt aber Helena in der ganzen Breite antiker tragischer Schicksalhaftigkeit: «Ein altes Wort bewährt sich leider auch an mir: / Daß Glück und Schönheit dauerhaft sich nicht vereint. / Zerrissen ist des Lebens wie der Liebe Band.» (9939–41) Auch hier wird – gleichsam als Helenas Dauermotiv – die Schönheit zum Ausgangspunkt des Unglücks: die Unvereinbarkeit von vollkommener Schönheit in der unvollkommenen Welt wird zum tragischen Erlebnis für Faust.

## 2. Phase:
## Die formale Bedeutung Euphorions – Höhepunkt und Peripetie des Gesamtdramas

Das Zusammenfallen von inhaltlichem Höhepunkt und höchstem Steigerungspunkt des formalen Dramenverlaufes bietet eine herausragende Gelegenheit, dem Schüler die kunstvolle Struktur der Tragödie einsichtig zu machen. Die Antwort auf jede Frage zur Form erfordert einen hohen Grad an Abstraktionsvermögen und wird daher durch den Lehrer in entwickelnder Gesprächsführung erarbeitet. Nur kleinschrittige Fragen können hier dem Schüler das Gefühl geben, am Ergebnis mitbeteiligt gewesen zu sein: Inwiefern deutet der Name den Höhepunkt an? Wie zeigt sich die Dreierbeziehung als Euphorie? Wodurch wird die Idylle getrübt? Wo liegt der Umbruch?

1. Euphorion hängt direkt mit Euphorie zusammen und deutet einen gesteigerten Stimmungszustand an; die Euphorie ist der Höhepunkt eines durch das Gefühl bestimmten Erlebens.

2. Euphorion ist der Höhepunkt in der Beziehung zwischen Faust und Helena; in ihm wird die Erfüllung von Fausts Verlangen nach Helena real. Die gesamte Entwicklung lief von der Erscheinung Helenas im Spiegel der Hexenküche des I. Teiles über das wiedererwachte Verlangen nach der Erscheinung des Helena-Bildes im ersten Akt des II. Teiles auf den Höhepunkt in der Idylle zu. Euphorion selbst zeigt sich in seinem Übermut als die Person gewordene Euphorie.

3. Das Wort Euphorie beschreibt auch einen Zustand, in dem die objektiv angemessene Bewertung verlorengeht. Bereits in der Idylle zeigt sich der Keim des Verderbens. Das einzige Element, das die reine Dreierbeziehung von Faust–Helena–Euphorion stört, ist Phorkyas als Dienerin: «Abgesondert / Von der Welt, nur mich, die eine, riefen sie zu stillem Dienste.» (9589). Faust kann offensichtlich – wie schon bei der Beziehung zu Gretchen – nicht ohne Mephistos «Dienste» auskommen. Darin liegt der Keim der Tragödie begründet.

4. Nach der ersten Harmoniebezeugung in den Reimversen wird das erste Alleinsein von Faust und Helena, bei dem sie sich in ihn «verwebt» fühlt, jäh von Phorkyas-Mephisto unterbrochen. Faust empfindet das als «verwegne Störung» (9435); das erinnert stark an den Einbruch Mephistos in die Liebeserklärung von Faust und Gretchen (bei den Worten «Bester Mann! von Herzen lieb' ich dich!» klopfte Mephisto an [3206f.]). Der erste Schritt des Umbruchs ist angedeutet und findet seinen Kulminationspunkt wiederum in Euphorion. Auf dem Höhepunkt seines Verlangens «Dorthin! Ich muß! Ich muß! / Gönnet mir den Flug!» (9899–9900) bricht

das Geschehen im wörtlichen optischen – und auch übertragenen – Sinn zusammen: «Ein schöner Jüngling stürzt zu der Eltern Füßen» (9900 f.); das Glück von Faust und Helena ist zerbrochen; mit Helenas Eingehen in die Unterwelt zu «Persephoneia» (9944) ist das Ende der Helena-Handlung scheinbar erreicht, der im I. Teil gespannte Bogen hier wieder an der Basis angelangt. Die Frage erhebt sich, wie und mit welchem Ziel Faust nach dem Ende Helenas noch weiterleben kann. Der Spannungsbogen und sein Ende wird wieder in einer graphischen Zeichnung verdeutlicht.

## 3. Phase:
### Fausts Gefährdung in der Welt der Liebe

In einer Plenumsdiskussion soll die Frage erörtert werden: Inwiefern ist Faust im Helena-Akt inhaltlich und formal in höchster Gefahr, den Wett-Vertrag an Mephisto zu verlieren? Warum wird der Vertrag nicht vollzogen?
1. Fausts «einziges Begehren» (7412), wie er es ausdrücklich gleich im I. Akt des zweiten Teils formuliert, ist Helena. Sie im III. Akt gewonnen zu haben, ist für Faust die höchste Vollendung seiner Wünsche: «Ich bin dein, und du bist mein; / Und so stehen wir verbunden, / Dürft' es doch nicht anders sein!» (9704–6) Die Harmonie reicht vom Sprachspiel bis zur Erfüllung im gemeinsamen Kind Euphorion. Ist das nicht der Zustand, von dem Faust eine Verewigung erhoffen möchte? Die Liebe in dieser Vollkommenheit, diesmal ohne das triebhafte Verlangen wie bei Gretchen, dazu noch in einem idealen, antiken Weltbereich, kommt so dem Absoluten, nach dem Faust strebt, am nächsten.
2. Auch die Verbalisierung dieses ersehnten und erreichten Zustandes erinnert fatal an die Wett-Formel. Schon im Reimspiel spricht Faust die eine Hälfte der Formel aus: «Die Gegenwart allein» – und Helena ergänzt: «ist unser Glück» (9382); hier klingt ganz stark die Formel an: «Werd' ich zum Augenblicke sagen: / Verweile doch! du bist so schön!» (1699/ 1700) Noch stärker ist die Formel in Fausts Antwortsatz auf Helenas Erklärung «Da bin ich! da» (95412) enthalten: «Dasein ist Pflicht, und wär's ein Augenblick.» (9418)
3. Eine Antwort darauf, warum der Vertrag hier noch nicht erfüllt ist, muß spekulativ bleiben: Faust ist in der Welt der Liebe auch in der von Gott gewollten Welt; so kann ihn Mephisto (Phorkyas) nicht in den Abgrund ziehen, weil er sich – nach christlicher Vorstellung – nicht im Stande der Sündhaftigkeit oder Gottesferne befindet. Für diese Erklärung spricht, daß Phorkyas-Mephisto genau in dem Moment stört, als Faust im Liebesbekenntnis vom «Augenblick» (9418) spricht, der natürlich nicht dem Bösen willkommen sein kann. Die Störung als Rettung kann – wo Mephisto im Spiel ist – nur diabolisch-dialektisch gemeint sein.
Andererseits ist das Ende des Weges von Fausts Streben, das das Erkenntnisvermögen und die Schöpferkraft Gottes erreichen will, noch nicht in Sicht. Bisher war das Erreichte auf die eigene Person gerichtet und konnte nicht die letzte Erfüllung bringen; vielleicht muß das Erreichte für andere eine Erfüllung bedeuten, um ganz zum Genuß des höchsten Augenblicks zu werden?

## 4. Phase:
### Versmaß, Sprache und Form des III. Aktes
### Die Funktion des antiken Chors im III. Akt

Das Sprachgeschehen im III. Akt ist entscheidend für diesen Teil des Dramas, der auch die Künstlertragödie genannt wird:

Abgestoßen vom künstlerischen Unverständnis des Hofes im I. Akt, wo der Architekt sich gegen das Antike wendend allein das nordisch gotische Element gelten lassen will, begegnen wir im III. Akt Helena zuerst allein, die sich ganz im Geiste antiker Sprechweise in der Formkunst des klassischen Altertums vorstellt. Mit den Schülern wird nun interpretierend zu untersuchen sein, in welcher Sprechweise uns darauf Faust im III. Akt begegnet und welche Veränderung es gibt, wenn Faust und Helena zusammenfinden. Ein kurzes Abschlußgespräch wird die Frage thematisieren, welche Rolle der Chor in diesem III. Akt spielt, der zwar im Hintergrund steht, aber gestalterisch dominant diesen Teil des Dramas prägt.

1. Auf die antikisierende Helena-Szene vor dem Palaste zu Sparta tritt Faust in der Szenerie einer mittelalterlichen Burg auf: der Klang wandelt sich; Faust spricht in reimlosen Fünftaktern mit Auftakt: «Statt feierlichsten Grußes, wie sich ziemte» (9192 v|́-v|́-v|́-v|́-v|́-v). Dies ist ein nordisches Maß, das ernst und würdevoll klingt; es ist zwar ein neueres Versmaß, aber mit der antiken Sprechweise verwandt. Lessing hatte es in seinen Dramen eingeführt und sich dabei an dem größten nordischen Dramatiker, Shakespeare, orientiert. Auch Goethe hatte schon die Iphigenie in diesem Versmaß verfaßt.

2. Helena, die zuvor noch ganz im antiken sechshebigen Trimeter gelebt hatte, gleicht sich sofort bei ihrer Antwort dem Versmaß Fausts an: «So hohe Würde, wie du sie vergönnst» (9213); und dann geschieht in einem sprachlichen Assimilationsprozeß eine menschliche Annäherung, die in der einzigartigen poetischen Verschmelzung zweier Welten gipfelt. Helena findet sich im Dialog in den Klang und die Sprache Fausts so weit ein, daß sie sogar den für das Nordische so typischen – und dem Antiken so fremde –

Reimklang Fausts aufnimmt und mit ihm wie in einem Duett voller Harmonie einstimmt: «Im Klang vollzieht sich symbolisch die Hochzeit» (Trunz). Die Synthese von Nordischem und Antikem ist geglückt, ein neues ästhetisches Ideal geboren (9381 f.):

Faust: Nun schaut der Geist nicht vorwärts, nicht zurück, / die Gegenwart allein – Helena: ist unser Glück.

Als dritter Schritt folgt das lyrische Preislied Arkadiens (9526 ff.). Im nordischen komplizierten *Kreuzreim*, dazu noch *strophisch,* aber keineswegs volksliedhaft, sondern klassizistisch spricht es Faust. Mit diesem lyrischen Arkadien entsteht gleichsam eine Märchenwelt, in der alles Reale, wie der Faktor Zeit, keine Bedeutung hat: hier «vollzieht sich das Werden Euphorions» (Trunz).

3. Diese Märchenwelt weist schon auf die Notwendigkeit, warum Goethe den Chor im antiken Sinne einsetzt.

Schon in der Quelle fand Goethe das ungelöste Problem mit der Realität der Person Helenas, das sich nun in Euphorion fortsetzt. Goethe thematisiert die zeitliche Diskrepanz nicht. Er läßt Faust sagen: «Es ist ein Traum, verschwunden Tag und Ort.» (9414) Der Chor setzt von vornherein die naturalistische Wirklichkeit außer Kraft und schafft eine poetische; hier kann Goethe dann kühn drei Jahrtausende zusammenziehen: mit den antiken trojanischen Geschichtsereignissen mischt sich die mittelalterliche Zeit der Kreuzzüge, in denen in Griechenland normannische Burgen entstanden, und schließlich fließen mit den griechischen Freiheitskämpfen des 19. Jahrhunderts zeitgenössische Ereignisse aus Goethes Epoche mit ein; auf der Realitätsebene des Chores kann Goethe dann sprechen: «Den Poeten bindet keine Zeit.»

*5. Phase:*
*Die neue Welt der Ästhetik*

Am Schluß der Einheit sollte noch einmal in einer Zusammenschau der Details das Fazit gezogen werden. In einer letzten Abstraktionsphase sammeln die Schüler die Erkenntnisse mit Hilfe der Frage: Welche heterogenen Elemente werden im III. Akt miteinander verbunden (räumlich, zeitlich, personell, ideell, stilistisch)? In Faust und Helena stoßen zwei ganz unterschiedliche Welten aufeinander und bilden eine Synthese:
1. Einmal treffen in den beiden Personen zwei verschiedene Kulturräume und Reiche aufeinander: in Faust und Helena begegnen sich Deutschland und Griechenland, der nordisch geprägte Mensch und die südliche Mentalität. Als Höhepunkt der gelungenen Synthese des Verständnisses darf das Reimwort-Spiel zwischen Faust und Helena angesehen werden. Helena ergänzt das zweite Reimwort als Zeichen, daß sie sich in den nordischen Geist einfindet (9380–5); hier gehen griechisches und nordisches (Sprach-)Verständnis eine innige Verbindung ein.
2. Aber auch zwei verschiedene Zeitepochen gehen eine Synthese ein: Faust repräsentiert das mittelalterliche Rittertum, wie es sich zu Zeiten der Kreuzzüge darstellte, und Helena die antike Welt, die in dem neuen Arkadien eine ideale Verbindung finden.
3. In den Zeitepochen manifestieren sich zwei verschiedene Stilepochen: Faust steht für die Romantik, die sich dem mittelalterlichen Rittertum verbunden fühlt. Helena steht für die Klassik, die in der Antike ihre Wurzeln hat: beide Stile fließen in den III. Akt ein.
4. In Helena und Faust begegnen sich Schönheit und Kraft nicht als Gegensatz: Helena ist das ewige, zeitlose Abbild der Schönheit; Faust zeigt Kraft in der ritterli-

chen Burg und in seinem Schöpfertum, Schönheit und Kraft finden im gemeinsamen Sohn Euphorion die neue Verbindung, aus der die Poesie fließt: eine neue Welt der Ästhetik ist geschaffen.

*Hausaufgabe:*

Vorbereitung des IV. Aktes: Welchen Tätigkeitsbereichen wendet sich Faust nach der Helena-Tragödie zu?

## VII. Sequenz:
## Von der Welt der Tat zur Welt der Gnade

*Fausts Natur- und Gesellschaftsverständnis*
*– Ambivalenz*
*Faust als Repräsentant des modernen autonomen Menschen*
*Vom Schuldigwerden zur Erlösung durch Gnade*

*Zur Thematik:*

Die Akte IV und V bilden in mehrfacher Hinsicht einen einheitlichen Komplex: einmal wird die im IV. Akt geplante Tat mit allen Konsequenzen der realen Ausführung im V. Akt gezeigt; sodann gibt es eine metaphysische Verbindung von der Tat zur Erlösung am Ende. Das im IV. Akt begonnene Thema der sich verändernden Naturauffassung Fausts wird in der ganzen Tiefe im V. Akt wirksam: parallel dazu verläuft Fausts Verständnis zu seinen Mitmenschen und zur Gesellschaft. Ein übergreifendes Thema ist die Auflösung der Wette aus dem Prolog in der Erlösungsszene. Die Wette ist sowohl ein bedeutendes umfassendes Strukturphänomen und enthält auch eine – oft gern heruntergespielte – ideelle Frage, deren Lösung Goethe nicht vor seinem Tode veröffentlicht wissen wollte.

*Zur Didaktik*

In drei Einheiten kann die Thematik dieser gewichtigen Sequenz bewältigt werden: die erste Einheit, die hauptsächlich den IV. Akt behandelt, hat als Lernziel die Erkenntnis von Fausts Naturverständnis und seiner daraus resultierenden Gesellschaftssicht. Aus Dokumenten der Rezeptionsgeschichte – besonders der DDR – werden dazu Interpretationsmöglichkeiten von Fausts Gesellschaftsauffassung gewonnen. Diese Einheit kann im Grundkurs ausgespart werden, wenn mit einem Kurzreferat zu Beginn der nächsten Einheit die Verbindung geschaffen wird.

Lernziel der zweiten Einheit ist die Erarbeitung von Fausts Gesellschaftsutopie. Ferner soll in der Ambivalenz von Natur und Menschenwerk auch die moderne Thematik des heutigen schaffenden Menschen erkannt werden, die Faust als Repräsentanten des modernen autonomen Menschen erscheinen läßt: Faust soll sich in seiner zeitübergreifenden Thematik zeigen.

Die letzte Einheit (Fausts Erlösung) wird methodisch von der Arbeit mit Bild-Quellen geprägt sein: die Bildwerke sollen einmal Nachweis für Goethes Ideenursprung sein, aber vor allem optische Verständnishilfe für Goethes Erlösungsgedanken bieten. Diese Stunde führt auch die Diskussion der strukturellen dramatischen Einheit des «Faust» zu Ende.

## 19. Stundeneinheit: Faust in der Welt des Feudalismus – Herrschertragödie

*Von der Kunstwirklichkeit zur historischen Wirklichkeit*
*Fausts neue Welt der Tat – in Leerstellentechnik*

Erst in der Gegenüberstellung der konträren Welten des III. und IV. Aktes wird die Kunstwirklichkeit, in der Faust bisher lebte, deutlich. Deshalb soll eine abschließende Betrachtung zum III. Akt der Behandlung des IV. Aktes vorgespannt werden, um auch den allmählichen Übergang in die Welt der historischen Realität zu zeigen. Dabei wird die Tat in ihrer Relation zu Natur und Gesellschaft im Mittelpunkt stehen, und verschiedene Wertungen von Person und Tat werden den Abschluß bilden.

*1. Phase:*
*Fausts Weg aus der Kunstwirklichkeit in die historische Wirklichkeit*

Zur Rückerinnerung und Überleitung wird ein akustischer Einstieg gewählt; mit Hilfe der Gründgens-Schallplatte vergegenwärtigen sich die Schüler noch einmal das Ende des III. und den Anfang des IV. Aktes; sie lesen wegen der Relevanz der Regieangaben den Text mit. Beobachtet werden sollen die Details, die andeuten, daß Faust mit Helena in einer besonderen Wirklichkeit lebten. Daran schließt sich die Frage, woran man den Übergang im IV. Akt von der Kunstwirklichkeit in die historische Realität merkt. In einem weiteren Schritt soll dann die Wirklichkeit erfaßt werden, in der Faust lebt.

*1. Fausts Leben und Tragödie in der Kunstwirklichkeit Helenas*
Helena hebt sich durch ihre Selbstaussagen von der Realität ab: «Ich schwinde hin

und werde selbst mir ein Idol.» (8881) Schließlich lebt Faust mit Helena ganz in der Abgeschiedenheit der Kunstwelt Arkadiens. Hier wird an Euphorion der ästhetische Schein der Kunst gezeigt. Am Ende verschwindet das Körperliche Helenas bei Faustens Umarmung, und nur «Kleid und Schleier bleiben ihm in den Armen» (9944f.). – Dies erinnert stark an Kleists Szene aus dem «Prinz von Homburg», der etwa zur gleichen Zeit entstand, wo ein Handschuh der Prinzessin, den er im Traumzustand erhascht, auch in der Realebene wieder auftaucht. – Schließlich heißt es: «Helenas Gewande lösen sich in Wolken auf, umgeben Faust, heben ihn in die Höhe und ziehen mit ihm vorüber» (9954ff.). Dieser Scheincharakter der Kunstwelt nimmt der Kunst die letzte Verbindlichkeit. Wieder bleibt für Faust nichts übrig; das ist seine Tragödie der ästhetischen Illusion.

Der IV. Akt beginnt so, wie der III. geendet hatte: «Eine Wolke zieht herbei, lehnt sich an, senkt sich auf eine vorstehende Platte herab. Sie teilt sich. Faust tritt hervor.» (10038f.) Faust erklärt, daß ihn die Wolke «über Land und Meer geführt» (10042) hat. In den abziehenden Wolkenteilen sieht er – sozusagen als Nachklang von der Welt, aus der er kommt – «ein göttergleiches Fraungebild, / Ich seh's! Junonen ähnlich, Leda'n, Helenen» (10049/50), das sich schließlich in ein «entzückend Bild», zu «Aurorens Liebe» (Gretchen) wandelt, das das Beste seines Innern mit sich fortzieht (10066). Damit ist Faust ganz frei für die kommende Wirklichkeit.

## 2. Die historische Wirklichkeit des IV. Aktes – Fausts Welt

Lehrereinführung: «Dieser Akt bekommt wieder einen ganz eigenen Charakter, so daß er, wie eine für sich bestehende kleine Welt, das übrige nicht berührt und nur durch einen leisen Bezug zu dem Vorher-gehenden und Folgenden sich dem Ganzen anschließt.» (Goethe zu Eckermann am 13. 2. 1831.) Dieses Zitat kann als Einstieg hilfreich sein.

Der IV. Akt knüpft da an, wo der I. endete, bei Kaiser und Reich: nachdem dort der ökonomische (Papiergeld) und ästhetische (Helena-Erscheinung) Verfall der Feudalordnung gezeigt worden war, wird nun der politische Verfall offenbar. Nach dem «falschen Reichtum» (10245) des Papiergeldes «zerfiel das Reich in Anarchie» (10261): einmal stehen die Partikularinteressen gegen das Gemeinwohl; die neuen Erzämter erhalten neue Privilegien und Ländereien zugewiesen; zum anderen steht mit der Hilfe der Kirche ein Gegenkaiser (10281) auf, der nur durch Fausts und Mephistos Einsatz besiegt werden kann. Erwähnt werden kann auch der biographische Einfluß: In «Dichtung und Wahrheit» (5. Buch) berichtet Goethe, wie er 1764 die Wahl und Krönung Josefs II. miterlebte. Besonders herausgehoben wird dabei: «Der Einzug des Churfürsten von Mainz... war prächtig und imposant genug, um in der Einbildungskraft eines vorzüglichen Mannes die Ankunft eines großen geweissagten Weltherrschers zu bedeuten.» Von diesem Ereignis gibt es einen Niederschlag bis in einzelne Verse.

## 2. Phase:
### Fausts und Mephistos Naturverständnis – Herrschertragödie

In einem antithetischen Tafelbild (siehe Stundenblatt) werden die beiden verschiedenen Naturauffassungen, die die Schüler im Plenum erarbeiten, festgehalten. Sie machen deutlich, daß sich Fausts Naturverständnis durch die Herrschaftsansprüche gefährlich zu verändern beginnt. Wie stehen sich Fausts und Mephistos Naturauffassungen gegenüber?

Welche Gefahr enthält Fausts Sicht der Natur?

Schon in der Art des Auftretens beider Gestalten deutet sich der Unterschied an. Faust kommt auf einer Wolke daher, die sich langsam auflöst, indem sie «leicht und zaudernd hoch und höher» (10057) steigt, immer neue Formen bildend: erst «formlos breit und aufgetürmt» (10052), dann wie «ein zarter lichter Nebelstreif» (10055). Bei der Beschreibung zeigen sich Goethes wissenschaftliche Wolkenstudien. Dagegen kommt Mephisto in «Siebenmeilenstiefeln» (10066f.) daher; «Die Stiefel schreiten eilig weiter». Das Abrupte wird deutlich. Sogleich entwickelt Mephisto seine Naturauffassung des *Plutonismus*. Das in dieser Gegend sichtbare Gestein sei einst «der Grund der Hölle» (10072) gewesen, ist also durch Vulkanausbruch herausgeschleudertes Urgestein. «Ein ewig Feuer» (10078) ist für Mephisto das schöpferische Element. «Tumult und Gewalt» sind sein «Zeichen» (10127). Demgegenüber setzt Faust das langsame Werden, die Evolution; die Natur habe «Fels an Fels und Berg an Berg gereiht, / Die Hügel dann bequem hinabgebildet, / Mit sanftem Zug sie in das Tal gemildet» (10100–2). Dahinter steht der *Neptunismus,* die Anschauung, daß die Bildung der Erdrinde durch die Wirkung des Wassers entstand. Was Mephisto anzieht, ist die Hauptstadt mit «krummen Gäßchen, spitzen Giebeln» (10138), «Dann weite Plätze, breite Straßen» (10144) sowie «Vorstädte grenzenlos verlängt» (10147). Er möchte die Natur «umbestellen» (10163) mit «Schnurwegen, kunstgerechten Schatten, Kaskadensturz» (10165/6) versehen. Mephisto zeigt hier die Zerstörung der Natur durch Kultivierung an. Für Faust ist das nur ein schlechtes «Sardanapel» (10176). Ihn kann die Stadt nicht zufriedenstellen. Sein Auge ist «aufs hohe Meer» (10198) gerichtet. Hier

allerdings sieht er «Zwecklose Kraft unbändiger Elemente!» (10219), und diesen Zustand will er ändern. Er will der Natur seine Herrschaft aufzwingen und versucht, «das herrische Meer vom Ufer auszuschließen» (10229). Mit diesem Zweckdenken geht Faust unbemerkt den ersten Schritt in die gleiche Richtung von Mephistos Naturvergewaltigung. Die Herrschertragödie beginnt.

*3. Phase:*
*Fausts neue Welt der Tat*

In einem fragend-entwickelnden Vorgehen wird an der übergeordneten Frage der letzten Sequenz angeknüpft: Fausts Streben nach Erkenntnisvermögen und Schöpferkraft endeten wieder mit einer Tragödie, diesmal in der Kunstwirklichkeit Helenas. Auf welchem Gebiet wird er nun eine Erfüllung anstreben? Welche Rolle wird dabei Mephisto spielen?

*1. Versuchung und Tat*
Im Unterrichtsgespräch werden drei Fragen behandelt: Mit welchen Angeboten der Verführung versucht es Mephisto nun? Wie motiviert Faust seinerseits die Tat, welchen Anteil hat daran Mephisto? a) Der Gelehrte in seinem unendlichen Erkenntnisdrang, der Liebende in seiner allmächtigen Sehnsucht (Gretchen), der Ästhet und Künstler in seinem grenzenlosen Anschauen des Schönen (Helena) endeten bisher unerfüllt. Noch einmal versucht Mephisto, das Gefallen Fausts zu erwecken, indem er – bewußt mit der gleichen Frage wie der Versucher im Evangelium an Christus herantritt (Matth. 4,8) – Faust fragt, ob in ihm «die Reiche der Welt und ihre Herrlichkeiten» (10131) «wohl kein Gelüst» (10133) hervorriefen. Mit dieser Versuchung trifft Mephisto genau ins Schwarze. Zuerst kann er es noch gar nicht fassen, daß das

metaphysische erhabene Streben Faust nicht mehr bewegt, und er erinnert ihn: «Der du dem Mond um so viel näher schwebtest.» (10179) Darauf gibt Faust eine eindeutige Antwort, in welche Richtung nun sein Streben gehen soll: «Was weißt du, was der Mensch begehrt? / . . . Was weiß es, was der Mensch bedarf?» (10193 + 5). Faust hat keine außerirdischen Ziele mehr: «Dieser Erdenkreis / Gewährt noch Raum zu großen Taten / . . . Ich fühle Kraft zu kühnem Fleiß.» (10181–84) Und dann gibt er die Antwort auf die Versuchung in zwei (neuen?) Leitmotiven seines Handelns: Herrschaft und Tat. «Herrschaft gewinn' ich, Eigentum! / Die Tat ist alles, nichts der Ruhm.» (10187/8). Sofort kommt die gewichtige Reflexion Fausts über das Wort «Tat» im I. Teil in Erinnerung. Dort war Faust vom Satz des Johannesevangeliums «Im Anfang war das Wort» ausgegangen und über die Begriffe Sinn und Kraft zu der Erkenntnis gelangt: «Im Anfang war die Tat.» (1237) Damit erhält auch hier die «Tat» einen metaphysischen Hintergrund; die Tat macht dem Menschen sein gottgleiches Schöpfertum bewußt.

b) Für Faust wäre es ein «köstliches Genießen» (10228), dem Meer Land abzugewinnen und die Wogen zu zügeln: «Das herrische Meer vom Ufer auszuschließen, / Der feuchten Breite Grenzen zu verengen / Und, weit hinein, sie in sich selbst zu drängen.» (10229–31) Ohne es zu merken, bedient sich Faust ähnlicher Argumente der Naturbezwingung, wie sie vorher Mephisto verwandt hatte: Der Zufall der Bewegung des Meeres (10206) bereitet ihm Mißbehagen; er sieht die Unfruchtbarkeit (10213) der Wogen und die zwecklos vergeudete Kraft (10206). Faust möchte – wie es hier scheint – die Tat unter ausschließlich pragmatischen Nützlichkeitserwägungen angehen.

c) Faust merkt, daß er zur Realisierung des Planes Mephistos Hilfe braucht; er fordert ihn daher auf: «Das ist mein Wunsch, den wage zu befördern!» (10233) Da ist nun Mephisto wieder ganz in seine Rolle gesetzt, und er jubelt: «Wie leicht ist das!» (10234) Er spekuliert richtig: «Erhalten wir dem Kaiser Thron und Lande, / So kniest du nieder und empfängst / Die Lehn von grenzenlosem Strande» (10304–6). Mephisto setzt im gerade ausgebrochenen Krieg alle diabolischen Kräfte ein. Faust weiß, daß Mephisto als «Kriegslist» (10301) «Trug! Zauberblendwerk! Hohlen Schein» (10300) einsetzen wird: So läßt er dann leere Ritterrüstungen (10560) zur Abschreckung des Gegners auftreten. Ähnlich wie in Auerbachs Keller läßt Mephisto bei den Feinden des Kaisers Halluzinationen aufkommen. Sie fliehen vor «mächtigen Wogen» (10732), vor «Feuer, leuchtend, blinkend, platzend» (10748), und schließlich verjagt er sie noch mit «Schreckgetön» (10763). Mit den Urgewalten Wasser, Feuer und tosendem Lärm erringt er den Sieg. Sodann setzt Mephisto besondere Helfer mit außergewöhnlichen Kräften ein, die drei Gewaltigen: Raufebold als Dreinschläger, Habebald als Beutemacher und Haltefest als Schatzerhalter.

### 2. Fausts Belehnung: Darstellung in der Leerstellentechnik

Auffallend ist wieder die Aussparung des eigentlichen Ereignisses der Belehnung als Voraussetzung für die Tat. Da die Schüler diese Technik der Darstellung in einem Dreierschritt schon als besonderes Konstruktionsprinzip des II. Teiles kennengelernt haben, können sie nun in einem selbständigen Transfer zur Klärung der Stelle beitragen: In welcher Technik wird die Belehnung Fausts geschildert? In dem schon bekannten Dreischritt der Leerstellentechnik erfolgt die Darstellung von Fausts Belehnung:

1. Zuerst wird das Ereignis vorbereitet. Faust hat einen Plan «im Geiste» (10227); nämlich «das herrische Meer vom Ufer auszuschließen» (10229); dafür braucht er vom Kaiser ein Lehen an der Küste.

2. Das Ereignis selbst, die Belehnung, wird nicht vorgeführt; dies ist die Leerstelle in der Inhaltsvermittlung; wir erahnen nur, daß der Kaiser durch die Dienste von Faust und Mephisto dazu günstig gestimmt wird.

3. In einem dritten Schritt erfahren wir nur die Wirkung des inzwischen eingetretenen Ereignisses: Der Erzbischof ist von Neid erfaßt und macht dem Kaiser wegen der Belehnung Vorwürfe: «Es ward dem sehr verrufnen Mann / Des Reiches Strand verliehen; doch diesen trifft der Bann, / Verleihst du reuig nicht der hohen Kirchenstelle / Auch dort den Zehnten, Zins und Gaben und Gefälle.» (11035–8)

*4. Phase:*
*Fausts Gesellschaftsvorstellung in der*
*Rezeption*

Da im bisherigen Tatendrang alle Aktivitäten Fausts auf die eigene Person abzielten, wird es besonders wichtig, die Blickrichtung auch des Schülers auf den neuen Bezug von Tat und Gesellschaft zu lenken. Hier bietet sich nun an geeigneter Stelle auch an, das Wertungsproblem der Tat aus zwei verschiedenen weltanschaulichen Positionen der Gegenwart einzuführen und damit auch gleich eine neue methodische Variante in den Unterricht zu bringen. In Gruppenarbeit werden zwei verschiedene Quellen (eine DDR-Interpretation, Mat. VI.1 und eine Deutung aus der Bundesrepublik, Mat. VI.2) zur Wertung von Fausts Gesellschaftsvorstellung analysiert; anschließend werden zur gegenseitigen Information die Ergebnisse vorgetragen.

1. Auswertung der DDR-Quelle
Welcher Gesellschaftsordnung neigt Faust zu? Wie wird Faust als zoon politikon gewürdigt?

Faust wird als Gegner einer absolutistischen Herrschaftsform der Feudalgesellschaft gesehen; aber dennoch als Anhänger des Kaisers, den er selbst von der Kirche und eben der Feudalgesellschaft bedroht sieht. Der Kaiser hilft sogar mit am Werk der Zerstörung der Feudalgesellschaft, die sich als unproduktiv erweist. Was Faust braucht, ist eine bürgerliche Gesellschaftsordnung; er will eine Gesellschaft mit bürgerlich-kapitalistischen Produktionsverhältnissen, in der er produktiv werden kann. Das Fazit heißt: Faust will weg von der feudalistischen und hin zu der bürgerlichen Gesellschaftsordnung, die zwar auch noch nicht das humanistische Ideal verwirklicht, aber die produktiven Kräfte des Menschen entfalten läßt.

Faust will durchaus in der gesellschaftlichen Wirklichkeit wirken, aber in einer veränderten Form. Das produktive Tätigwerden wird in der Quelle – ohne moralische Wertung – auch unter kapitalistischen Produktionsverhältnissen schon als Positivum gesehen.

2. Auswertung der Quelle aus der Bundesrepublik
Welche Vorstellungen vom einzelnen und der Gesellschaft hat Faust? Welche Aufgaben sieht er für sich selbst?

Faust wird hier hauptsächlich als Vertreter der Ordnung gesehen; Freiheit – auch der Natur – kann von dem herrscherlichen Menschen nicht ertragen werden. Er will die Unterwerfung der Natur und damit auch der freien Menschen. Mit der äußeren Ordnung glaubt er auch die innere wiederherstellen zu können. Persönlich gesehen geht es Faust um Selbstbefriedigung seines maßlosen Gefühls, nicht um ein Dienen. Dabei ist ein Verlust der Moral nebensächlich; soziale und ethische

Motive scheiden bei ihm aus. Die Quelle aus der Bundesrepublik stellt Faust als einen apolitischen Menschen dar, dem es lediglich um die Tat an sich geht; und darin steckt eigentlich das Böse.

*5. Phase:*
*Versform und Gesellschaftsform – Sprache und Gesellschaft*

Auch im IV. Akt werden die Schüler wieder zu ausgewählten Beispielen der Übereinstimmung von Inhalt und Form hingeführt. Die Schüler erkennen dieses ästhetische Phänomen bei der Versanalyse: Wie merkt man sprachlich Fausts Übergang von der Kunstwirklichkeit in die gesellschaftliche Ebene zurück? Welchen Geist zeigt der Hof in seiner Sprache? Diese Fragen münden in eine allgemeine Charakteristik der Form des IV. Aktes.
Zu Beginn des IV. Aktes spricht Faust noch ganz im antikisierenden Trimeter, der Sprache Helenas: «Betret' ich wohlbedächtig dieser Gipfel Saum» (10040); es ist der sechshebige Vers mit Auftakt, ohne Reim; der Nachhall des Helena-Ereignisses bleibt hier noch spürbar.
Mephistopheles ist jedoch gleich voll in der alten Wirklichkeit zurück: er spricht im altvertrauten reimenden Madrigalvers mit allen realen Unzulänglichkeiten:
«Ich kenn' es wohl, doch nicht an dieser Stelle,
Denn eigentlich war das der Grund der Hölle.» (10071/2)
Und Faust läßt sich auch sprachlich von Mephisto in die alte Realität hinunterziehen, indem er in den Madrigalvers bei seiner Antwort einstimmt (1007).
Der typisch traditionelle Vers der Hofsprache – der würdevolle Alexandriner – wird vom Kaiser und seinen Kurfürsten verwendet: er zeigt, daß das Gefüge der alten Reichsordnung unangetastet geblieben ist; und so klingt auch der Vers immer regelmäßig steif, barock ausladend:

«Es sei nun, wie ihm sei! uns ist die Schlacht gewonnen.» (10849 v́‑|v‑́|v‑́|v‑́|| v‑́|v‑́|v) Dieser Alexandriner ist ein sechshebiger steigender, jambischer Reimvers mit einer Zäsur nach der dritten Hebung. Das Gefüge des Hofes scheint erhalten zu sein. Im Ton wird die Sprache dort vulgär, wo rohe Gewalt beschrieben ist, z. B. durch Raufebold: «Werd' ich ihm mit der Faust gleich in die Fresse fahren» (10332). Diese der Realität wieder zugewandte Sprache macht den IV. Akt leichter; fast im Sinne der Diastole mit ironischen bis humorvollen Elementen schiebt sich dieser Akt zwischen die Problematik des III. und V. Aktes.

*Hausaufgabe:*

Vorbereitung des V. Aktes: Wie wirkt sich Fausts Herrschertum in der Natur aus?

## 20. Stundeneinheit:
## Fausts Vision einer Sozialutopie – Höhepunkt der Herrschertragödie

*Die Ambivalenz von Natur und Menschenwerk*
*Faust als Repräsentant des modernen autonomen Menschen*

*1. Phase:*
*Die unterschiedlichen Grundhaltungen zur Welt von Philemon und Baucis – und Faust*

Die Gegenüberstellung soll einmal inhaltlich den Anfang des V. Aktes aufarbeiten und gleichzeitig die tragische Anlage zwischen dem individuellen Wollen eines Herrschenden und dem Leiden der Beherrschten aufzeigen. Die Ergebnisse werden vom Lehrer antithetisch an der Tafel aufgeführt. Wegen der Schönheit der Sprache (die schlichten Viertakter der Alten, die lyrischen Liedrhythmen des Lynkeus und die Madrigalverse von Faust) beginnt die Stunde mit der Lektüre der ersten drei kurzen Szenen; dabei soll die Frage überlegt werden:

Welche Gegensätze zeigen sich in den Grundhaltungen von Philemon und Baucis – und Faust?

1. Schon äußerlich deutet die Szenerie grundsätzlich Unterschiede an; die Szene mit Philemon und Baucis spielt in «offener Gegend» (11042f.), «auf der Düne» (11078f.), vor einer einfachen Hütte (11048). Faust dagegen befindet sich vor einem «Palast» inmitten künstlicher «Ziergärten», neben einem «gradgeführten Kanal» (11142f.). «Erzeugnisse fremder Weltgegenden» (= Kolonialwaren; 11166) verdeutlichen Fausts Idee vom Kolonisieren. So steht der Idylle von Philemon und Baucis die moderne, fortschrittliche Welt Fausts gegenüber.

2. Die Alten sind gastfreundlich, «hilfsbereit, ein wackres Paar» (11052), wie der Wanderer zu berichten weiß; sie retten Leben (11048/9) und Eigentum (11070) von Gefährdeten. Faust dagegen scheut den nachbarlichen Umgang: «Vor fremden Schatten schaudert mir» (11160) und läßt zu, daß mit Mephistos Hilfe in seinem Herrschaftsbereich «Krieg, Handel, Piraterie» (11187) als Mittel zur Erreichung seiner Ziele eingesetzt werden. Der gastfreundlichen Welt des Gebens steht so die räuberische Welt des Nehmens gegenüber.

3. Philemon und Baucis sind «fromme Leute» (11055); sie vertrauen dem alten Gott und der alten Ordnung: «Laßt uns läuten, knien, beten / Und dem alten Gott vertraun!» (11141/2) Faust dagegen ist «gottlos» (11131), denn er hat «mit Frevelwort sich und die Welt verflucht» (11409); er ist der Urfromme schlechthin,

da er seine eigene Kraft absolut setzt. Dem *Gottvertrauen* der Alten steht das *Selbstvertrauen* Fausts gegenüber; er wirft sich zum Gott der neuen Ordnung auf.

4. Die alten Leute bescheiden sich: «Halt auf deiner Höhe Stand!» (11138), sie beschränken sich auf ihren Besitz, auf ihre kleine Idylle, «Wo's im Gärtchen munter blüht» (11080). Fausts Besitzstreben jedoch geht ins Maßlose; er will den «Weltbesitz» (11242), der nicht einmal «wenig Bäume» dulden kann, die nicht sein eigen sind (11241). Er will «ins Unendliche schauen» (11345); dies ist für ihn gleichsam ein immanenter Ersatz, denn «Nach drüben ist die Aussicht uns verrannt» (11442). Daher muß ihm weichen, was sich ihm in den Weg stellt; dabei setzt er mit Mephistos Hilfe bewußt die Mittel der «Gewalt» (11280) ein. Sogar «Menschenopfer mußten bluten» (11127), wie Baucis berichtet, denn wie Mephisto sagt: «Man hat Gewalt, so hat man Recht.» (11184)

*2. Phase:*
*Die Ambivalenz von Natur und Menschenwerk*

Wie spiegelt sich in den unterschiedlichen Grundhaltungen die Ambivalenz von Natur und Menschenwerk? (Diskussionsrunde)

1. Philemon und Baucis sehen in der Natur eine gottgewollte Ordnung – aber auch die elementare Bedrohung: dem in der Natur idyllisch lebenden Menschen (Philemon und Baucis) steht der dem Meer gefahrvoll ausgesetzte Mensch (Wanderer) gegenüber, ausgedrückt in den «dunklen Linden» (11043) und der «sturmerregten Welle» (11049). Dem Schönen, dem Rettenden in der Natur (Düne [11050]) steht das Gefährliche, Vernichtende (Flut [11011]) gegenüber. Natur ist Ordnung (wo's im Gärtchen munter blüht [11080]), aber auch Chaos (grenzenloses Meer [11076]).

144

2. Fausts Menschenwerk – das befriedete Meer – wird auch von Philemon aus der Sicht des Mannes als «paradiesisch Bild» (11086) gesehen, denn Faust schuf «grünend Wies' an Wiese, Anger, Garten, Dorf und Wald» (11095/6). Er hat mit einem «sicheren Port» (11100) dem Meer seine Schrecken genommen und bewohnbaren Raum für die Menschen geschaffen (11106). Baucis aus der Sicht der Frau dagegen sieht in Fausts Menschenwerk das Böse, Widernatürliche, Frevelhafte, «Denn es ging das ganze Wesen / Nicht mit rechten Dingen zu» (11113/4); sie sieht den Preis, um den das Menschenwerk entstanden ist: «Menschenopfer mußten bluten» (11127) deutet sicher nicht nur auf den abergläubischen Brauch von Dammbauern hin (wie ihn auch Storm im «Schimmelreiter» beschreibt). Baucis sieht die Magie als illegitime moderne Naturbeherrschung an. Der gewalttätige Fortschritt richtet die Natur zugrunde; das wird im zweimaligen Bild der Linde symbolisiert. Am Anfang der Szene ist die Linde als Wiedererkennungszeichen das Symbol einer durch Jahrhunderte gewachsenen Kulturlandschaft: «Ja! sie sind's, die dunklen Linden» (11043). Nach Mephistos Eingreifen – auf den ausdrücklichen Wunsch Fausts – ist «der Lindenwuchs vernichtet» (11342). Auch hier wird die Ambivalenz der Kulturtat ersichtlich: sie ist förderlich wie auch bedrohlich. Philemon drückt das in der Herrschafts-/Knechtschaftsmetapher aus (11091 + 11094).

### 3. Phase:
### Fausts Vision einer Sozialutopie – Schuldigwerden in der Tat

Bei der Erarbeitung dieses Themas rücken die beiden Szenen «Mitternacht» und «Großer Vorhof des Palastes» in den Mittelpunkt: sie sollten auch in der Klasse szenisch gelesen werden.

In zwei Fragekomplexen entwickelt sich dann das Gespräch zwischen Lehrer und Schülern: einmal geht es um Fausts Sozialutopie. Hier fragen wir, wie die Personen um Faust diese Tat sehen, welche Ziele vor allen Dingen Faust selbst mit seiner schöpferischen Tat verfolgt. Der zweite Komplex kreist um die Frage, worin Fausts Tragik als Herrscher liegt.

### 1. Fausts Sozialutopie
Zuerst greifen wir noch einmal die ersten Szenen des V. Aktes auf: Philemon sieht das Tätigwerden Fausts als erster in einer positiven Wertung: «... rechts und links, in aller Breite, / Dichtgedrängt bewohnter Raum» (11105/6); das wäre eine altruistische Tat; Faust schafft Lebensraum, in dem seine Mitmenschen wohnen können. Auch der Türmer sieht eine wohltuende wirtschaftliche, verkehrsgünstige Belebung in der Befriedung der Küste; denn nun kann ein «prächtiger Kahn, reich und bunt beladen mit Erzeugnissen fremder Weltgegenden» (Szenenangabe nach 11166) zu den Menschen dieser Gegend gelangen. Ins gleiche Horn stößt – wie das vom Verführer zur Tat nicht anders zu erwarten war – Mephisto: «Das Ufer ist dem Meer versöhnt; / Vom Ufer nimmt, zu rascher Bahn, / Das Meer die Schiffe willig an.» (11222–4) Für Faust ist die Tat «Des Menschengeistes Meisterstück» (11248), eine Herausforderung des Geistes also, die er im Erfolg befriedigt sieht; aber sogleich schließt auch er einen altruistischen sozialen Gedanken an: «Betätigend mit klugem Sinn, / Der Völker breiten Wohngewinn» (11249–50); und dann – bezeichnenderweise in der Erblindung – beschreibt er seine Vision: «im Innern leuchtet helles Licht» (11500); es wird sein Gesicht von einer neuen Gesellschaft: «Was ich gedacht, ich eil' es zu vollbringen / ... Daß ich das große Werk vollende.» (11501 + 9)

Dazu muß er noch einen Sumpf trockenlegen: «Das Letzte wär' das Höchsterrungene. / Eröffn' ich Räume vielen Millionen.» (11562/3) Der Gedanke vom Schaffen neuen Lebensraumes für Millionen steigert sich nun ins Visionäre, wenn Faust über die Art spricht, wie diese Menschen dort ihr Leben einrichten sollen: sie sollen «tätig-frei» wohnen können (11564); Mensch und Herde sollen «behaglich auf der neusten Erde» (11566) leben, d. h. die Menschen werden genügend zu essen haben; dieses Land wird im Innern ein «paradiesisch Land» sein, weil es frei von den Gefahren und der Bedrohung durch die Elemente sein wird. Die verschiedenen Generationen werden einträchtig darin leben: «Und so verbringt ... / Hier Kindheit, Mann und Greis sein tüchtig Jahr.» (11577/8) Den Höhepunkt erreicht die Vision in einem programmatischen Satz für die utopische Gesellschaftsform; der Herrscher wird «Auf freiem Grund mit freiem Volke stehn» (11580). Hier entfaltet sich Fausts Schöpfertum zu seinem höchsten Tat-Gedanken.

## 2. Fausts Tragik als Herrscher

Schon bei der Gretchen-Tragödie und bei der Helena-Tragödie war Mephisto jeweils als Initiator oder Mitgestalter im Spiel. Auch für das schöpferische Tätigwerden als Herrscher hatte Mephisto den Anstoß durch seine Versuchung zur Macht und Herrlichkeit gegeben. Faust kann nicht allein zu seinem Leben kommen, das die Voraussetzung zur Tat ist; er beansprucht die Hilfe Mephistos. Wieder ist im Keim das Böse im Spiel. Als erste merkt es wieder ein reiner, naiver Mensch (vgl. Gretchen), Baucis: «Denn es ging das ganze Wesen / Nicht mit rechten Dingen zu» (1113/4), «Menschenopfer mußten bluten.» (11127) Wie stark psychisch Faust von Mephisto beeinflußt ist, läßt sich in seiner Aversion

gegen das Glöckchen von Philemon und Baucis ablesen: «Verdammtes Läuten!» (11151) und «Das Glöcklein läutet, und ich wüte» (11258). Wir erinnern uns an das Glockenläuten in der Osternacht des I. Teiles, das ihn zum ersten Male rettete; daran will Faust in seinem Zustand offensichtlich nicht erinnert werden.

Die Tragik im klassischen Sinne liegt darin, daß Faust bei seiner größten Tat nicht rein bleiben kann: er wird unschuldig schuldig. Faust gibt den Auftrag zur Entfernung des alten Paares, allerdings mit einem noblen Ersatzangebot; es ist «das schöne Gütchen» (11276); die Entfernung des Paares endet jedoch mit dem Tod: «... es ging nicht gütlich ab» (11351). Selbst wenn Faust diesen Ausgang nicht gewollt hat – subjektiv also schuldlos bleibt – wird er im tragischen Sinne doch schuldig, da er generell eine Entfernung der Alten wollte und dazu noch Mephisto den Auftrag gab, von dem er schon die Methode der Beseitigung der Mutter und des Bruders von Gretchen kennt.

Aber auch im persönlichen Sinne wird Faust schuldig: die Tat verleitet ihn zur Hybris. Wie schon Baucis merkt: «... ihn gelüstet / Unsere Hütte, unser Hain» (1131/2); dieses Verlangen steigert Faust übers imperiale Expansionsdenken bis ins Maßlose. Erst will er «Lindenbaum, ... Baute ... und Kirchlein» (11157/8) der Alten – später weit mehr, wie Mephisto richtig interpretiert: «So sprich, daß hier, hier vom Palast / Dein Arm die ganze Welt umfaßt» (11225/6); das bestätigt Faust, indem er vom «Weltbesitz» (11242) spricht; dabei stellt er sich außerhalb des Sittlichen und Natürlichen. Schließlich steigert er sich ins Maßlose: Faust möchte von seinem Besitz, den er sich tätig miterschafft, «ins Unendliche schauen» (11345) können. Hier übersteigert er seinen Anspruch im Gefühl seines Schöpfertums zur Gottähnlichkeit. Das ist die Sünde der

Hybris. Der Bogen des Faustischen Verlangens hat sich konsequent gerundet. In seinem ersten Monolog will er «erkennen, was die Welt im Innersten zusammenhält» (382/3), am Ende seines Lebens dann «ins Unendliche schaun» (11345). In seiner Schöpfertat wird er wiederum zum Grenzüberschreiter.

## 4. Phase:
### Faust als Typus des modernen autonomen Menschen

In der Abschlußphase greifen wir noch einmal auf eine Frage zurück, die wir schon an den historischen Faust gestellt haben: was hat diese Gestalt die Jahrhunderte überleben lassen? Diese Frage läßt sich hier wiederholen. Die Schüler sollen die Gestalt «Faust» als den Typus des modernen Menschen schlechthin erkennen und damit auch als Repräsentanten des zeitgenössischen Menschen, der sich als Natur- und Weltgestalter in seiner aktuellen Ambivalenz zeigt. Bei unserer Überlegung berücksichtigen wir drei Epochen:
Die Zeit des historischen Faust (Renaissance) – die Goethezeit – und die gegenwärtige Zeit. In einem brain-storming der Schüler mit zusätzlichen Informationen* des Lehrers werden die Fragen erarbeitet:
1. Wo vollzieht sich in der Geschichte die Geburt des Ich-Bewußtseins des Menschen?
Genau in der Epoche des historischen Faust, im Zeitalter der Renaissance, wird das Ich-Bewußtsein des Menschen geboren; das zeigt sich symptomatisch in den ersten individuellen Portraits, die die bildende Kunst hervorbringt. Der historische Faust lebt als freier, auf sich gestellter Mensch mit allen experimentellen

---

* H. A. Korff, Geist der Goethezeit, Leipzig 1923

Wagnissen im Verlangen nach Welterkenntnis und erprobt dabei alle menschlichen Fähigkeiten (siehe Sequenz I). Mit den wachsenden naturwissenschaftlichen Erkenntnissen nimmt auch das Autonomiestreben des Menschen zu, als selbständig schöpferischer Gestalter tätig werden zu können. So wird der historische Faust zum Prototyp seiner Zeit.

2. Wie sehen die natur- und geisteswissenschaftlichen Entwicklungen zu Goethes Zeit aus? Welche Rolle spielt der Mensch im gesellschaftlichen Leben?
Nur schlaglichtartig erhellen wir mit einigen Leistungen Goethes Zeit. Goethe wird in das Zeitalter der Aufklärung hineingeboren. Einer der Naturwissenschaftler, dessen Erkenntnisse in Goethes Zeit wirksam werden, ist Newton. Er schafft die klassischen theoretischen Fundamente der Physik und Himmelsmechanik. Unter anderem werden die Erscheinungen von Ebbe und Flut (Faust unternimmt die Befriedung der Küste!), Strömungs- und Schwingungsvorgänge von ihm behandelt. Auf dem Gebiete der experimentellen Optik gelang ihm die Zerlegung des Lichtes in Spektralfarben (Goethe entwickelt seine Farbenlehre!). Das Experiment wird zum Mittel der Welterkenntnis. Zu Goethes Zeiten entstehen große Forschungslaboratorien. Benjamin Franklin (1706–1790) verändert die Welt (zähmt Elemente mit Blitzableiter) mit seinen Erfindungen und wird einer der Führer der Unabhängigkeitsbewegung.
Durch die Technik bekommt die Welt ihre erste wirkliche Veränderung, die vom Menschen ausging: das Zeitalter der Dampfmaschine beginnt, und damit die erste Phase der Denaturierung: die Industrialisierung beginnt. 1817 gibt es in Deutschland Walzwerke großen Ausmaßes mit Dampfkraftbetrieb, und bereits zu Goethes Lebenszeit verkehrt die Eisen-

bahn in England; die ersten Riesendampfer werden gebaut, der Weltverkehr beginnt; das Kolonialzeitalter nimmt seinen Lauf. In Faust fließen all diese Strömungen zusammen, er wird zum Repräsentanten von Goethes Zeitgeist, dem ersten bürgerlichen Zeitalter.

3. Welche Ambivalenzen zeigen die naturwissenschaftlichen und technischen Entwicklungen der jüngsten Zeit und wie spiegeln sie sich bereits in Goethes Faust? Die gleiche Motivation zu erfahren, welche innersten Kräfte ein Atom zusammenhalten und ob diese nicht doch zu brechen sind, bewegte die Kernforschung, die die erste Atomkernspaltung zuwege brachte; das Ergebnis war ambivalent: die Entdeckung einer neuen Energiequelle oder einer neuen Vernichtungskraft in der A-Bombe. Auch die medizinische Forschung ist vom Erkenntnisdrang nach dem Prinzip des Lebens bewegt: sie schafft Retortenbabies, ermöglicht aber auch die Gen-Manipulation. Die Raketentechniker, die mit gleichem Verlangen wie der Volksbuch-Faust den «Himmelslauff» ergründen wollen, schaffen mit den Raketen den Sprung zum Mond, aber sie ermöglichen auch die Bedrohung der Menschheit. Die kultivierenden Eingriffe in die Natur (Trockenlegungen, Flußlaufveränderungen) sind gleichzeitig auch eine Denaturierung. Bei allen menschlichen Großtaten ist stets das gleiche Problem mitgegeben: der Weg in eine neue Dimension ohne gleichzeitige Rückkoppelung an eine verbindliche Moral ist ein gefährlicher Weg der Autonomie des Menschen. Mit den wachsenden naturwissenschaftlichen Erkenntnissen und technischen Leistungen nimmt auch das Autonomiebestreben des selbständig schöpferisch tätigen Menschen zu. Unsere Zeit erkennt sich so schicksalhaft in Faust wieder. Aus einer geistesverwandten Motivation wie bei Faust erwachsen die Großtaten auch der modernen Naturwissenschaft, Technik und Industrie, aber auch die Katastrophen unseres Jahrhunderts. Faust ist so der Repräsentant auch unseres modernen autonomen Menschenbildes.

*Hausaufgabe:*

Inwiefern ist die Schlußszene ein Epilog zum «Prolog»?

## 21. Stundeneinheit: Fausts Erlösung – Welt der Gnade

*Der Ausgang der Wette und die Einheit der Struktur*

Die letzte Einheit thematisiert den Erlösungsgedanken und stellt ihn als die besondere, von Goethe ganz neugestaltete ideelle Lösung des Faustproblems heraus. Bei der abschließenden Frage nach dem Gesamtkonzept des Dramas wird einmal inhaltlich der Ausgang der Wette diskutiert und zum anderen formal die Gesamtstruktur in der «Katastrophe» aufgezeigt.

*1. Phase:*
*Das Bildwerk «Trionfo della morte»*
*des Campo Santo zu Pisa als Quelle für*
*Goethes Erlösungsidee*

In den ersten beiden Phasen soll die ideelle Grundlage für Goethes Erlösungsidee erarbeitet werden. Bei zwei gewichtigen Teilstücken des «Faust» gibt es keine Quellenvorlagen im Volksbuch: einmal bei den Walpurgisnachtsszenen des I. Teiles, sodann bei den Schlußszenen mit der Erlösungsidee des II. Teiles, hier dominiert Goethes ureigenstes Denken von der Vorstellung der Welt. Für beide Teil-

148

stücke gibt es jedoch Bild-Quellen: einmal – wie wir bei der Walpurgisnacht bereits gesehen haben – Michael Herrs Kupferstich vom Blocksberg (mit seinen verschiedenen Versionen), sodann Lasinios «Trionfo della morte» für die Schlußszenen (Mat. III.5).

### 1. Goethes Beschäftigung mit den Bildwerken des Campo Santo*

Lehrereinführung: Die gewaltige Darstellung des «Trionfo della morte» am Campo Santo zu Pisa diente Goethe unmittelbar als anregende Quelle. Er kannte dieses Werk aus den Kupferstichen des Lasinio. Am 1. November 1818 notiert Goethe in seinem Tagebuch (VII, 260): «... die Kupfer des Campo Santo zu Pisa angesehen», und in den Tag- und Jahresheften des gleichen Jahres lesen wir: «... das Kupferwerk vom Campo Santo in Pisa erneute das Studium jener älteren Epoche». Vom 23. Februar bis zum 19. April und am 7. Juli 1830 hatte Goethe erneut Lasinios Werk entliehen. Goethe waren diese Denkmale mittelalterlicher katholischer Kunst- und Weltanschauung bis ins einzelne wohlvertraut; es fällt leicht, die Motive herauszufinden, die Goethe als Anregung dienten.

### 2. Inhaltliche Analyse des «Trionfo della morte»

Mit einem optischen Einstieg wird die Stunde fortgesetzt; in Spontanäußerungen geben die Schüler ihre Entdeckungen auf dem Bild wieder. – Wie zeigt sich die Rettungsidee?
a) Das auffallendste Detail der rechten oberen Bildhälfte ist die Darstellung des Kampfes um eine Seele (nackter Männerkörper) zwischen den dämonischen Mann-Tierwesen, die die Seele an den Füßen

nach unten ziehen wollen, und den fraulich geflügelten Engelswesen, die hilfreich ihre Hände entgegenstrecken und die Seele emporziehen, wobei einige Engel schon eine gerettete Seele bei sich tragen. Es ist unschwer zu erraten, daß die fraulichen Engelswesen diese männliche Seele retten werden, von der schon ein Dämon Besitz ergriffen hatte. Interessant ist das Ausfahren der Seelen aus dem Leib am unteren Bildrand gezeigt: da schlüpfen (nach mittelalterlicher Vorstellung) die Seelen als Kindergestalten aus den Mündern der Toten und werden gleich von Dämonen und Engeln ergriffen.
b) Die Menschen sind durch ihr Äußeres in Klassen eingeteilt: rechts die Glücklichen und Zufriedenen, wo die Muse und Amoretten weilen, in der Mitte die Krüppel und Bettler, die ihre Hände nach dem Tod ausstrecken, der mit der Sense in der Hand und in einem Schuppenkleid aus Eisen zu sehen ist. Auf der linken Seite steht eine Schar von Notablen; inmitten der größten Fröhlichkeit bei der Jagdvorbereitung begegnen sie drei Leichen in verschiedenem Verwesungszustand; sie machen deutlich, wie kurz der Übergang vom Leben in den Tod ist.
c) Die linke obere Bildecke bietet einen Kontrast; sie zeigt vier Einsiedler, die in ihrer Zurückgezogenheit von jeglicher Pracht in vollendeter Ruhe dem Tod gegenüberstehen.

### 2. Phase:
*Der Einfluß von Swedenborgs Ewigkeitssicht und von Leibniz' Entelechie-Idee auf Goethes Erlösungsgedanken*

Ausgehend von den christlichen Bildwerken des Campo Santo als Inspirationsquelle führt der Weg zu den philosophischen Schriften von Swedenborg und Leibniz, in deren Ewigkeitssicht und Entelechieidee Goethe seine Erlösung verankert.

---

* Willy F. Storck, Goethes Faust und die bildende Kunst, Leipzig, 1912

In Gruppenarbeit werden die wesentlichen Gedanken über Fortleben und Rettung von Schülern erarbeitet (Swedenborg, Mat. IV.3). Den Leibnizschen Gedanken der Entelechie trägt der Lehrer vor.

## 1. Swedenborgs Erlösungstheorie

Der Text wird auf zwei Gruppen aufgeteilt: «Himmel und Hölle» und «Neues Jerusalem». Da die Schüler Goethes Beschäftigung mit Swedenborg schon kennengelernt haben, begnügt sich der Lehrer mit einem Hinweis auf den I. Teil (Geisterbeschwörung). Die Arbeitsfrage lautet: Welche Zusammenhänge von Tätigsein und Errettung sieht Swedenborg?

– Ein tätiges Leben mitten in der gesellschaftlichen Vielfalt führt zum Himmel. Der Mensch darf sich nicht «fromm» vom Leben zurückziehen. Anteil an den Geschäften dieser Welt nehmen ist Ausübung der Nächstenliebe.

– Die himmlische Seligkeit besteht nicht in Müßiggang, Glück ist nirgends Ausruhen und Genießen; es gibt kein Lebensglück ohne Tätigkeit; das Glück besteht in Nutzwirkung.

– Gott wendet niemals sein Antlitz vom Menschen ab und verstößt ihn nicht. Er wirft ihn nicht in die Hölle, da Gott der Gute, die Liebe und Barmherzigkeit ist.

– Gott zieht jeden Geist (= Menschenseele) durch Engel an sich, es sei denn, er stürzt sich freiwillig in die Hölle.

– Der Mensch ist so geschaffen, daß er seinem Innern nach nicht sterben kann. Der universelle Endzweck aller Teile der Schöpfung ist, daß eine ewige Verbindung des Schöpfers mit dem Erschaffenen entsteht.

Fazit: Nach Swedenborg ist das Tätigsein, ja sogar die Nutzwirkung des Menschen sein Beitrag, der zur Verbindung mit dem Schöpfer führt.

## 2. Leibniz' Entelechie-Idee

In einem Kurzreferat zeigt der Lehrer die Bezüge von Leibniz' Entelechie-Idee und Goethes Erlösungsgedanken. Auch hier knüpft der Lehrer bei für die Schüler Bekanntem an, denn bereits im Prolog klang die Idee der Entelechie im Menschenbild an: jetzt rundet sich der Gedankenkreis und findet seine demonstrative Antwort durch Goethe. Mit einem kurzen Hinweis auf Giordano Bruno vervollständigt der Lehrer sein Kurzreferat. (Der Leibniz-Text ist auf S. 151 f. zu finden; Bezug auch auf den 1. Teil des Leibniz-Textes S. 115 ff.)

– Nach der Monadenlehre von Leibniz ist Gott die Ur-Monade (37); alle geschaffenen «Monaden» oder «Entelechien», von denen die mit Gedächtnis begabten «Seelen» genannt werden (19), sind «Ausblitzungen» (47) der Gottheit. Die Entelechien sind Samen mit einer Präformation vergleichbar (74).

– Alle Monaden gehen in verworrener Weise auf das Unendliche, das Ganze aus (60). Der Tod ist nur eine Einziehung oder Verminderung (73). Die Seele ist unzerstörbar (77).

– Es besteht eine Harmonie zwischen dem physischen Bereich der Natur und dem moralischen Bereich der Gnade, d. h. zwischen Gott, dem Baumeister der Weltmaschine, und Gott, dem Monarchen des göttlichen Geister-Staats (87). Diese Harmonie führt die Dinge der Natur zur Gnade (88). Der Herr ist Endzweck und bewirkt unser Glück (90).

Fazit: Die Seele als Entelechie geht auch auf verworrene Weise ihrem Endzweck, Gott, entgegen, zu dessen Harmonievorstellung die Gnade gehört.

63 Der Leib, welcher einer Monade zugehört, die seine Entelechie oder Seele ist, bildet mit der Entelechie das, was man Tier nennt. Nun ist aber dieser Körper eines Lebendigen oder eines Tieres immer organisch; denn da jede Monade nach ihrer Weise ein Spiegel der Welt und die Welt nach einer vollkommenen Ordnung geregelt ist, so muß es auch eine Ordnung in dem Vorstellenden geben, d. h. in den Perzeptionen der Seele und folglich auch in dem Körper, gemäß welchem die Welt in der Seele vorgestellt wird.

70 Man sieht heraus, daß jeder lebendige Körper eine herrschende Entelechie hat, welche in dem Tiere die Seele ist. Aber die Glieder dieses lebendigen Körpers sind voll von anderem Lebendigen, von Pflanzen, von Tieren, deren jedes wiederum seine Entelechie oder seine herrschende Seele hat.

72 Daher wechselt die Seele den Körper nur allmählich und stufenweise, dergestalt, daß sie niemals auf einen Schlag aller ihrer Organe beraubt ist. Metamorphosen gibt es oft bei den Tieren, aber niemals eine Metempsychose oder Seelenwanderung. Auch gibt es keine ganz und gar für sich bestehende Seelen oder Genien ohne Körper. Gott allein ist vom Körper völlig frei.

73 Aus diesem Grunde gibt es auch streng genommen niemals eine völlige Neuerzeugung und niemals einen vollkommenen, in der Trennung der Seele vom Körper bestehenden Tod. Was wir Zeugung nennen, ist in Wahrheit Entwicklung und Wachstum. So ist auch, was wir Tod nennen, Einziehung und Verminderung.

74 Die Philosophen sind über den Ursprung der Formen, Entelechien oder Seelen sehr in Verlegenheit gewesen. Nachdem man aber heutzutage durch genaue Untersuchungen an Pflanzen, Insekten und anderen Lebewesen beobachtet hat, daß die organischen Naturkörper niemals aus einem Chaos oder aus einer Fäulnis hervorgehen, sondern immer aus Samen, in welchen ohne Zweifel irgendeine Präformation bestand, ist man zu der Ansicht gekommen, daß nicht allein der organische Körper schon vor der Empfängnis im Samen vorhanden war, sondern auch eine Seele in diesem Körper und mit einem Wort das Lebewesen selbst. Vermittelst der Empfängnis wird dieses Lebewesen lediglich zu einer großen Umbildung befähigt; es wird dadurch ein Geschöpf anderer Art.

76 Dies wäre jedoch erst die Hälfte der Wahrheit: Ich folgerte daher, daß, wenn das Tier niemals auf natürlichem Wege beginnt, es auch niemals auf natürlichem Wege endet, und daß es nicht nur keine völlige Neuerzeugung geben wird, sondern auch weder gänzliche Zerstörung noch Tod im strengen Sinne. Die a posteriori gemachten und aus der Erfahrung gezogenen Schlüsse stimmen auch hier vollkommen mit meinen a priori abgeleiteten Prinzipien überein.

77 Man kann also sagen, daß nicht allein die Seele (als Spiegel einer unzerstörbaren Welt) unzerstörbar ist, sondern auch das Tier selbst, obwohl seine Maschine oft teilweise untergeht und organische Hüllen abwirft oder annimmt.

79 Die Seelen wirken nach den Gesetzen der Finalgründe durch Begehrungen,

Zwecke und Mittel. Die Körper wirken nach den Gesetzen der bewirkenden Ursachen oder der Bewegungen. Und diese beiden Reiche, das der bewirkenden Ursachen und das der Finalgründe, harmonieren miteinander.

83 Neben anderen Unterschieden zwischen den gewöhnlichen Seelen und den Geistern, von denen ich schon einen Teil angegeben habe, findet sich auch noch der, daß die Seelen im allgemeinen lebende Spiegel oder Abbilder der Kreaturen-Welt sind, die Geister dagegen auch noch Abbilder der Gottheit selbst oder des Urhebers der Natur. Sie sind fähig, das System des Weltgebäudes zu erkennen und etwas davon in architektonischen Probestücken nachzuahmen, da jeder Geist in seinem Bezirk gleichsam eine kleine Gottheit ist.

87 Wie wir oben eine vollkommene Harmonie zwischen zwei natürlichen Bereichen, dem der bewirkenden Ursachen und dem der Finalgründe, aufgestellt haben, so müssen wir hier noch eine zweite Harmonie bemerklich machen: zwischen dem physischen Bereiche der Natur und dem moralischen Bereiche der Gnade, d. h. zwischen Gott, dem Baumeister der Weltmaschine, und Gott, dem Monarchen des göttlichen Geister-Staats.

88 Diese Harmonie macht, daß die Dinge selbst auf den Wegen der Natur zur Gnade führen, und daß zum Beispiel dieser Erdball auf natürlichen Wegen in den Augenblicken zerstört und wiederhergestellt werden muß, wo es die Regierung der Geister verlangt: zur Züchtigung der einen und zur Entschädigung der anderen.

90 Endlich wird es unter dieser vollkommenen Regierung keine gute Tat ohne Vergeltung, keine schlechte ohne Züchtigung geben. Alles muß zum Wohle der Guten ausschlagen, d. h. derer, die in diesem großen Staat nicht zu den Mißvergnügten gehören, die sich der Vorsehung anvertrauen, nachdem sie ihre Pflicht getan haben, die den Urheber alles Guten nach Gebühr lieben und nachahmen, indem sie sich an der Betrachtung seiner Vollkommenheit freuen. Es liegt nämlich in der Natur der wahrhaften reinen Liebe, daß sie uns an der Glückseligkeit des Geliebten Freude finden läßt. Solches bewirkt, daß die Weisen und Tugendhaften an alledem arbeiten, was mit dem mutmaßlichen oder vorhergehenden göttlichen Willen übereinzustimmen scheint – und gleichwohl mit dem zufrieden sind, was Gott vermöge seines geheimen, nachfolgenden oder entscheidenden Willens wirklich eintreten läßt. Sie anerkennen nämlich, daß wir, wenn wir die Weltordnung hinreichend zu verstehen imstande wären, finden würden, wie sie alle Wünsche der Weisesten übertrifft, und wie es unmöglich ist, sie besser zu machen als sie ist. Und zwar nicht bloß für das Ganze im allgemeinen, sondern auch für uns selbst im besonderen, wenn wir nämlich dem Urheber des Ganzen nach Gebühr ergeben sind: sowohl als dem Baumeister und der bewirkenden Ursache unseres Seins, wie auch als unserem Herrn und Endzweck, der das ganze Ziel unseres Willens ausmachen muß und allein unser Glück bewirken kann.

Aus: Gottfried Wilhelm Leibniz, Monadologie, Stuttgart 1954 (Reclam)

*Giordano Brunos\* Kontinuitätsgedanke –*
*Goethes Vorstellung vom Fortleben*
Lehrerergänzung: Giordano Brunos Einfluß auf Goethes Denkweise läßt sich in der Kurzformel eines Satzes von G. Bruno anreißen: «Der Glaube an persönliche Unsterblichkeit ist bedingt durch die Annahme einer Kontinuität des Bewußtseins. Individuelle Unsterblichkeit mit einem durch den Tod verursachten vollständigen Gedächtnisverlust würde eine bedeutungslose, wertlose Unsterblichkeit, keine Unsterblichkeit der Persönlichkeit, sondern nur Unsterblichkeit eines Seelensubstracts heißen...»

Mit einer fast fordernden Selbstverständlichkeit spricht Goethe vom Fortleben (zu Eckermann, 2. 2. 1829): «Die Überzeugung unserer Fortdauer entspringt mir aus dem Begriff der Tätigkeit, denn wenn ich bis an mein Ende rastlos wirke, so ist die Natur verpflichtet, mir eine andere Form des Daseins anzuweisen, wenn die jetzige meinen Geist nicht ferner auszuhalten vermag».

Sogar im Wortlaut (an das Ende von Faust) erinnert ein Brief Goethes an Zelter (19. 3. 1827): «Wirken wir fort, bis wir, vor oder nach einander, vom Weltgeist berufen, in den Äther zurückkehren! Möge dann der ewig Lebendige uns neue Tätigkeiten, denen analog, in welchen wir uns schon erprobt, nicht versagen! Fügt er sodann Erinnerung und Nachgefühl des Rechten und Guten, das wir hier schon gewollt und geleistet, väterlich hinzu, so würden wir gewiß nur desto rascher in die Kämme des Weltgetriebes eingreifen. Die entelechische Monade muß sich nur in rastloser Tätigkeit erhalten; wird ihr diese zur Natur, so kann es ihr in Ewigkeit nicht an Beschäftigung fehlen».

---

\* Giordano Bruno, Gesammelte Werke, Bd. 2, ed. Ludwig Kuhlenbeck, Leipzig 1904

Fazit: Das Tätigsein führt zum Weltgeist und wird bei ihm fortgesetzt (Anlehnung an Swedenborg). Die entelechische Monade wird in der Ewigkeit weiter tätig sein, leben (Leibniz' Grundgedanke); aber auch der Gedanke der Gnade von oben klingt an, wenn etwas «väterlich hinzugefügt» wird.

*3. Phase:*
*Goethes Realisierung der Erlösung und*
*Gnade im «Faust»*

Auf der Basis der optischen Vorstellung («Triumph des Todes») und der theoretischen philosophischen Grundlegung erwächst nun in der Diskussion im Plenum die Erarbeitung des Erlösungsgedankens im «Faust», der nur sinnvoll und gerechtfertigt ist, wenn es überhaupt ein Weiterleben gibt.

Mit drei Fragen wird der Anstoß zur Diskussion gegeben: Welche Vorstellung liegt der Erlösungsidee nach Goethes eigener Aussage in «Faust» zugrunde? Wie gestaltet Goethe die Erlösung szenisch? Warum kann Faust Gnade geschehen?

1. Goethe hat nach seiner Vorstellung seinen Faust nach kirchlich-christlichen Vorstellungen retten lassen. So sagt er zu Eckermann (6. 6. 1831): «Übrigens werden Sie zugeben, daß der Schluß, wo es mit der geretteten Seele nach oben geht, sehr schwer zu machen war und daß ich, bei so übersinnlichen, kaum zu ahnenden Dingen, mich sehr leicht im Vagen hätte verlieren können, wenn ich nicht meinen poetischen Intentionen durch die scharf umrissenen christlich-kirchlichen Figuren und Vorstellungen eine wohltätig beschränkte Form und Festigkeit gegeben hätte.»

2. Während der Körper Fausts daliegt, paßt Mephisto auf, daß er sofort zupakken kann, wenn die Seele dem Munde entfährt. Hier steckt die bildliche Vorstel-

lung des «Trionfo» dahinter. «Sonst mit dem letzten Atem fuhr sie (= Seele) aus, / Ich paßt' ihr auf und, wie die schnellste Maus, / Schnapp! hielt ich sie in fest verschloßnen Klauen.» (11623–25) Nach gerechter Beurteilung der – oft tragischen – Verfehlungen Fausts erwartet Mephisto zurecht sein Opfer. Statt dessen aber erscheint die «Glorie von oben rechts» (11675f.), wieder ein Hinweis auf das Bildwerk des Campo Santo. Die himmlische Heerschar erscheint, und ihr erster Satz lautet: «Sündern vergeben» (11679); der Gnadenakt ist eingeläutet. Nun wird das Gnadengeschenk in Bildern verdeutlicht: Es erscheint ein «Chor der Engel, Rosen streuend» (11698f.), sie wollen damit «Liebe verbreiten» (11728) und «Wonne bereiten» (11729). Nachdem die Engel vor der Erlösung im Allverein (11806–7) gesungen haben, sagt die Regieanweisung: «Sie erheben sich, Faustens Unsterbliches entführend» (11824f.); ursprünglich stand dafür die Regiebemerkung: «Chor der Engel (Faustens Entelechie heranbringend)»: Hier steckte noch stärker die Leibnizsche Vorstellung dahinter, daß die Seele als Entelechie ihrer Zielbestimmung (griechisch: telos) entgegengetragen wird. Später heißt es dann noch einmal: «Engel schwebend in der höheren Atmosphäre, Faustens Unsterbliches tragend» (11933f.); dazu kommentieren die Engel: «Gerettet ist das edle Glied» (11934), denn an ihm hat «die Liebe gar / Von oben teilgenommen» (11938/9); hier ist die Rettung als Gnadenakt ausgewiesen. Um diesen als ein unverdientes Geschenk deutlich zu machen, wird eine Fürsprecherin bei Gott genannt, an der Faust am schwersten schuldig geworden ist: Gretchen als Una Poenitentium bittet zu Maria: «Neige, neige... / Dein Antlitz gnädig meinem Glück!» (12069/72) Hier übernimmt der Protestant Goethe sogar die katholische Gnadenvor-

stellung, daß über die Heiligen, besonders über die Mutter Gottes Gnade erwirkt werden kann. Man darf bei Goethe jedoch nicht übersehen, daß es hier auch um das mütterliche Element als Lebensprinzip schlechthin geht. Erinnert sei noch einmal an den Gang ins Reich der Mütter, über die nur Helena als der Inbegriff des Weiblichen erreicht werden konnte; und schließlich kann nur über die reinste Form des Weiblichen, die Mutter Gottes, die Rettung des Lebens in den neuen Tag erreicht werden; nur so kann der letzte Satz seinen Sinn erhalten: «Das Ewig-Weibliche / Zieht uns hinan.» (12110/11) In drei Stationen erlebt Faust die Liebe, und jedesmal erfährt er eine Entgrenzung dabei: bei Gretchen, in deren Stube er wie in ein Heiligtum tritt, erlebt er die erste Station der entgrenzenden Liebe; bei Helena fällt die Grenze von Zeit und Raum, und schließlich erlebt Faust durch die höhere Liebe – in der Begegnung mit der «Jungfrau, Mutter, Königin» – die Entgrenzung «zu höheren Sphären» (12094).

3. a) Die Engel, die Faust die Rettung durch die Liebe (= Gnade) verkünden, geben auch sogleich den Grund an, weshalb ihm Gnade geschehen kann: «Wer immer strebend sich bemüht, / Den können wir erlösen» (11936/7). Dabei ist das Schuldigwerden einkalkuliert. Das hatte schon der Herr im Prolog gesagt: «Ein guter Mensch in seinem dunklen Drange / ist sich des rechten Weges wohl bewußt.» (328/9) Zwischen diesen beiden Sätzen spielt sich der spannungsreiche Weg Fausts ab. Entscheidend für das Entgegenkommen der Gnade ist das Tätigwerden des Menschen; das ist die Idee Swedenborgs. Goethe bemerkte dazu zu Eckermann (6. 6. 1831): «In diesen Versen ist der Schlüssel zu Fausts Rettung enthalten: in Faust selber eine immer höhere und reinere Tätigkeit bis ans Ende, und von

oben die ihm zu Hilfe kommende ewige Liebe. Es steht dieses mit unserer religiösen Vorstellung durchaus in Harmonie, nach welcher wir nicht bloß durch eigene Kraft selig werden, sondern durch die hinzukommende göttliche Gnade». Auch hier spricht der Protestant Goethe wieder die katholische Gnadenlehre an, die für die Rechtfertigung die Mitwirkung des Menschen für unerläßlich hält.

b) Im Gegensatz zum Volksbuch, wo Faust eines Reueaktes nicht fähig ist, geht Faust bei Goethe alle – von der Kirche geforderten – Schritte auf die Sündenvergebung zu. Als beim Einzug der vier Grauen Weiber die Sorge zurückbleibt, spricht Faust zum ersten Male einen Satz der *Reue* über das Bündnis mit Mephisto aus: «Könnt ich Magie von meinem Pfad entfernen, / Die Zaubersprüche ganz und gar verlernen» (11404/5). Dann folgt sein *Sündenbekenntnis*, daß er «mit Frevelwort sich und die Welt verfluchte» (11409); damit verbunden ist eine *Gewissenserforschung*: «Ich bin nur durch die Welt gerannt; / Ein jed' Gelüst ergriff ich bei den Haaren...» (11433/4); auch einen Weg der *Besserung* sieht Faust: «Tor wer... / Sich über Wolken seinesgleichen dichtet! / ... Im Weiterschreiten find' er Qual und Glück...» (11443–11453) Mit dieser Haltung eröffnet sich Faust dem Akt der Gnade von oben.

## 4. Phase:
### Die Katastrophe und der Ausgang der Wette

Auf der Abstraktionsebene wird die Diskussion fortgeführt, die sich nun der formalen Betrachtung der Schlußgestaltung zuwendet. Einmal wird danach gefragt, wo das Ende des Lebensweges von Faust angezeigt wird, und die Diskussion wird mit der spekulativen Frage beendet, warum Faust die Wette (Vertrag) gegen Mephisto nicht verliert.

a) Als die vier Grauen Weiber auftreten (11383f.), ist plötzlich wieder der Charakter der Mysterien-Bühne präsent, der den Dramenanfang beim «Prolog im Himmel» bestimmte; nun beginnt sich das Drama zu runden. Die abstrakten Begriffe Mangel, Schuld(en), Not nach mittelalterlicher Art des Mysterienspiels allegorisiert – haben bei dem reichen Faust keine Bleibe; allein die Sorge bleibt zurück. Sie schlägt Faust mit Blindheit (11498f.). Dialektisch reziprok vollzieht sich gerade in der Anwesenheit der Sorge durch Fausts Reue und Schuldbekenntnis der erste Schritt zur Rettung, und in der Erblindung hat er seine «Vision» einer altruistischen Tat. Das Ende rückt näher: in tragischer Ironie glaubt er, das Arbeiten an den Gräben seines Kulturwerkes zu hören; es ist jedoch das Graben seines Grabes. Der dramatische Höhepunkt des Endes scheint gekommen, als Faust in Verkennung der Tatsache im Hochgefühl der vermeintlichen Realisierung seiner Kulturtat die Formel für die Erfüllung des Wett-Vertrages ausspricht: «Genieß ich jetzt den höchsten Augenblick» (11586). Die Katastrophe – im wörtlichsten Sinne die endgültige Wende – von Fausts Leben tritt ein: «Faust sinkt zurück», sein Leben ist zu Ende.

b) Gründe, warum Faust die Wette nicht verliert:

– Zunächst gibt es einen ‹philologischen› Grund: Faust spricht die Wett-Formel im Konjunktiv aus: «Zum Augenblicke *dürft'* ich sagen: / Verweile doch, du bist so schön!» (11581/2) Faust bezieht sich dabei auf seine gerade entworfene Vision von der Gesellschaft der Menschen, die aber noch nicht Realität ist.

– Dies ist nun der faktische Grund: Faust spricht ausrücklich vom «Vorgefühl»: «Im Vorgefühl von solchem hohen Glück / Genieß' ich jetzt den höchsten Augenblick» (11585/6). Es geht also noch nicht um den erreichten Zustand der erträumten Gesellschaftsform.

– Schließlich jedoch gibt es den ideellen Grund, den der Herr schon in seiner Wette mit Mephisto genannt hatte: «Ein guter Mensch in seinem dunklen Drange / Ist sich des rechten Weges wohl bewußt» (329/9). Der strebende Mensch kann nicht verloren gehen, wie Goethe bei Swedenborg gelernt hatte.

– Das neue klassizistische Menschenbild – geprägt vom Wert der Eigenleistung des Menschen, aber auch von seinem Aufgenommensein in den Weltgeist – garantiert in sich die Rettung des Menschen.

## 5. Phase:
### Die Schlußszene als Epilog

Bei der Interpretation des «Prologs» wurde seine formale Funktion als erregendes Moment mit einer vorausdeutenden Wirkung aufs Ende hin festgestellt. Nun schließt sich auch hier der Spannungskreis, und die Schüler erörtern die ständig verfolgte Kurve des Gesamtdramas; dabei wird sie endgültig zum Abschluß geführt: Welche formale Bedeutung hat die Schlußszene für die Gesamtstruktur des Dramas?

Die Rettung Fausts, die ähnlich wie der Prolog im Himmel in «höheren Sphären» (12094) spielt, beantwortet die Fragestellung von Mephisto und dem Herrn, ob der Mensch verloren gehen kann. Insofern korrespondiert die Schlußszene in ihrem Rahmencharakter mit der Prolog-Szene: funktional gesehen ist die Wette zwischen dem Herrn und Mephisto im Prolog das erregende Moment, das in der Schlußszene den Endpunkt der endgülti-gen Lösung (= Katastrophe) erfährt: die Rettung in eben die Sphäre hinein, von wo die Fragestellung ausging. Ein endgültiges Diagramm des Dramenverlaufs mit den wichtigsten strukturellen Punkten läßt sich nun aufstellen, das den Gesamtplan und die Einheit des Werkes dokumentiert. So wird der kosmologische Gedanke des «Faust» auch in seiner Form spürbar.

## 6. Phase:
### Versform und Sprache des Hymnus

Höhepunkt von inhaltlicher und formaler Übereinstimmung ist der Schlußhymnus. Die Schüler interpretieren dieses außerordentliche Beispiel von Goethes Altersstil. Schon im I. Teil war bei der ersten gnadenhaften Errettung Fausts ein Hymnus – «Christ ist erstanden» – erklungen.

Das Bild der stufenweisen Steigerung hin zur Vollendung erhält seine klangliche Entsprechung im Schluß-Hymnus: (12104/5 + 12110/11)

«Alles Vergängliche    ´vv/´vv
Ist nur ein Gleichnis . . .    ´vv/´v
Das Ewig-Weibliche    ´vv/´vv
Zieht uns hinan»    ´vv/´v

Der Hymnus ist ein feierlicher Preis- und Lobgesang; die strophische Gliederung und der Endreim sind äußere Charakteristika. Der Charme dieser Verse liegt in der tänzelnden Beschwingtheit; die Verse scheinen sich von der Realität abzuheben: das bewirken die *Daktylen* der kurzen *zweigipfligen Verse*.

Der Hymnus ist von einer religiösen Grundstimmung getragen. Bei Goethe wird sie zu einer heiteren Religiosität: sie umfaßt das Unendliche, die Erlösung und die Gnade.

# VI. Vorschläge für Klausuren

Als Anregung für verschiedene Arten von Klausuren sind die folgenden Beispiele gedacht:

Die Vorschläge 1 und 2 orientieren sich in Textauswahl und Fragestellung an der Art der Abituraufgaben, wie sie in Baden-Württemberg üblich sind. Die Schülerarbeiten können nach dem geltenden 15 Notenpunkte-Schema bewertet werden, das für die Klassen 12 und 13 und für das Abitur verbindlich ist. Die Vorschläge unterscheiden sich darin, daß Text 1 den Schwerpunkt mehr auf den I. Teil von «Faust» legt und Text 2 stärker den II. Teil thematisiert; in beiden Fällen ist jedoch jeweils der ganze «Faust» angesprochen. Vorschlag 3 enthält die Besonderheit und den Reiz, daß der Schüler hier mit einer Bildquelle aus dem Materialienheft arbeitet. Während des Unterrichtes hat der Schüler die Methode der wechselseitigen Erhellung von Text und Bild kennengelernt; es ist nur konsequent, ihn auch in einer Klausur in dieser Methode – zumindest teilweise – arbeiten zu lassen. Gleich wie Vorschlag 1 und 2 verlangt auch dieses dritte Klausurbeispiel einen geschlossenen, gegliederten, ganzheitlichen Aufsatz. Als Arbeitszeit sollten mindestens vier Stunden angesetzt werden; dies wäre eine realistische Vorpraxis für das schriftliche Abitur.

Vorschlag 4 entspricht dem Typ einer ‹Klassenarbeit› (mit Einzelfragen), die das Gelernte (Sachwissen) in knappen präzisen Antworten reproduzieren und transferieren läßt. Dies ist auch für die Oberstufe eine durchaus angemessene Art, Gelerntes abzuprüfen, und entspricht – unter dem Gesichtspunkt der Vorbereitung aufs Abitur – mehr der mündlichen Prüfung. Der zeitliche Umfang der Arbeit übersteigt hier eine Doppelstunde nicht, bedarf also keines eigens organisierten Aufsatztages, sondern berücksichtigt die Schulrealität eines möglichst ungestörten Ablaufs des übrigen Unterrichtes. Die Bewertung erfolgt über Verrechnungspunkte in der Art, daß jede Antwort entsprechend der erwarteten Gesichtspunkte addiert und proportional in die 15 Notenpunkte umgerechnet wird: als Richtschnur kann dabei gelten, daß wenigstens ein Drittel der erwarteten Punktzahl erreicht sein muß, um die Note ‹ungenügend› zu überschreiten, und mindestens die Hälfte aller Punkte, um die Note ‹mangelhaft› zu überwinden; zwei Drittel aller erreichbaren Verrechnungspunkte entsprechen einer gut ausreichenden Endnote, und bis zur Note ‹sehr gut› aufwärts werden die Punkte des oberen Drittels proportional verteilt.

## Klausur-Vorschlag 1

(«Faust» I, V 271–353 aus: Klett-Editionen, s. o.)

Mephistopheles: Da du, o Herr, dich einmal wieder nahst
    Und fragst, wie alles sich bei uns befinde,
    Und du mich sonst gewöhnlich gerne sahst,
    So siehst du mich auch unter dem Gesinde.
275 Verzeih, ich kann nicht hohe Worte machen,

Und wenn mich auch der ganze Kreis verhöhnt;
Mein Pathos brächte dich gewiß zum Lachen,
Hättst du dir nicht das Lachen abgewöhnt.
Von Sonn' und Welten weiß ich nichts zu sagen,
280 Ich sehe nur, wie sich die Menschen plagen.
Der kleine Gott der Welt bleibt stets von gleichem Schlag,
Und ist so wunderlich als wie am ersten Tag.
Ein wenig besser würd' er leben,
Hättst du ihm nicht den Schein des Himmelslichts gegeben;
285 Er nennt's Vernunft und braucht's allein,
Nur tierischer als jedes Tier zu sein.
Er scheint mir, mit Verlaub von Euer Gnaden,
Wie eine der langbeinigen Zikaden,
Die immer fliegt und fliegend springt
290 Und gleich im Gras ihr altes Liedchen singt;
Und läg' er nur noch immer in dem Grase!
In jeden Quark begräbt er seine Nase.
Der Herr: Hast du mir weiter nichts zu sagen?
Kommst du nur immer anzuklagen?
295 Ist auf der Erde ewig dir nichts recht?
Mephistopheles:
Nein, Herr! ich find' es dort, wie immer, herzlich schlecht.
Die Menschen dauern mich in ihren Jammertagen,
Ich mag sogar die armen selbst nicht plagen.
Der Herr: Kennst du den Faust?
Mephistopheles: Den Doktor?
Der Herr: Meinen Knecht!
Mephistopheles:
300 Fürwahr! er dient Euch auf besondre Weise.
Nicht irdisch ist des Toren Trank noch Speise.
Ihn treibt die Gärung in die Ferne,
Er ist sich seiner Tollheit halb bewußt;
Vom Himmel fordert er die schönsten Sterne
305 Und von der Erde jede höchste Lust,
Und alle Näh' und alle Ferne
Befriedigt nicht die tiefbewegte Brust.
Der Herr:
Wenn er mir jetzt auch nur verworren dient,
So werd' ich ihn bald in die Klarheit führen.
310 Weiß doch der Gärtner, wenn das Bäumchen grünt,
Daß Blüt' und Frucht die künft'gen Jahre zieren.
Mephistopheles:
Was wettet ihr? den sollt Ihr noch verlieren,
Wenn Ihr mir die Erlaubnis gebt,
Ihn meine Straße sacht zu führen!
315 Der Herr: Solang' er auf der Erde lebt,

Solange sei dir's nicht verboten.
Es irrt der Mensch, solang' er strebt.
Mephistopheles:
Da dank' ich Euch; denn mit den Toten
Hab' ich mich niemals gern befangen.
320 Am meisten lieb' ich mir die vollen, frischen Wangen.
Für einen Leichnam bin ich nicht zu Haus;
Mir geht es wie der Katze mit der Maus.
Der Herr: Nun gut, es sei dir überlassen!
Zieh diesen Geist von seinem Urquell ab,
325 Und führ' ihn, kannst du ihn erfassen,
Auf deinem Wege mit herab,
Und steh beschämt, wenn du bekennen mußt:
Ein guter Mensch in seinem dunklen Drange
Ist sich des rechten Weges wohl bewußt.
Mephistopheles:
330 Schon gut! nur dauert es nicht lange.
Mir ist für meine Wette gar nicht bange.
Wenn ich zu meinem Zweck gelange,
Erlaubt Ihr mir Triumph aus voller Brust.
Staub soll er fressen, und mit Lust,
335 Wie meine Muhme, die berühmte Schlange.
Der Herr: Du darfst auch da nur frei erscheinen;
Ich habe deinesgleichen nie gehaßt.
Von allen Geistern, die verneinen,
Ist mir der Schalk am wenigsten zur Last.
340 Des Menschen Tätigkeit kann allzuleicht erschlaffen,
Er liebt sich bald die unbedingte Ruh;
Drum geb' ich gern ihm den Gesellen zu,
Der reizt und wirkt und muß als Teufel schaffen. –
Doch ihr, die echten Göttersöhne,
345 Erfreut euch der lebendig reichen Schöne!
Das Werdende, das ewig wirkt und lebt,
Umfass' euch mit der Liebe holden Schranken,
Und was in schwankender Erscheinung schwebt,
Befestiget mit dauernden Gedanken.
*Der Himmel schließt, die Erzengel verteilen sich.*
Mephistopheles *allein.*
350 Von Zeit zu Zeit seh' ich den Alten gern,
Und hüte mich, mit ihm zu brechen.
Es ist gar hübsch von einem großen Herrn,
So menschlich mit dem Teufel selbst zu sprechen.


**Aufgaben:**
1. Welches Menschenbild entwirft der Herr im Prolog?
Liefert Mephistopheles ein Gegenbild dazu?

2. Zeigen Sie an je einem treffenden Beispiel aus dem I. Teil und dem II. Teil, wie die Anschauungen Mephistos und des Herrn in der Gestalt des Faust realisiert werden.
3. Welche formale Bedeutung hat diese Szene für den Gesamtbau des Dramas? Erläutern Sie Ihre Aussage an *einem* Grundgedanken des Menschenbildes, das der *Herr* entwirft.


**Klausur-Vorschlag 2**

(«Faust» II, V 4679–4727 aus: Klett-Editionen, s. o.)

Faust: Des Lebens Pulse schlagen frisch lebendig,
4680 Ätherische Dämmerung milde zu begrüßen;
    Du, Erde warst auch diese Nacht beständig
    Und atmest neu erquickt zu meinen Füßen,
    Beginnest schon, mit Lust mich zu umgeben,
    Du regst und rührst ein kräftiges Beschließen,
4685 Zum höchsten Dasein immerfort zu streben. –
    In Dämmerschein liegt schon die Welt erschlossen,
    Der Wald ertönt von tausendstimmigem Leben,
    Tal aus, Tal ein ist Nebelstreif ergossen,
    Doch senkt sich Himmelsklarheit in die Tiefen,
4690 Und Zweig und Äste, frisch erquickt, entsprossen
    Dem duft'gen Abgrund, wo versenkt sie schliefen;
    Auch Farb' an Farbe klärt sich los vom Grunde,
    Wo Blum' und Blatt von Zitterperle triefen –
    Ein Paradies wird um mich her die Runde.
4695 Hinaufgeschaut – Der Berge Gipfelriesen
    Verkünden schon die feierlichste Stunde;
    Sie dürfen früh des ewigen Lichts genießen,
    Das später sich zu uns hernieder wendet.
    Jetzt zu der Alpe grüngesenkten Wiesen
4700 Wird neuer Glanz und Deutlichkeit gespendet,
    Und stufenweis herab ist es gelungen; –
    Sie tritt hervor! – und leider schon geblendet,
    Kehr' ich mich weg, vom Augenschmerz durchdrungen
    So ist es also, wenn ein sehnend Hoffen
4705 Dem höchsten Wunsch sich traulich zugerungen,
    Erfüllungspforten findet flügeloffen;
    Nun aber bricht aus jenen ewigen Gründen
    Ein Flammenübermaß, wir stehn betroffen;
    Des Lebens Fackel wollten wir entzünden,
4710 Ein Feuermeer umschlingt uns, welch ein Feuer!
    Ist's Lieb'? ist's Haß? die glühend uns umwinden,
    Mit Schmerz und Freuden wechselnd ungeheuer,
    So daß wir wieder nach der Erde blicken,

Zu bergen uns in jugendlichstem Schleier.
4715 So bleibe denn die Sonne mir im Rücken!
Der Wassersturz, das Felsenriff durchbrausend,
Ihn schau' ich an mit wachsendem Entzücken.
Von Sturz zu Sturzen wälzt er jetzt in tausend,
Dann abertausend Strömen sich ergießend,
4720 Hoch in die Lufte Schaum an Schäume sausend.
Allein wie herrlich, diesem Sturm ersprießend,
Wölbt sich des bunten Bogens Wechseldauer,
Bald rein gezeichnet, bald in Luft zerfließend,
Umher verbreitend duftig kühle Schauer.
4725 Der spiegelt ab das menschliche Bestreben.
Ihm sinne nach, und du begreifst genauer:
Am farbigen Abglanz haben wir das Leben.

## Aufgaben:

1. Welches Verhältnis zur Natur entwickelt Faust in diesem Monolog? Stellen Sie es in Zusammenhang mit einer zentralen Naturbegegnung Fausts im I. Teil.
2. Zeigen Sie Fausts neues Erkenntnisbewußtsein in diesem Monolog, indem Sie *eine* bedeutende Stelle aus dem I. Teil zum Vergleich heranziehen.
3. Zeigen Sie ausgehend von dieser Szene, welche formale Bedeutung die Naturszenen im «Faust» haben.

## Klausur-Vorschlag 3

(«Faust» II, V 11934–11953 u. 11989–12004 und 12096–12103 [Klett-Editionen]) sowie Bild «Triumph des Todes», Mat. III.6)

Engel *schwebend in der höheren Atmosphäre, Faustens Unsterbliches tragend:*
Gerettet ist das edle Glied
11935 Der Geisterwelt vom Bösen,
*Wer immer strebend sich bemüht,*
*Den können wir erlösen.*
Und hat an ihm die Liebe gar
Von oben teilgenommen,
11940 Begegnet ihm die selige Schar
Mit herzlichem Willkommen.
Die Jüngeren Engel:
Jene Rosen aus den Händen
Liebend-heiliger Büßerinnen
Halfen uns den Sieg gewinnen,
11945 Uns das hohe Werk vollenden,
Diesen Seelenschatz erbeuten.
Böse wichen, als wir streuten,
Teufel flohen, als wir trafen.

Statt gewohnter Höllenstrafen
11950 Fühlten Liebesqual die Geister;
Selbst der alte Satansmeister
War von spitzer Pein durchdrungen.
Jauchzet auf! es ist gelungen.

**Doctor Marianus,** *in der höchsten, reinlichsten Zelle:*
Hier ist die Aussicht frei,
11990 Der Geist erhoben.
Dort ziehen Fraun vorbei,
Schwebend nach oben.
Die Herrliche mitteninn
Im Sternenkranze,
11995 Die Himmelskönigin,
Ich seh's am Glanze
*Entzückt.*
Höchste Herrscherin der Welt!
Lasse mich im blauen,
Ausgespannten Himmelszelt
12000 Dein Geheimnis schauen
Billige, was des Mannes Brust
Ernst und zart beweget
Und mit heiliger Liebeslust
Dir entgegenträget.

[...]

**Doctor Marianus,** *auf dem Angesicht anbetend:*
Blicket auf zum Retterblick,
Alle reuig Zarten,
Euch zu seligem Geschick
Dankend umzuarten.
12100 Werde jeder beßre Sinn
Dir zum Dienst erbötig;
Jungfrau, Mutter, Königin,
Göttin, bleibe gnädig!

**Aufgaben:**
1. Welche motivischen Details und ideellen Anregungen bietet das Bildwerk für Goethes Schlußgestaltung von «Faust»?
2. Wie zieht sich der Erlösungsgedanke durch beide Teile von «Faust»?
3. Inwiefern hat die Schlußszene Epilogcharakter? Beziehen Sie bei der Beantwortung den Anfang von Teil I mit ein.

**Klausur – Vorschlag 4**

(Klassenarbeit – Beantwortung von Einzelfragen)

1. Zur Entwicklung des Faust-Stoffes: Nennen Sie zwei Stufen der Fauststoff-Entwicklung vor Goethe. Welche Motive werden von Goethe jeweils bei der Personendarstellung weitergeführt? (4 VP)
2. Nennen Sie die wichtigsten Elemente von Fausts Charakter aus Goethes Sicht und zitieren Sie Stellen, an denen sie sichtbar werden. (5 VP)
3. Welche dramatische Funktion hat Mephisto im I. und II. Teil des «Faust»? (4 VP)
4. Welche Bedeutung hat der «Prolog im Himmel» für den Gesamtplan von Goethes «Faust»? (4 VP)
5. Zeigen Sie an einem Aufbauschema die Selbständigkeit der Gretchen-Tragödie im Gefüge eines Doppeldramas. (5 VP)
6. Welche Weltbereiche durchschreitet Faust im II. Teil? (5 VP)
7. Welche widerstreitenden naturphilosophischen Theorien von der Entstehung des Lebens werden im II. Teil erörtert? (4 VP)
8. Welche Weltanschauung spricht aus der Schlußgestaltung von Goethes Faust? Wie bewerten Sie diese persönlich? (4 VP)

# Weitere Titel zur Unterrichtsvorbereitung

Kurt Binneberg
**Interpretationshilfen**
**Deutsche Lyrik von der Aufklärung bis zur Klassik**
ISBN 3-12-922601-X

Kurt Binneberg
**Interpretationshilfen**
**Deutsche Lyrik von der Klassik zur Romantik**
ISBN 3-12-922605-2

Peter Christian Giese
**Interpretationshilfen**
**Lyrik des Expressionismus**
ISBN 3-12-922602-8

Eberhard Hermes
**Interpretationshilfen**
**Der Antigone-Stoff**
Sophokles – Anouilh – Brecht – Hochhuth
ISBN 3-12-922603-6

Rainer Könecke
**Interpretationshilfen**
**Deutsche Kurzgeschichten von 1945–1968**
ISBN 3-12-922606-0

Wolfgang Pasche
**Interpretationshilfen**
**Friedrich Dürrenmatts Kriminalromane**
Der Richter und sein Henker – Der Verdacht –
Die Panne – Das Versprechen
ISBN 3-12-922609-5